社会转型期民间规则民事司法适用研究

陈文华 著

哈尔滨工业大学出版社

内容简介

本书以我国社会转型期为背景,以解决我国制定法当前所面临的问题为导向,构建了民间规则破解我国制定法困境的理论框架和实践路径。在很长的一段时间里,欧陆理性主义大行其道,自以为无所不知无所不能,穷尽人类社会和自然界的一切。于是法典法在欧陆粉墨登场,自诩为人类理性的书面表达。然而,康德的"哥白尼革命"敲醒了理性主义的迷梦,自此,法典法的漏洞与滞后成为人们逃不过的现实。也正因此,习惯以及其他社会经验取得了拯救法典法无能的合法性地位。本书正是以这一哲学理论为基础,展示民间规则在民事司法过程中如何弥补制定法的不足。

本书适合法学专业的本科生、硕士研究生以及其他法学爱好者阅读,也对法律实务者具有一定的借鉴意义。

图书在版编目(CIP)数据

社会转型期民间规则民事司法适用研究/陈文华著. —哈尔滨:哈尔滨工业大学出版社,2016.12
ISBN 978-7-5603-6402-5

Ⅰ.①社… Ⅱ.①陈… Ⅲ.①民事诉讼法-司法制度-研究-中国 Ⅳ.①D925.104

中国版本图书馆 CIP 数据核字(2016)第 319536 号

责任编辑 李 鹏
封面设计 刘长友
出版发行 哈尔滨工业大学出版社
社　　址 哈尔滨市南岗区复华四道街 10 号　邮编 150006
传　　真 0451-86414749
网　　址 http://hitpress.hit.edu.cn
印　　刷 哈尔滨工业大学印刷厂
开　　本 787mm×960mm　1/16　印张 11.75　字数 205 千字
版　　次 2017 年 1 月第 1 版　2017 年 1 月第 1 次印刷
书　　号 ISBN 978-7-5603-6402-5
定　　价 45.00 元

(如因印装质量问题影响阅读,我社负责调换)

前　言

　　本书试图以民事诉讼为论域,在坚守制定法强制性规定的前提下,以社会学为视角运用实证分析方法,论证民间规则在解决民事纠纷过程中运行的条件、特点、功能,及其与国家制定法互动的可能性。

　　本书除导论以外共分为四章。在导论部分,介绍了本书研究的缘起和选题意义,研究视角和方法,综合阐述了与本书研究主题相关的国内外研究现状,并对本书涉及的主要概念和术语做出必要的说明。

　　第一章,论证民间规则在民事诉讼中适用的理论基础。首先,中世纪的唯名论与唯实论之争以及理性决定论与意志决定论之争,为民间规则对制定法的协助与补充创造了哲学可能性。随后,欧陆理性主义与英伦三岛的经验主义从分野走向合流,意味着作为理性主义哲学产物的国家制定法与作为经验主义哲学结晶的民间规则,也必然走向取长补短之道。其次,随着资本主义从自由竞争走向垄断,传统民法典日益与社会脱节。因此,为了化解社会矛盾维护社会稳定,以特别立法和习惯规则平抑制定法的僵化,并在司法中引入更多人的因素,赋予法官更多的自由裁量权。再次,随着社会发展,人类文明程度提高,人类思想观念和思维方式也从一元向多元转化。多元论、多元价值论、多元法律理论已经成为大多数人接受的理论。因此,人类社会不仅在实践中出现多元法律,而且在思想上也出现多元法律观。最后,制定法自身存在不可克服的缺陷,而民间规则却成为独立法源类型,并且在观念与理论上都为人们所接受。

　　第二章,在制度层面对民间规则进入民事诉讼的渠道与过程进行实证考察。本章以比较法为视角围绕民间规则民事诉讼进入问题,通过比较普通法法系与民法法系的异同,层层深入,以期全面勾勒出民间规则民事诉讼进入的完整图景。

　　民间规则的民事诉讼进入是一个多层次多向度的问题。在法源方面,以英格兰为代表的普通法法系国家和地区采取司法中心主义,法律究竟是什么在于法官的裁判。法官在审理案件过程中可以直接引用习惯规则裁判案件。民间规则转化为普通法,是民间规则进入民事诉讼程序的结果与开端。

在民法法系发源地西欧大陆,原本就在理论与实践两个层面,存在制定法与民间规则多元法源并存的局面。从资产阶级革命胜利到19世纪末,法典万能论大行其道,因此,习惯规则被排挤出法源范围之外。然而,随着资本主义社会从自由竞争进入垄断阶段,历史发展的激荡洪流彻底惊醒了理性主义的迷梦。民法法系国家和地区相继承认制定法的漏洞,并在一定程度上允许法官以民间习惯规则填补法律漏洞。于是,民间规则重新在制度层面取得了法源地位。因此,在民法法系国家和地区,多元法源并存已是不争的事实。除此之外,民法法系的民法典普遍把民间规则的内容吸纳入民法典,并作为其实体内容的重要组成部分。例如,《法国民法典》形式是罗马法的,但内容却主要来自法国习惯规则;《德国民法典》也在相当程度上吸收了德国习惯规则的内容。

在法律发现方面,从哲学传统看,普通法法系的发源地英伦三岛坚守经验主义哲学。这种哲学主张经验是知识的唯一来源,提倡以经验指导行为。而民间规则恰好是经验的结晶,因此两者不谋而合。与之相反,理性主义哲学在西欧大陆大行其道。理性主义哲学的理论进路是以一个或多个哲学范畴为基点,进行逻辑推演,从而建构出宏大的、自以为能够解释自然界与人类社会的哲学体系。因此,与内容庞杂、讲究逻辑体系的法典法非常契合。

正因为哲学传统的区别,所以在普通法法系法官与民法法系的同行之间,他们的法律思维也迥然不同。普通法法系的法官以普通法为司法创制的基点,而民法法系法官以制定法为司法裁判的起点;普通法法系法官以义务为中心,而民法法系法官以权利为中心;普通法法系法官审理案件的思维模式是从案件到案件,而民法法系法官的思维模式却是从制定法到案件。

由于法律思维的大相径庭,普通法法系法官法律发现方法也与民法法系同行的大异其趣。普通法法系法官对制定法十分排斥,因此他们往往对制定法从严解释,尽量压缩制定法的适用空间。普通法法系法官所归纳的四种解释制定法的方法相互冲突。因此在相持不下时,往往直接适用普通法或习惯规则。而民法法系法官以制定法为最重要的法律渊源。因此,他们审理案件时首先从制定法中寻找裁判规则,在制定法没有相关规定时,才转向其他法律渊源,因此,民间规则充其量只是辅助性的法源。

对于民间规则进入民事诉讼的条件,在普通法法系,民间规则是当然的法源,其既包括事实上的习惯规则又包括经国家认可的习惯法。而在民法法系作为法源的民间规则是否包括事实上的习惯规则,至少在理论上还存在争议。

因此,究竟是由法官自行寻找民间规则还是由当事人提供?在民法法系,不同国家和地区,其做法也有所不同。普通法法系诉讼模式采用当事人主义,案件证据和所应适用的裁判规则都由当事人提供。而民法法系诉讼模式采用职权主义,预设法律是法官应当熟悉的,而案件证据,除当事人必须向法官提供之外,法官也可以自行查明,因此,把民间规则限定于经国家认可的习惯法的国家和地区,民间规则只能由法官自行查明,反之,则法官和当事人两者都可查证。但是无论如何,在两大法系里,只有经过其合法性审查后,法官才能决定是否运用民间规则。

第三章,分析论证民间规则在民事诉讼事实认定中的运用。在民事诉讼中,合同是一种重要的法律事实,能否公平合理地解释合同,关系到案件裁判的结果是否公正。合同解释主观说主张,解释合同应当极力探求当事人的真意,而不必拘泥于合同书面及其他形式。但是,随着资本主义经济社会的发展,主观说显得日益不切实际、不合时宜。因此,在19世纪末形成了客观说,此说认为,如果当事人的真意与当事人所表示出来的意思不符,则以表示出来的意思为准。于是,法官不必费尽心思去探索当事人的内心真意,而依据合同的文字及其他相关书面材料解释合同,甚至可以依据与合同相关的社会事实解释合同。这就意味着民间规则可以成为合同解释的依据之一。

民间规则能够在合同解释中发挥作用,不仅是因为合同解释客观说为民间规则在合同解释中的运用创造了空间,而且民间规则本身就是一种规范事实。这种事实不仅是一定范围内人们长期生产生活经验的结晶,也是当地文化价值的规范表达。

合同解释分为(狭义)合同解释和合同漏洞补充。(狭义)合同解释主要解决合同条款文义歧义、模糊问题,而合同漏洞补充主要解决合同条款欠缺或相互冲突问题。本书认为,(狭义)合同解释方法仅包括文义解释、目的解释和体系解释三种。由于体系解释主要以合同的体系结构为依据解释合同的真意,消除合同的歧义,因此,民间规则在体系解释中的运用空间有限。所以,本书主要探讨民间规则与合同的文义解释和目的解释的关系。一般而言,合同当事人往往处于同一地缘或业缘范围内,因此,在没有相反证据的情形下,他们是应当知悉并认同他们所在地区或行业的交易习惯的。因此,当合同的文义不能通过语法规则或文字的通常用法解释时,应当以民间规则确定合同条款的真实意思。当合同的目的不明确时,其中的一种方法就是以民间规则确定合同的目的。

民间规则在合同漏洞补充中也具有重要的价值。合同漏洞补充是指法官以合同文本为依据综合考虑各种因素填补合同欠缺的条款，或消除合同条款之间的冲突。本书认为，合同漏洞补充的方法有合同类型补充、目的补充和习惯规则补充三种方法。合同类型补充是指运用制定法的任意性规定补充合同，目的补充是指以合同目的为依据消除合同的漏洞，而习惯规则补充则是指以习惯规则消除合同的漏洞。因为，只要没有相反证据加以推翻，该地区或行业的习惯规则就应当是他们认可和遵循的行为规范。当他们的合同出现漏洞时，以民间规则填补之，应当是较为合理的选择。对于上述三种补充合同方法，它们的运用顺序是，当合同目的明确时，运用目的补充方法。如果合同目的不明，则先运用习惯规则补充方法，习惯规则补充方法不济其事时，才运用合同类型补充方法。

在非合同事实的认定方面，民间规则同样可以发挥重要的作用。按照民间规则是对客观对象做出描述还是做出价值判断为标准，我们可以把民间规则划分为事实描述型民间规则、价值判断型民间规则。事实描述型民间规则仅对事实进行描述，价值无涉。而价值判断型民间规则仅做出价值判断，而不进行客观描述。与此同时，案件事实是指作为裁判小前提的事实。作为裁判小前提的事实，是指在三段论演绎推理中适用裁判规则的基础事实。依据以上分析，价值判断型民间规则对事实认定作用有限，而只有事实描述型民间规则，在事实认定中才具有重要价值。但运用民间规则进行事实认定是有限度的，其一，案件已经有其他间接证据；其二，民间规则与案件有关联性；其三，民间规则不与法律的基本精神和强制性规定相悖。

第四章，民间规则与民事诉讼中的法律适用。民间规则与民事法律适用是本书的核心内容之一。可以说第一、二章的论证都是为本章和上一章服务的。本章所涉及的问题依然属于司法实践问题，因此本章与上一章一样继续运用分析实证的论证方法，不仅要分析实实在在的民间规则和制定法，而且要分析它们在民事诉讼中的真实运行样态。

本书认为，民事法律适用是指国家审判机关针对已经认定的案件事实，运用法律做出裁判的活动，包括法官的"找法"活动和以"找"得的裁判规则为依据做出裁判的活动。本书以法律漏洞为例进行阐述。

自19世纪末法典万能的神话破灭以来，人类逐步意识到法律漏洞是制定法永远挥之不去的魔咒。正因如此，人们不再对法律漏洞讳莫如深，而是想方设法填补法律漏洞。而法律之所以出现漏洞，正是因为制定法自身难以克服的缺陷,与社会现实对法律规范的应然要求之间形成的张力造成的。而民间规则所具有的特性能够在一定程度上,消除或减缓制定法与社会现实的应然要求之间的张力,因此,民间规则在一定条件下能够填补制定法的漏洞。民间规则对制定法漏洞的填补可以归结为根据法律超越法律,因为民间规则对制定法漏洞的填补必须在法律的框架内进行,也即不能违背法律的基本精神和强制性规定,但是在填补法律漏洞时民间规则又必须而且应该超越制定法的具体规定。从总体上说,民间规则补充法律漏洞的方法有两种:其一,直接适用民间规则补充法律漏洞;其二,间接适用民间规则补充法律漏洞。间接方法包括类推适用、目的性扩张、目的性限缩、创造性补充和法益衡量等。

总而言之,民间规则不是来源于理论建构而是来源于实践经验。与之相反,制定法却主要来源于理论建构。而经验理性的优点恰好能够弥补建构理性的不足。因此作为经验理性的民间规则可以矫正制定法的偏差。但是,民间规则也有其自身的缺陷,需要制定法的指导,否则久缺体系,盲目运行。

本书是中国法学会2014年度部级法学研究课题"社会转型期民间规则民事司法适用研究"(CLS(2014)D006)的最终研究成果,由广东培正学院资助出版,在此表示衷心的感谢!

著　者
2015年10月2日
广东培正学院

目 录

导 论 ·· 1
第一章 民间规则在民事诉讼中适用的理论基础 ························ 21
第一节 近代哲学(法哲学)基础 ·· 22
第二节 当代哲学(法哲学)基础 ·· 34
第三节 法理学基础 ·· 37
第二章 民间规则进入民事诉讼的渠道与限度 ····························· 50
第一节 民间规则和法源 ·· 51
第二节 民间规则进入的哲学传统、思维模式和现实需要············ 62
第三节 民间规则民事司法进入的限度 ····································· 79
第三章 民间规则在事实认定中的适用 ····································· 88
第一节 民间规则对合同事实的释明 ·· 89
第二节 民间规则对非合同事实的替代 ···································· 100
第三节 例析民间规则对案件事实的认定 ································· 106
第四章 民间规则在裁判规则寻找中的适用——以漏洞补充为例········ 108
第一节 法律漏洞 ·· 110
第二节 民间规则与法律漏洞的关联 ······································· 121
第三节 民间规则对法律漏洞的补充——依据法律超越法律········ 132

结 语 ·· 157
参考文献 ·· 159

导　　论

一、研究的缘起与选题意义

(一) 研究的缘起

自从中共中央做出建设社会主义和谐社会的战略决策以来,举国上下掀起一轮又一轮的构建和谐社会的运动高潮。然而和谐和纠纷是人类社会的一体两面,只要人类社会存在,纠纷就不可避免。构建和谐社会就是要培育深化和谐一面,预防化解纠纷一面,"两手抓两手都要硬"。忽略任何一面都不可能建立真正的和谐社会。但是,毋庸置疑的是,构建和谐社会必不可少的前提条件是配备足够的法制资源,包括规范资源。然而我国土地辽阔人口众多,尤其是改革开放以来我国从城市到乡村都发生了或正在发生巨大的变迁。城市与农村、东部与西部、沿海与内地的差异非常大。不仅如此,随着中国加入WTO,中国逐渐融入以西方为主导的世界经济体系内,因此中国既要改革国内特别是边远地区不发达的生产力和改造落后文化,又要吸纳国外比自身更为先进的生产力和异质文化。总之,处在转型时期的中国,文化多元、经济多元、利益多元、阶层多元和冲突多元是不争的事实。在这种大变革大发展的特定时代背景下,化解纠纷构建和谐社会就必须根据各个地区各个行业的具体情况从官方和民间两个渠道,探索开发排难解纷的资源,提供切合各个领域具体情况的内容丰富多样的合理规范体系。

但是我国目前基本上通过人大立法和行政立法两个法源供应机制向全国提供规范资源。即从规范层面说,我国主要是以国家制定法来应对国内外两个领域内复杂多变的社会关系的。然而,事实证明这种规范资源的供应机制是捉襟见肘力不从心的。之所以如此,主要是因为作为构建理性的制定法自身的局限性。建构理性先天不足,是不争的事实。面对丰富多彩的现实社会尤其是像中国这样的多民族多元文化的大国,希冀通过建构普适性的制定法规范放之四海而皆准,难免顾此失彼。因此全面依赖制定法是何等的不切实际。而民间规则恰好可以弥补制定法这方面的不足。不仅如此,事实证明民间规则是当代中国不可或缺的排难解纷的规范资源。党的十八届四中全会的决定也提出运用民间习惯规则解决纠纷,就是明证。正因如此,研究民间规则在民事诉讼中的运用对于构建和谐社会具有深远的实践意义。

(二)选题意义

我国著名社会学家费孝通先生在20世纪30年代出版的《乡土中国》对我国学术界产生了重大影响。也许是由于《乡土中国》的影响,我国法学界研究民间规则的学者大多数都把理论视角聚焦于中国的农村基层社会,尤其是贫穷落后地区和边远的少数民族地区,认为民间规则就是这些地区的村民习惯法和乡规民约。在这种理论视野下,也就不难想象为何我国学者在研究民间规则的排难解纷功能时,往往偏重于国家法律制度外的纠纷解决机制,尤其是少数民族地区的长老裁决和神判,而较少关注在国家法规定的纠纷解决方式中民间规则的运用。因此,在我国法学界,对法定纠纷解决方式内的民间规则运用的研究成果并不多。

其次,我国法学界大多数学者在研究民间规则时大多选择国家法作为参照对象,这就是所谓的国家法与民间法二元对立结构的分析框架。诚然,在国家制定法的对照之下民间规则的基本原理、概念、术语和范畴等都能够较好被剖析和探讨。然而,国家法与民间规则二元对立的分析框架并非尽善尽美,其也有自身的不足。在这一框架下,大部分学者过分关注国家法与民间规则对立一面而漠视甚至忽视统一的一面,也即是说国家法与民间规则相互排斥冲突的面相备受学者们的青睐,而相互借鉴与吸纳的向度却研究不够。

总而言之,目前我国法学界系统研究在国家法规定或认可的纠纷解决方式内民间规则如何运行及其基本理论的论著非常少。因此,本书的研究或许能够为国内法学界在这方面的理论深化添砖加瓦。

二、研究视角与方法

(一) 研究视角

法国著名的社会学家涂尔干说,社会学并不是探讨社会应该是什么样子,若要使社会尽可能的完美,应该怎样组织社会。社会学家的目的与此完全不同,他们研究社会,是为了了解社会和理解社会,就像物理学家、化学家和生理学家对待物理现象、化学现象和生理现象一样。社会学家唯一的任务,就是恰当地确定他所研究的事实,发现事实据以发现规律,他把发现(如果有必要的话)如何才能运用他所确立的命题这一任务,留给别人去做。① 由此可见,在涂尔干看来,社会学是研究客观存在的社会现象的科学,而不是研究形而上学问题的学科。换言之,社会学研究实然问题而不是应然问题,研究社会客观现象实际上是怎样而不是应该是怎样。如果研究法律现象,那么就研究法律实际上是如何运行的而不是应当是如何运行的。

美国著名的社会学法学家庞德也指出:社会学法学家所要解决的主要问题是,在创立、解释和适用法律方面,更加注意与法律有关的社会事实。为此,他们必须坚持以下几点:研究法律制度和法律学说的实际社会效果;为准备立法进行社会学研究;研究是法律实际生效的手段;对法制史应进行社会学研究,即不是仅仅研究法律原理如何演变,仅仅把它们当作法律材料,而且还要研究这种法律在过去产生了什么社会效果以及如何产生的;承认对法律规则情况加以适用的重要性,即力求对各个案件都正当、合理地予以解决,等等。② 因此,依据庞德的观点,法学研究不仅是为了解决实际问题而研究,而且其研究对象本身就是社会现实中的法律或者说行动中的法。换言之,庞德主张从社会现实出发研究法律,不能孤立地研究法律。

本书的研究对象是民间规则在民事诉讼中的适用。民间规则是人们长期社会生活经验的产物。它形成于社会,同时又在社会中运行。因此可以说民间规则是原生性的法律。毫无疑问,在现代社会,国家处于不可置疑的核心位置。但是我们也要看出国家法并不是无所不能、一统天下的。相反,在实际运

---

① [法]爱弥尔·涂尔干.乱伦禁忌及其起源[M].汲喆,付德根,渠东,译.上海:上海人民出版社,2006:214-215.
② 沈宗灵.现代西方法理学[M].北京:北京大学出版社,1992:218-219.

行过程中,国家法往往需要民间规则的协助与补充。因此,从这个意义上说,研究民间规则的实际运行,尤其是在民事诉讼中的适用,也就是从民间规则的角度,描述国家法在实际运行中的真实图景。因为,民间规则的进入往往意味着国家法的不能调整。

在民事诉讼中,如果法官适用民间规则裁判案件,那么就意味着国家法对该案件没有做出相应规定,或者虽有规定但适用于该案却会得出违背正义的处理结果。这说明国家法出现漏洞。法官在法律解释中适用民间规则使国家法明确化具体化。这也说明国家法在实际运行中显得过于抽象僵化,与现实社会并非完全合辙。因此,本书所要研究的问题,从一个方面看,是民间规则在民事诉讼过程中的运行实况及其必须遵循的前提条件;从另一个角度看,则是制定法在现实中的运行情况及其出现缺陷的原因。当然,综合两个方面考察,我们也可以看出民间规则与国家制定法在现实中互动的能与不能。

综上所述,本书的论题和研究所涉及的范围决定本书必须从实际出发,运用联系的观点观察研究对象。唯有如此,才有可能切中问题的要害。因此,本书选择社会学作为研究视角。

(二)研究方法:实证分析方法

研究视角是研究的角度问题,研究方法就是方法论问题。角度取对了只是成功研究的第一步,能否正确选择研究方法决定着研究最终能否成功。然而方法选择与视角选择一样,能否正确取决于其是否契合研究对象的规定性。

本书的研究论题是民间规则在民事诉讼中的适用。这一问题与其说是理论问题,不如说是实践问题。要解决这一问题就必须在实践的场域,观察、分析和论证民间规则运行及其与国家法的互动关系。正因如此,本书始终在民事诉讼的实践场域中展开论证。与此相对照,实证分析方法正是把事实问题作为分析研究的对象,探讨的是实然问题而不是应然问题。因此,依据本书研究论题的规定性,本书主要采取实证分析方法。与此同时,因为本书在研究过程中也将涉及民间规则与国家制定法的关系问题,所以本书也将会在某些章节运用历史分析方法、对立统一分析方法和比较法等研究方法。

三、研究现状综述

(一)国内的研究现状

在纠纷解决的论域里,我国学者们大致从四个向度对民间规则进行研究:第一,研究民间规则在少数民族地区的解纷排难机制。第二,研究司法过程中民间规则的运行样态,得出三种不同的结论:民间规则取代国家法,对判决结果皆大欢喜;国家法坚守阵地但是执行却困难重重,判决如同一纸空文;民间规则与国家法良性互动,民间规则补充丰富国家法。第三,选择典型案例,以个案为基点分析民间规则与国家法的关系。第四,站在司法立场,研究民间规则对法律方法的可能贡献,民间规则作为法源的事实基础和规范依据。

高其才教授在《中国习惯法论》一书中论述到,调解处理、审理、神判和械斗等我国少数民族解决纠纷的方式以及相应的民间程序法和实体法。在《瑶族习惯法》一书中,他又论述了瑶族的调解、审理、神判和械斗等纠纷解决办法以及相应的习惯法规范。在曾代伟先生主编的《巴楚民族文化圈研究——以法律文化的视角》一书中,作者从纠纷的类型与实体规范、乡土社会的纠纷解决者、纠纷解决的模式、纠纷解决的目标和作用、纠纷解决机制与社会控制五个方面论证巴楚文化圈纠纷解决机制与习惯法的相关规定。在陈金全先生主编的《西南少数民族习惯法研究》一书中,作者首先提出在我国西南少数民族封闭的社会里人们是如何使社会维持稳定运转,习惯法又是如何发挥其作用机制的两个问题。然后从社会组织与族群控制、纠纷解决机制、纠纷的解决者、神明裁判和宗教与西南少数民族的习惯法五个方面较为详细地阐析少数民族的社会组织和纠纷解决。最后认为:"真正能阻止犯罪的乃是守法的传统,这种传统又根植于一种深切而热烈的信念之中,那就是:法律不仅是世俗政策的工具,而且还是生活终极目的和意义。"①由此可见,上述三位学者的研究主要是以法律人类学为视角。

田成有和李懿雄两位先生在《乡土社会民间法与基层法官解决纠纷的策略》一文中认为,基层人民法院法官在审理民事纠纷案件的过程中难以避免民间法与国家法冲突的问题,如何克服这一困境?基层法官由于自身受民间

---

① 陈金全.西南少数民族习惯法研究[M].北京:法律出版社,2008:116.

文化的耳濡目染并内心认同,每每选择民间法作为断案的依据,因此审判结果大都得到两造的认同,进而认为民间法是乡土社会的"人情正义",是乡民真正需要的正义。① 在《民间法与国家法视野下的出嫁女土地补偿款案》一文中,覃晚萍女士认为,当民间法与国家法发生冲突时,如果法官简单地排斥民间法而适用国家法,那么判决往往受到村民的抵御而得不到执行,陷入尴尬境地。② 在《正义的妥协——从程序、效力和利益分配结果看民族地区基层纠纷的解决途径》一文中,王刚先生认为,民族地区基层纠纷的解决是在现行法与民族习惯法、民间法相互塑造和挤压的过程中,当事人、民族地区社会权威、司法者之间权衡利益得失之下,对公平、正义和利益等和谐社会法治理念的妥协,并进而得出这种妥协,主要表现为对现行法的规避。③ 在《遭遇冲突的国家法与民间法——一起水事官司的法社会学考察》一文中,杨俊凯、邓慧两位学者分析了一起小小的旷日持久的水事官司,并认为该官司之所以旷日持久并最终得不到执行,主要是因为没有成功地达成国家法与民间法共荣的良好格局。④ 李卫东先生在《民初民法中的民事习惯与习惯法》一书中对法律与习惯法的互动关系进行描述,认为在司法审判中民事习惯的作用主要表现为:确认法律事实,弥补和丰富制定法的不足,变通和发展已有的制定法,修正和变更现行法以及其他作用。⑤ 但对国家制定法的反向作用却缺少足够的关注。

梁治平先生在《乡土社会的秩序、公正与权威》一文中分别对15个案例进行评析,最后得出结论:无论国家与社会还是正式法与民间秩序,所有这些都不是具有明晰边界并且能够严格区分的内部同质的实体,它们之间也不存在非此即彼的对立和紧张。⑥ 但这种论证逻辑的进一步推演,其结果可能是民间规则与国家法混沌不分。苏力教授以"秋菊打官司案"为分析对象,得出在乡土社会里国家法的不适用,"产品"的不对路。秋菊仅仅是尝试地诉求了

---

① 田成有,李懿雄.乡土社会民间法与基层法官解决纠纷的策略[J].现代法学,2002(2):120-124.
② 覃晚萍.民间法与国家法视野下的出嫁女土地补偿款案[J].云南大学学报:法学版,2007(6):22-27.
③ 王刚.正义的妥协——从程序、效力和利益分配结果看民族地区基层纠纷的解决途径[J].青海民族研究,2005(9):30-36.
④ 杨俊凯,邓慧.遭遇冲突的国家法与民间法——一起水事官司的法社会学考察[J].长江师范学院学报,2007(11):158-162.
⑤ 李卫东.民初民法中的民事习惯与习惯法[M].北京:中国社会科学出版社,2005:212-250.
⑥ 王铭铭,王斯福.乡土社会的秩序、公正与权威[M].北京:中国政法大学出版社,1997:415-480.

正式法律,而她不仅没有获得她所希望的"说法",而且无法理解正式法律运作的结果;她无意伤害他人却事实上伤害他人,原来是她有理的现在却似乎亏了理,她自己的境况甚至可能比以前更加不利。① 总而言之,面对乡土社会某些事件,国家制定法介入无能,或者不应该介入。

在《试论习惯法及其适用》一文中,高军先生例举了习惯法作为法源的法律依据并指出法院适用习惯法通常应遵守的规则。在《民间规则作为司法裁判的渊源———一个司法中心的立场》一文中,李秀群先生批判立法中心主义眼光短浅,并站在司法中心主义的立场提出民间法应当作为法源。② 谢晖教授关注如何把民间规范研究与法律方法的研究结合起来,在《初论民间规范对法律方法的可能贡献》一文中,谢教授从民间规范作为法源而被收入——国家认可,民间规范作为价值衡量的社会依据和民间规范作为判例或判例法产出的社会根据三个方面详尽论证了民间规范对法律方法的可能贡献。③

总而言之,上述各位学者从各自的视角出发对民间规则做出了独特的研究。学者们大多对民间规则与国家法的关系进行法文化学、法社会学的分析或立法例罗列,而没有或者说较少对民间规则在国家制定法规定的仲裁、调解或民事诉讼等纠纷解决方式中的运行样态及其条件进行研究,尤其是没有系统分析民间规则在民事诉讼中适用的原因,也没有对其在民事诉讼中的适用方式进行全面的学理剖析。大多数学者过分关注民间规则与国家法的不适性一面,而对民间规则与国家法良性互动的一面却缺乏应有的注意,十分详尽地描述了民间规则在法定的解纠体制之外的运用,而缺少对它在法定解纷体制内的运行现实进行应有的研究。

(二)国外的研究现状

西方对民间规则的研究,可以说从古希腊就已经开始。不过,西方法学者主要从法律史或纠纷解决的视角研究民间规则运行的样态及其与国家制定法的互动关系。

早在古希腊时期,民间规则就引起西方哲人的关注。柏拉图在其名著

---

① 苏力.法治及其本土资源[M].北京:中国政法大学出版社,2004:33-34.
② 李秀群.民间规则作为司法裁判的渊源———一个司法中心的立场[J].山东大学学报:哲学社会科学版,2007(1):55-59.
③ 谢晖.初论民间规范对法律方法的可能贡献[J].现代法学,2006(5):28-37.

《法律篇》中指出"生在那个世界轮回时期的人还没有任何文字记录,而他们的生活遵循的是沿袭下来的习惯和我们所说的'祖传的'法律",①并进一步认为:"我们现在正在研究的一切规则,人们通常叫作'不成文习惯'。实际上,人们所说的'祖宗的法律'指的就是所有这些事情。不仅如此,而且刚才我们取得的结论也是如此。尽管'法律'一词用于这些事情是个错误,但我们不能对它们只字不提,因为它们是整个社会框架的黏合剂,把一切成文的和制定了的法律还未通过的法律联系起来。"②在古罗马,乌尔比安指出:"在无成文法可循的情况下,那些长久的习惯常常被当作法和法律来遵守。"尤里安认为:"没有理由不把根深蒂固的习惯作为法律来遵守(人们称它是由习俗形成的法)。事实上,我们遵守它们仅仅是因为人民决定接受它们。那些在无成文法的情况下人民所接受的东西,也有理由为所有人所遵守。"③

历史法学派的创始人萨维尼在其重要著作《论立法与法学的当代使命》一书中指出:"在人类信史展开的最为远古的时代,可以看出,法律已然秉有自身确定的特性,其为一定民族所特有,如同其语言、行为方式和基本的社会组织体制。不仅如此,凡此现象并非各自孤立存在,它们实际乃为一个独特的民族所特有的根本不可分割的禀赋和取向,而向我们展现出一幅特立独行的景貌。将其他联结一体的,乃是排除了一切偶然与任意其所由来的意图的这个民族的共同信念,对其内在必然性的共同意识。"④从此段描述,不难看出,历史法学派强调法律与民族文化的相生相依并同始同终。不言而喻,民间规则是民族文化的规范表达,并与民族同始同终。因此,按照历史法学派这一理论逻辑,民间规则也应当包括在历史法学派的法律范围之内。因此,尽管历史法学派已是明日黄花,但是萨氏关于法律的论断一直延续至今并有日益扩大之趋。

美国霍姆斯大法官站在司法中心主义的立场说出了至今仍是法律界耳熟能详的名言:"法律的生命不是逻辑,而是经验。"⑤而民间规则正是社会经验

---

① [古希腊]柏拉图.法律篇[M].张智仁,何勤华,译.上海:上海人民出版社,2001:74-75.
② [古希腊]柏拉图.法律篇[M].张智仁,何勤华,译.上海:上海人民出版社,2001:210.
③ [意]桑德罗·斯奇巴尼.民法大全选译:正义和法[M].黄风,译.北京:中国政法大学出版社,1992:63-63.
④ [德]弗里德里希·卡尔·冯·萨维尼.论立法与法学的当代使命[M].许章润,译.北京:中国法制出版社,2001:7.
⑤ [美]小奥利弗·温德尔·霍姆斯.普通法[M].冉昊,姚中秋,译.北京:中国政法大学出版社,2006:1.

的载体,因此依据霍姆斯大法官的论断不难推出民间规则应当是司法裁判的法律渊源。美国法史学家施瓦茨在其《美国法律史》一书中也谈道:"这些法官和法学家发现和适用的法律原则来源于并存在于'民族的特性和实际生活环境'。法律更多地产生于经验而不是意志。"①日本法学家大木雅夫以比较法为视角在其著作《比较法》一书中也论及了习惯在司法过程中的适用问题,他认为:1250年代法国各领主法院依照各自当地的习惯法审判案件,但是由于习惯法在确认过程中出现腐败问题,于是在1454年查里七世要求巴里治对其领地内的习惯法进行编纂,并命令国家方面的代表参加协作编纂。② 美国法学家伯尔曼以法律社会学为视角在其名著《法律与革命——新教改革对西方法律传统的影响》一书中也涉及习惯法在司法实践中的运用问题,他指出:在1500~1600年间,至少有一个德国公国,颁布了像"领地条令"这样的制定法450件以上。这些立法把调整德国民族之经济生活的大多数方面的习惯法进行了体系化的整理和修正。在诉讼过程中当立法或习惯法与学术普通法相冲突时,立法或习惯法有效。③

美国现实主义法学派主要代表人物卢埃林在其主要作品《普通法传统》一书中以现实主义法学为视角,描述习惯在美国上诉法院得出判决的实际过程中的具体体现。他认为:"如果,就像观察、交谈和出版物这些材料合起来所显示的那样,影响判决过程的心理和实践的种种事物——如果这些事物实际上是多种因素的混合物,那么我们就需要一些描述性的词语来概括这些混合物中包含着的实然、应然以及你所想到的其他方面的特征;'情境中的常理''智慧'和'理性'就是这种情况。"④。

以上学者并不专门或者说深入研究民间规则,而只是在其著作中直接或间接涉及民间规则的相关问题。相反,下面述及的几位学者对民间规则的研究较为深入,影响范围也较广泛。

法律社会学创始人之一奥地利法学家埃利希在其名著《法律社会学基本原理》一书中对法院与裁判规范有独特的见解,他认为:"法院并不是作为国

---

① [美]伯纳德·施瓦茨.美国法律史[M].王军,译.北京:法律出版社,2007:145.
② [日]大木雅夫.比较法[M].范愉,译.北京:法律出版社,2006:157-159.
③ [美]伯尔曼.法律与革命——新教改革对西方法律传统的影响[M].袁瑜铮,苗文龙,译.北京:法律出版社,2008:169.
④ [美]卢埃林.普通法传统[M].陈绪纲,史大晓,仝宗锦,译.北京:中国政法大学出版社,2002:69.

家的机构而产生,而是作为社会的机构而产生。法院的最初功能不过是依据彼此间建立起来紧密联系的氏族或者家族授予的权威来裁决这样的问题:不同联合体之成员间的争端是否可以通过支付赔偿金的方式来调解,或是犯罪人必须通过流血的方式来赎罪,并最终决定赔偿金的幅度。直到后来很晚的时期,国家才设立法院,以便处理直接涉及国家的事务。""每一个裁判规范都主要是基于这种内部秩序,即这些法律事实,这些法律事实依靠习惯创造了秩序,依靠支配和占有关系、契约、社团章程、遗嘱处分为联合体中每一个人确定其在联合体中的地位和职责。每一个争端中相关要点都是对基于这些法律事实的规范违反,在所有的诉讼中,法官为了做出一项裁决都必须通过自己的知识或者证据来查明这些事实。"① 不难看出,埃利希是从法律社会学角度来论证法院和裁判规范的生成的。

美国学者埃里克森教授运用博弈论在其名著《无需法律的秩序——邻人如何解决纠纷》一书中论证得出,制定规则并施行制裁的有五种控制者,其中,有一种第一方控制者,一种第二方控制者,三种第三方控制者。第一方控制者依据的规则是个人伦理,第二方控制者依据的是合约,第三方控制者依据的是组织规则和政府发布的法律。在施行正面制裁和负面制裁时,执法者通常运用一些规则把人类行为划分为应予奖赏的好行为、应予惩罚的坏行为以及无须回应的普通行为三个范畴。② 美国另一位学者埃里克·A·波斯纳继续沿着埃里克森的理论进路研究法律与社会规范的关系,在其《法律与社会规范》一书中,他指出,社会规范是指存在于博弈均衡之中的行为常规(行为的实然),即"活法""行动中的法""实际规则"。③

四、主要概念和术语的说明

(一)民间规则及其特征

从客观上说,在民间社会里,确实存在一类与国家法律不同的行为规则,

---

① [奥]尤根·埃利希.法律社会学基本原理:1卷[M].叶名怡,袁震,译.北京:九州出版社,2007:255,259.
② [美]罗伯特·C·埃里克森.无需法律的秩序——邻人如何解决纠纷[M].苏力,译.北京:中国政法大学出版社,2003:151,153-154.
③ [美]埃里克·A·波斯纳.法律与社会规范[M].沈明,译.北京:中国政法大学出版社,2004.

它调整人们之间的利益分配关系,规范人们的行为,在一定范围内形成相对稳定的社会秩序。这类与国家法律不同的行为规则,究竟如何命名?目前在我国学界有多种不同的称呼,例如,民间法、习惯法、习惯、习惯规则、民间习惯规则、民间社会规范、本土资源、民间规则等。相应地,对其内涵的界定,也各有侧重。

田成有教授认为:"民间法是独立于国家法之外的,是人们在长期的共同生活之中形成的,根据事实和经验,依据某种社会权威和组织确立的,在一定地域内实际调整人与人之间权利和义务关系的,具有一定社会强制性的人们共信共行的行为规范。"①梁治平先生说:"民间法具有极其多样的形态。它们可以是家族的,也可以是民族的;可能形诸文字,也可能口耳相传;它们或是人为创造,或是自然生成,相沿成习;或者有明确的规则,或更多表现为富有弹性的规范;其实施可能由特定的一些人负责,也可能依靠公众舆论和某种微妙的心理机制。"②对于习惯法,梁先生说:"习惯法是这样一种知识传统:它生自民间,出于习惯,乃由乡民长时期生活、劳作、交往和利益冲突中显现,因而具有自发性和丰富的地方色彩。由于这套知识主要是一种实用之物,所以在很大程度上为实用理性所支配。"③

高其才教授对习惯法的定义是:"习惯法是独立于国家制定法之外,依据某种社会权威和社会组织,具有一定的强制性的行为规范的总和。正如《牛津法律大辞典》所指出的:'当一些习惯、惯例和通行的做法在相当一部分地区已经确定,被人们所公认并被视为具有法律约束力,像建立在成文的立法规则之上一样时,它们就理所当然可称为习惯法。'"④范愉教授认为,如果从国家的角度界定法律,则国家法律以外的社会规范可以统称为民间社会规范或社会规范。⑤ 苏力教授说:"寻求本土资源、注重本国的传统,往往容易被理解为从历史中去寻找,特别是从历史典籍规章中去寻找。这种资源固然是重要的,但更重要的是要从社会生活中的各种非正式法律制度中去寻找。研究历史是借助本土资源的一种方式。但本土资源并非只存在于历史中,当代人的

---

① 田成有.乡土社会的民间法[M].北京:法律出版社,2005:19.
② 梁治平.清代习惯法:社会与国家[M].北京:中国政法大学出版社,1996:36.
③ 梁治平.清代习惯法:社会与国家[M].北京:中国政法大学出版社,1996:127-128.
④ 高其才.中国习惯法论[M].北京:中国法制出版社,2008:3.
⑤ 范愉.纠纷解决的理论与实践[M].北京:清华大学出版社,2007:578-579.

社会实践中已经形成或正在萌芽发展的各种非正式的制度是更重要的本土资源。"①

以上各位学者的观点从各自的立场出发都持论有据。实际上，与国家法律不同的民间社会的行为规则调整范围非常广泛、内容十分繁杂、表现形态多样。因此，用一个词语对之命名，并用简练的书面语言表述其应有的含义，每每有词不达意、力不从心之感，并难免有挂一漏万之嫌。但是，为了研究和表述的方便，对研究对象命名和界定是必不可少的。因此，对于与国家法不同的民间社会的行为规则，本书认为称之为民间规则较为恰当。理由如下：

大体上说，民间规则通过两种方式形成，其一，经过人们反复实践和遵循从而成为他们的习惯而形成。其具体表现为"当人们发现某一做法合理而有益于他们，并适合他们的秉性与风尚时，这一做法就会得到人们的遵从和重复，长年重复之后就形成习惯法。"②因此，以这种方式形成的民间规则，我们也可称之为习惯法或民间习惯规则，因为它以习惯的形态表现出来。这种形成方式又可以称为自发形成方式。其二，由民间社团或共同体根据其自身的需要制定而形成。其具体表现为行会规章、商会规则、公司章程以及乡规民约等。这种方式又可称为自觉形成方式。由此可见，以民间习惯规则或习惯法命名难以涵盖这部分内容。

不仅如此，以习惯法命名，不但与国家认可并赋予其法律强制力的习惯法难以分开，而且容易使人误认为民间规则是与国家法性质相同的另一种法律。以民间法命名同样具有这一不足。然而为什么不称之为民间规范而称之为民间规则呢？实际上称之为民间规范也未尝不可。③ 本书选择民间规则，只是想与法律规范更好地对应。

接着，什么是民间规则呢？民间规则是依靠社会力量自觉或自发生成的，与国家法律性质不同的行为规范。它以权利、义务为内容，以行为为调整对象，以普遍认同、社会舆论、相互制衡或集体强制等精神的或物理的力量保证实施。一条完整的民间规则也应包括假定、处理和制裁三个部分。不过民间规则往往以不完整的形态出现，因此，以条文形式出现的民间规则大多仅包含

---

① 苏力.法治及其本土资源[M].北京:中国政法大学出版社,2004:14-15.
② 陈绪纲.法律职业与法台——以英格兰为例[M].北京:清华大学出版社,2007:238.
③ 在英文里,norm 指规范,rule 指规则,但又常常可以互换使用。有时把两者都翻译成中文的规范或标准。参见英汉法律词典[M].北京:法律出版社,1998:537,704.

三个部分的其中一个部分。

民间规则的特征是什么,或者说据以辨别民间规则的标准是什么?我国学者对此问题也已有论述。田成有教授认为,民间法的特点是,乡土性、地域性、自发性和内控性。① 范愉教授认为,民间社会规范的特征有:与社会生活的密切相关性,发展与延续的选择性,差异性和多元性,伦理性和规范性。② 高其才教授认为,习惯法确立的要件有:悠久性,自发性,连续性,强制性,确定性,合理性和一致性。③

本书认为民间规则具有地域性、圆融性、经验性、传统性、价值性以及其实施主要依赖社会舆论和相互制衡。

地域性,主要表现在民间规则的适用范围一般都是某个较小的地域、某个社团、某个较小的血缘共同体或业缘共同体,甚至仅适用于某一范围内某一类型社会关系。而且不同的共同体就相同性质的社会关系,其适用的民间规则又往往是不同的。这就是民间规则的地域性,以个别正义为重心。事实上,极少有普适性的民间规则,正因如此,我们也可以说民间规则是"地方性知识"。

圆融性,就是说民间规则重纠纷解决轻是非分明,或者说重视恢复和谐关系,而不追求一清二楚的权利义务划分。这方面的例子比比皆是。例如,在熟人社团里当其中两位成员发生争议时第三方总是劝说争议双方以和为贵,退一步海阔天空。而当事人也大多能够各自让步,和解收场。

经验性,从形成方面看,大多数民间规则起初只是一种做法或者说一种方法。之所以会使用这种做法,是因为在生活实践中人们认为这种做法或许能够合理有效解决实际问题,于是把它付诸实践。经过长期实践,果然有其合理性。这样一来相沿成习,形成习惯,产生了习惯法,即民间规则。从内容方面看,民间规则本身就是实践经验的记载,十分具体,没有经过提炼,用以表述民间规则的词语本身就是日常生活的习惯用语。因此,至少在语言方面,无抽象性可言。其次,即便是由民间共同体自觉创制的民间规则,他们也是为了解决某种具体问题而制定的。因此,同样十分具体。所以从这点看,可以说民间规则是经验理性的产物。

传统性,是指民间规则历史相当悠久,已经演变成为风俗习惯。人们之所

---

① 田成有.乡土社会的民间法[M].北京:法律出版社,2005:26-30.
② 范愉.纠纷解决的理论与实践[M].北京:清华大学出版社,2007:589-596.
③ 高其才.中国习惯法论[M].北京:中国法制出版社,2008:5.

以在日常生活中自觉或不自地遵循它,只是因为它究竟是什么时候生成的大家都说不清楚,反正祖祖辈辈都是这样做的。遵循它,不仅得到他人的认同而且自己也心安理得;不遵循它,不仅他人对自己另眼看待甚至抵触排斥,而且自己也觉得理亏、忐忑不安。在这个意义上,我们也可以说民间规则就是文化传统。韦伯说:"无论何时,只要行为规则变成习惯,即它成了众人同意的指导性行动,可以说,这就是'传统'。"①

价值性,是指民间规则不仅是人们长期生活劳作的经验结晶,而且也是一定范围内的人类文化载体。它在一定程度上和一定范围内反映人们的生活习惯和伦理道德观念。因此,从这一角度看,民间规则也是一定范围内人们的价值观念的规范表达。所以,人们在生产交往的过程中往往以民间规则作为价值判断的标准。

最后,民间规则在实施方面主要依赖社会舆论或相互制衡。因为民间规则适用范围相对较为狭窄,也可以说是适用于熟人社会,所以一旦违背民间规则的情形发生,其他所有成员旋即获悉并议论纷纷。在这种众口铄金的舆论攻势下,除非违反者敢于冒天下之大不韪,置个人与家庭的声誉于不顾,否则一般都会迷途知返、回头是岸。相互制衡,简而言之,是指如果你不遵守那么我也不遵守,结果是两败俱伤,双方都得不到什么好处;如果你遵守规矩,那么我也遵守,结果对双方都有利。因此,在权衡利弊得失之后,双方都不得不循规蹈矩。所以民间规则往往通过社会舆论或相互制衡就可以得到实施。当然,有时候只有通过物理手段实施强制力,民间规则才能得到实施。不过,人们首选的方法每每都是社会舆论或相互制衡。依据埃里克森的实证调查,加利福尼亚州夏斯塔县的牧民们执行民间规则的方法首先是真实但负面的议论,当不起作用时则威胁使用或实际使用更严厉的自助制裁,最后违反者倘还一意孤行时才处死入侵牲畜。②

对于民间规则的具体表现形态,我们可以说,它大致包括某些民间伦理道德、风俗习惯、交易习惯、国际惯例、乡规民约以及其他民间团体的自治规则等。

---

① [德]马克斯·韦伯.论经济与社会中的法律[M].张乃根,译.北京:中国大百科全书出版社,1998:27.
② [美]罗伯特·C·埃里克森.无需法律的秩序——邻人如何解决纠纷[M].苏力,译.北京:中国政法大学出版社,2003:68-70.

（二）民间规则与民事诉讼的关联

在《社会分工论》一书中，涂尔干把社会分为机械团结社会和有机团结社会两种类型。机械团结社会又称环节社会，社会密度低、社会容量小，各个环节形成了许多相互割裂的小社会。① 不仅如此，在机械团结社会里，由于沟通手段和传播手段的匮乏，各个环节处于闭关自守的状态。② 机械团结社会建立在个人之间的相似性和相同性之上。在机械团结社会里人与人之间除了性别不同以外几乎没有什么不同，人与人之间具有相似的情绪、相似的价值取向、相似的宗教信仰以及相似的物质和精神需求等。

正因为具有如此之多的相似性，人们较为容易在全社会的范围内形成共同的是非观念和道德追求。"社会成员平均具有的信仰和感情的总和，构成了他们自身明确的生活体系，我们可以称之为集体意识或共同意识"③，而"社会的集体意识综合地反映着一定社会的道德、规范和习俗"④。"当集体意识完全覆盖了我们的个人意识，并在所有方面都与我们息息相关的时候，那么从相似性产生出来的团结就发展到了它的极致状态，但此时此刻我们的个性却已丧失殆尽"⑤。"确切地说，就在这种团结大显身手的时候，我们的个性就会消失得无影无踪，因为我们已经不再是我们自己，我们只是一种集体存在"⑥。"如果这种团结越来越发达，那么个人也就越来越不属于自己；他简直成了社会所支配的物。因此，在上述社会类型里，人权与物权是不加区别的"⑦。

由此可见，在机械团结社会里，维护社会团结的纽带就是集体意识。法律的目的在于保护集体意识免受与集体意识相抵触的行为的损害，以免社会分崩离析。于是，在这样的社会里犯罪指的是触犯了强烈而又明确的集体意识的行为。⑧ 集体意识的表现形态是伦理道德和风俗习惯。实际上，典型的机械团结社会就是初民社会。在这样的社会里，没有阶级、没有国家、没有法律，

---

① ［法］埃米尔. 涂尔干. 社会分工论［M］. 渠东，译. 上海：生活・读书・新知三联书店，2000：248.
② ［法］埃米尔. 涂尔干. 社会分工论［M］. 渠东，译. 上海：生活・读书・新知三联书店，2000：249.
③ ［法］埃米尔. 涂尔干. 社会分工论［M］. 渠东，译. 上海：生活・读书・新知三联书店，2000：42.
④ 李瑜青，等. 法律社会学经典论著评述［M］. 上海：上海大学出版社，2006：137.
⑤ ［法］埃米尔. 涂尔干. 社会分工论［M］. 渠东，译. 上海：生活・读书・新知三联书店，2000：90.
⑥ ［法］埃米尔. 涂尔干. 社会分工论［M］. 渠东，译. 上海：生活・读书・新知三联书店，2000：91.
⑦ ［法］埃米尔. 涂尔干. 社会分工论［M］. 渠东，译. 上海：生活・读书・新知三联书店，2000：91.
⑧ ［法］埃米尔・涂尔干. 社会分工论［M］. 渠东，译. 上海：生活・读书・新知三联书店，2000：43.

调整人们行为的是伦理道德和风俗习惯。就现代而言,机械团结社会相当于熟人社会。

与机械团结社会相反,有机团结社会又称组织社会。有机团结社会的出现主要是因为人口数量的不断增长和集中,与此同时阻隔人们交往的各个环节不断消失。不仅如此,个人需要的数量也在大幅度增长。然而匮乏的资源却永远无法满足人们所有的欲望。在这种状况下,如果人们继续保持原有的需求,追求同样的目标,他们必然每时每刻都陷入一种相互敌视的状态中。相反,"如果他们的生存方式不同,或者生活方式不同,他们就会互不妨碍。某些人赖以发迹之物,对其他人而言却显得一文不值。"①于是为了生存,一部分人的需要和目标追求就必须从原有的需要和目标中分化出来。这样一来,人类社会就出现了分工。随着分工的出现,有机团结社会产生了。社会分工是维系有机团结社会的纽带。由于分工,社会成员的需求和目标追求日趋分化,由此导致他们的信仰和价值观念多元化。集体意识依然存在,但大大不如以前强烈,降低到维持社会团结所需要的最低限度。这就给个人的意识腾出了尽可能大的发展空间。正因如此,社会分工取得了无穷的发展动力。

在有机团结社会里,专业分工日益细化。每个行业所生产的产品和追求的目标都与其他行业不同,所生产的产品不是为了直接满足自己的需求而是为了通过市场,交换回满足自己需要的产品。于是,可以这样说,在有机团结社会里,每个人都与其他人不同,但是每个人都必须依赖他人才能生存。因此,在这样的社会里,人与人之间分工合作是社会规定性的必然要求。但是,这种分工合作是在差异基础上的协作,是互通有无的协作。因此,必须通过权利与义务来规范人与人之间的关系,否则分工合作就难以为继。"这种分工合作关系是有机团结社会中的整合基础,如果关系遭到严重破坏,也就意味着社会团结的纽带松懈了,社会将面临解体的危机。"②这时,伦理道德和风俗习惯已经不能满足人们规范行为的需求。

社会学家费迪南·托尼斯在《共同体与社会》一书中,对两种基本社会组织进行了区分。第一种是"共同体"。这是一种由在某种程度上共享相同生活方式的人所组成的公社或团体。它的成员认为,相互关系本身就是共同体

---

① [法]埃米尔·涂尔干.社会分工论[M].渠东,译.上海:生活·读书·新知三联书店,2000:223-224.
② 李瑜青,等.法律社会学经典论著评述[M].上海:上海大学出版社,2006:134.

的目的,而不是达到某个特定目的的手段。使他们联合起来的因素是其"自然愿望",即基于感情、同情、怀念或习惯而与他人联合的愿望。他们所组成的人群,其基础可能是血缘关系,或朋友之情,或邻居关系,也可能是因为他们是智力上的同族。第二种是"社会"。这是一种有限的关系,其基础是"理性意愿",即一种为达到某个特定目的而做出的自觉规划。属于这种社会的人们,具有力求达到其目的的共同愿望,自愿地为达到目的而联合起来,尽管在其他一些方面,他们之前可能是很不相同的,甚至是相互怀有敌意的。

这两种类型都是理想类型,在任何社会中都不可能以纯粹的形式而存在。在从共同体向社会的转变过程中,原来的人与人关系失去了固有的特征。契约所要求的,只是"人本身,即那种可以用能够计算的能力和财富确定的人的概念。如果契约各方永远在平等的基础上发生关系,那么,他们那种内在的、相互间漠不关心的态度并不会妨碍契约,相反,只会促进它的实现"①。正因如此,一般而言,在"共同体"里人与人之间所形成的关系属于伙伴型关系,而在"社会"里人与人之间所形成的关系属于契约型关系。

在各种社会关系当中,纯粹的伙伴型关系不适于用法律调整。在伙伴型关系中,各个成员之间的态度感情是由彼此之间的信任情感所保证的,而不是由正义、由绝对遵守明确的义务等方法所保证的。人们并不把自己为别人而做的事限制在"应当"的范围之内,他们也不关心别人"欠"自己什么。人们的行为动机在于比法律价值观更高层次的价值观。每个人都十分自信地预料自己会受到其他人同样的对待。争议当然也会发生,但在伙伴型关系内部,由于成员之间的相互信任,以及考虑为保持伙伴型关系内部的和谐应当如何,而不是考虑成员之间的义务和权利如何,争议便可得到解决。法律保护的是个人、是相对于他人的地位,而真正的伙伴型关系内部,人们并不认为自己是单个的个人,因为他们是伙伴关系的成员。② 由此可见,在伙伴型关系的社会里,法律没有用武之地。③

与之相反,法律本身所具有的精确、非人格化等特点,与契约型关系极为

---

① [英]彼得·斯坦,约翰·香德. 西方社会的法律价值[M]. 王献平,译. 北京:中国法制出版社, 2004:29-31.
② [英]彼得·斯坦,约翰·香德. 西方社会的法律价值[M]. 王献平,译. 北京:中国法制出版社, 2004:33.
③ [英]彼得·斯坦,约翰·香德. 西方社会的法律价值[M]. 王献平,译. 北京:中国法制出版社, 2004:36.

适合。这一类型关系,以买卖双方之间、地主与佃户之间、雇主与雇员之间的关系为典型代表,往往限于双方狭小的活动范围和较短的时间之内。索罗金写到,契约型关系的群体当中,各个成员之间总是在很大程度上保持着彼此陌生的感觉和局外人的态度。这种类型的关系必然允许各个成员在与他人交往时拥有极大的自由。这种自由主要表现在参与相互关系与否、保持这种关系与否的决定权上。各个成员都希望自己在契约型关系所允许的范围之内的权利和义务尽可能地明确。如果说,成员之间权利与义务的定义是由具有接近均衡的谈判力量的当事人经过讨价还价而达成的自愿协议,那么,法律与这种类型的社会关系是再合适不过了。因为,法律总是假定双方是在平等的地位上自愿达成协议的。①

涂尔干的理论与托尼斯的相比,其机械团结社会近似于托尼斯的伙伴型社会,而有机团结社会与契约型社会类似。有机团结社会和契约型社会,都是陌生人社会,都属于多元化的社会。人们的差异大于相似,个体利益与社会利益受到同等的尊重。

反之,机械团结社会和伙伴型社会可以说都是熟人社会。人与人之间的相似性大于相异性,社会利益高于个体成员的利益。一般而言,熟人社会是由于人们处于同一血缘、地缘或业缘而形成的。在这样的社会里,人们或者由于血缘或地缘相同而祖祖辈辈共同相处,关系密切、形成共同的行为方式、遵循相同的风俗习惯伦理道德,或者由于业缘同一而长期交往,形成共信共守的惯例和是非观。正因如此,在熟人社会里,人与人之间的关系并不需要法律或契约调整,人们之所以能够相互交往、互通有无,是因为他们相信对方与他们一样遵循共同的习惯规则,他们之所以帮助对方而不图回报,是因为他们相信以后对方肯定也会以同样的方式对待自己。由此可见,人与人之间的关系不在于斤斤计较式的利益划分,而在于互谅互让的和谐相处。因此,对于熟人社会的社会关系的调整,礼仪规范、习惯规则或伦理道德等非正式的行为控制系统都能胜任,无须是非分明的国家制定法。因此,正如美国学者布莱克所言:"在关系密切的人们之间,法律是不活跃的;……""法律的变化与其他社会控

---

① [英]彼得·斯坦,约翰·香德.西方社会的法律价值[M].王献平,译.北京:中国法制出版社,2004:37-38.

制成反比"。① 由此可见,熟人社会排斥国家制定法。

因此,依据上文所述的民间规则的特征可知,民间规则与熟人社会契合,与国家法相比,能够更加合理公平地解决熟人社会的纠纷。因此,在任何国家里,只要机械团结社会依然存在,基于公平合理解决纠纷的需要,国家法院就有以民间规则作为裁判依据审理案件的可能。然而,是否在有机团结社会里机械团结社会的因素就不可能存在呢?

其实不然,涂尔干认为随着经济社会的发展,社会的有机团结因素逐渐增加,而机械团结因素不断减少。② 与此同时,按照涂尔干的观点,机械团结社会和有机团结社会只不过是因为理论研究的需要而构建的理想类型。在现实社会里并不存在纯粹的机械团结社会或有机团结社会。一般而言,机械团结社会包含有机团结的元素,有机团结社会同样也包含机械团结的元素,确定社会性质属于哪种类型主要取决于哪一种元素起主要作用。托尼斯也说伙伴型社会与契约型社会只是理想类型。言下之意,现实社会里不存在纯粹的伙伴型社会与契约型社会。因此,从两位社会学家的理论看,在任何一个现实社会里,既有机械团结社会的成分也有有机团结社会的因素,既有伙伴型社会的成分也有契约型社会的因素。

与此同时,现代社会以国家政权为中心,因此,国家审判机关对所有具有法律性质的纠纷,拥有应然的管辖权。正因如此,国家审判机关不能仅受理契约型关系所产生的纠纷,而对伙伴型关系产生的纠纷置若罔闻。因此,当审判机关受理伙伴型关系产生的纠纷时,由于伙伴型关系与民间规则具有天然的同构性,所以基于公平司法的应然要求,国家审判机关应当运用民间规则裁判伙伴型关系导致的纠纷。为此,我们不难看到民事诉讼与民间规则的关联性。

(三)法律适用及其与法律运用的关系

张文显教授主编的《法理学》认为:"司法,有的法学教材亦称之为'法的适用',是法的实施的重要方式之一。它是国家司法机关依据法定职权和法定程序,具体应用法律处理案件的专门活动。因此,它不同于其他国家机关、

---

① [美]唐纳德·J·布莱克.法律的运作行为[M].唐越,苏力,译.北京:中国政法大学出版社,2004:48,125.
② [法]埃米尔.涂尔干.社会分工论[M].渠东,译.上海:生活·读书·新知三联书店,2000:135-158.

社会组织和公民实施法律的活动,它有自身的一些独有的特点。"①王果纯教授认为:"法的适用是特指司法机关依据法定职权和程序,具体运用法律处理案件的专门活动。"②

黄建武教授主编的《法理学》认为:"法的适用,是国家专门机关或国家授权的社会组织,依法运用国家权力把法的一般规定用于具体的人或事,调整或保护具体社会关系的活动。"③

刘星教授认为:"所谓适用法律,是指国家适用法律机构根据法定职权和法定程序,具体应用法律处理案件的专门活动。"④接着刘教授又把法律适用分为广义与狭义,"狭义之说,是指审判机构的审判活动。广义之说,是指审判机构和检察机构的审判、检察、监督活动。"⑤

以上学者的观点大致可以分为两种类型:一种观点认为,只有国家司法机关运用法律处理案件的活动才能称为法律适用;另一种观点认为,不管是国家专门机关还是国家授权的社会组织,只要是运用法律的活动都可以称为法律适用。

依上述学者的观点可知,并不是所有的法律运用活动都可以称为法律适用,只有其中某部分的法律运用活动才能称为法律适用。由此可见,法律运用与法律适用是包含与被包含的关系,法律运用的外延比法律适用的外延广泛得多,并且包含法律适用。又因为审判机关的审判活动是由认定事实和适用法律两个部分组成的,因此,本书认为,法律适用是指国家审判机关运用法律对案件事实进行裁判的活动,其包括认定案件事实、寻找裁判规则和以裁判规则为三段论演绎推理大前提做出裁定或判决的活动。

---

① 张文显. 法理学[M]. 2版. 北京:高等教育出版社,北京大学出版社,2003:276.
② 王果纯. 现代法理学——历史与理论[M]. 长沙:湖南出版社,1995:355.
③ 黄建武. 法理学[M]. 广州:广东高等教育出版社,1998:237.
④ 刘星. 法理学导论[M]. 北京:法律出版社,2005:410.
⑤ 刘星. 法理学导论[M]. 北京:法律出版社,2005:413.

第一章 民间规则在民事诉讼中适用的理论基础

首先,在哲学意义上说,国家制定法属于建构理性的范畴,而民间规则却应当归属于经验理性。进而言之,建构理性属于理性主义哲学的产物,而经验理性属于经验主义哲学的结晶。如果理性主义哲学与经验主义哲学的合流是客观世界规定性的内在要求,那么民间规则在民事诉讼中运用的必要性与可能性问题也就在一定程度上得到解决。

其次,毋庸置疑,国家法与民间规则是性质不同的两种行为规范。国家法是以国家强制力保证实施的正式规范,而民间规则却是以社会力量为后盾的非正式规范。不仅如此,现代文明社会无一不以国家政权为中心。因此在固守价值一元论、法律一元论的社会里,民间规则绝无适用的可能性。只有在社会出现宽松的多元空间时,民间规则适用的可能性才能存在。

再次,由于民间规则是国家体制外的社会规范,如果国家制定法不接纳、不允许其进入正式体制之内,并且国家制定法又十全十美,那么同样民间规则在民事诉讼中也毫无适用空间可言。因此,只有当民间规则成为一种法律渊源,而且国家制定法自身的缺陷也难以避免时,民间规则在民事诉讼中的适用才可能变成现实。

最后,为了论证的方便并避免思路混乱之嫌,在此有必要指出法哲学与法理学的区别问题。笔者认为它们的区别主要在于,法哲学研究法律与其他社会现象的互动关系,而法理学研究法律自身的概念术语及其运行规律。诚如谢晖教授所言:"法理学以对法律现象的学理描述为其基本精神,而法哲学则以对法律现象、法律观念的哲理思辨为其基本精神。"①

基于上述的理论预设和法哲学与法理学之分,本章主要从近代哲学(法哲学)基础、当代哲学(法哲学)基础与法理学基础三个向度剖析民间规则在民事诉讼中运用的理论基础。

第一节 近代哲学(法哲学)基础

一、唯实论与唯名论之争

唯实论与唯名论之争实际上滥觞于柏拉图和犬儒学派。然而,中世纪思想家的争论对后世产生更为深远的影响。唯实论者认为共相或类概念或逻辑类是事物的本质、是最初的实体、是现实,这种实在从其自身产生特殊、包含特殊。共相不仅是实体,而且与有形的个别事物相比,共相是产生一切、决定一切的更原始的实体;共相是更实在的实体,越普遍也就越现实。② 因此,按照越普遍就越现实的命题,可以根据不同概念的普遍性程度的高低把概念堆砌成一座金字塔,处于塔顶的是"神"的概念。"神"的概念是绝对的普遍,因此也就是绝对的现实。但是与此同时,绝对的普遍也就是绝对的抽象,其结果是没有规定性的规定性。因此,这种理论与其之前的"消极神学"如出一辙。神是创造一切的不被创造者,神创造万物但其自身不被创造。因此,我们只能说神不是什么,但不能说神是什么。

唯实论者还主张类存在于个体中,也就是,类的普遍的同一的本质以特殊的形式存在于每一个不同的特殊事物中。

唯名论者认为从逻辑语法规律看,在一个逻辑判断中"实体"不能作为谓词,而共相从本质上说是在判断中作谓词,因此共相不是实体。随后,极端唯名论者得出的主要论点是,共相不过是集合名词、不同事物的共同称号、声息,它们都是形形色色的实体的符号或实体的非本质的属性的符号。③ 共相不可能产生个体。在中世纪后期,唯名论的集大成者奥卡姆认为,柏拉图、亚里士多德及其追随者所坚持的一般本体论,是根本不能成立的。实在性隶属于个

---

① 谢晖.法的思辨与实证[M].北京:法律出版社,2001:1.
② [德]文德尔班.哲学史教程[M].上卷.罗达仁,译.北京:商务印书馆,1993:388.
③ [德]文德尔班.哲学史教程[M].上卷.罗达仁,译.北京:商务印书馆,1993:396.

别、单一的东西,只有它们才可能成为经验的对象,并产生直接明确的知识。①

理论之争向来都是没有绝对的胜负之分的,但争论本身对社会产生的影响远远超越了区分胜负的意义。唯实论者认为共相是事物的本质,产生一切决定一切,产生特殊包含特殊,最普遍最现实的共相就是神。换言之,共相无所不包,在共相之外无物,违背共相的"个体"不是个体。因此,从这个角度看,唯实论与欧陆的理性主义一脉相承,也是古典自然法学派的理论渊源之一。

与之相反,唯名论者认为共相只不过是名词、称号甚至是声息,而不是本质。感官经验才是知识的来源。不仅如此,奥卡姆又进一步提出只有个别单一的东西才是经验的对象,才能产生直接明确的知识。由此可见,唯名论摒弃形而上学的冥想,开始转向实证主义。而在实证主义者看来,法律并不是所谓的自然法,而是可以感知的法律,包括国家制定法与习惯法。因此,可以说,中世纪的唯实论和唯名论之争及其所产生的影响为习惯法与国家制定法的结合奠定了哲学基础。此外,唯名论认为知识来自经验,只有个别具体的事物才是经验的对象。因此,唯名论与经验主义在性质上是相通的。

与唯实论和唯名论之争相关的另一场理论之争就是理智优先与意志优先的争论。这场争论实际上是在以托马斯为代表的多米尼克教派和以司各脱为代表的弗兰西斯教派之间展开的。托马斯认为理智决定意志,意志依赖理智。意志的自由是在理智限定范围内的自由,而不是没有限制的自由。这就是理智主义决定论。然而与理智主义决定论针锋相对的是,司各脱和奥卡姆提出的非决定论。他们认为理智不能决定意志,相反就意志自身而言意志决定理智。

关于上帝的理智和意志问题,托马斯主张上帝的意志是上帝理智的必然结果,其意志的内容由其理智决定。唯意志主义者也毫不示弱,他们针锋相对地提出上帝是万能的,因此上帝的意志是至高无上的,不可能受到任何规定和条件的限制。另外按照司各脱的观点,完全诉诸一般概念来解释变化莫测的个人意志是不可能的。② 换言之,在理智论者看来,理智决定意志能够为意志立法,相反,在意志论者看来,意志决定理智,理智必须随着意志的变化而变

---

① [英]罗素.西方的智慧[M].亚北,译.北京:中国妇女出版社,2004:205.
② [美]E·博登海默.法理学——法哲学及其方法[M].邓正来,姬敬武,译.北京:华夏出版社,1987:30.

化,意志是变化莫测的,理智不可能为意志立法。因此,从法学角度看,完全以国家制定法或者说法典法规范人类的行为是不可能的,必须辅之以经验规则。

二、理性主义哲学和经验主义哲学的融合

近代哲学按照它们以理性或经验为知识的源泉或准则而被划分为理性主义或经验主义。① 一般而言,理性主义哲学家是指笛卡尔、斯宾诺莎、莱布尼兹等人,培根、霍布斯、洛克、贝克莱和休谟等人则是经验主义哲学家。在一般认识论方面,理性主义者继承柏拉图、亚里士多德和经院哲学家的衣钵,而经验主义者传承了唯名论的传统。

笛卡尔的著名哲学命题是"我思故我在"。其中的一个要点是,自我意识是毋庸置疑的,是清晰明确的。因此,任何事物如果是真的,就必须具有清晰性和明确性。因此,他提出判断事物真假的标准是事物是否清晰和明确。笛卡尔主张精神和物质两元论,把灵魂与肉体截然分开,认为纵然没有肉体,精神也一如现状。在认识论方面,他认为认识外界事物不能依靠感官而必须通过精神。"因此,出自笛卡尔的一切哲学全有主观主义倾向,并且偏向把物质看成是唯有从我们对于精神的所知、通过推理才可认识(倘若可认识)的东西。"②

斯宾诺莎认为实体是无限的而又能自我解释的东西,但最终的实体只有一个,它就是世界,与上帝合而为一。在认识论方面,他认为:"一旦我们有了充分的理念,我们就必然会像把握理念的秩序和联系一样,逐渐把握住事物的秩序和联系。心灵的本质在于探询事物的必然性,而不是偶然性。我们在这方面做得越好,我们就越接近于和上帝(或世界)同一。"正是在这种意义上,斯宾诺莎说出了如下名言:"心灵的本质在于以某种无始无终的观点来领悟事物。"③换言之,他的观点是,心灵应当而且能够认识事物的必然性。

在形而上学方面,莱布尼兹运用单子论解释事物的构成和运行规律。与斯宾诺莎不同,他认为实体并非只有一个,相反是无穷多的、非广延的和非物质的,这些实体就是他的单子。所有物体都是由单子构成的,所有单子都是灵魂。然而单子按照其在所构成物体中的不同清晰度发挥着不同的作用。清晰

---

① [美]梯利,伍德.西方哲学史[M].葛力,译.北京:商务印书馆,1995:283.
② [英]罗素.西方哲学史:下卷[M].马元德,译.北京:商务印书馆,1976:87.
③ [英]罗素.西方的智慧[M].亚北,译.北京:中国妇女出版社,2004:261.

度最高的单子是指导单子,它安排其他单子按照既定的种种目的和谐运行。莱布尼兹的认识论"以他的形而上学的前提为基础。他沿袭理性主义思想,认为真正的知识是普遍和必然的,不是建立在导源于经验的原则上。宇宙是一个数学-逻辑的体系,只有理性能够阐明。因为心灵单子是一个独立的东西,外在的原因不能施予影响;知识不能来自外界,一定产生于心灵自身内部。"①

在培根的认识论里,除天启知识之外,感觉是所有知识的来源。精神或者理性能对感官所提供的材料进行加工,因此知识是理性的又是经验的。但是从理性之中并不能推断出真理。因此,培根是一位不彻底的经验主义者。霍布斯与培根一样也认为一切知识来源于感觉印象。但是他又认为感觉的原因与感觉或现象之间没有相同之处,我们通过感觉所了解到的世界并不是实在的世界。因此,他对人类是否能够把握绝对知识没有坚定的信心。②

洛克不同意笛卡尔的人类关于原则的内在知识的观点,否认人类有天赋的知识。他认为人的心灵中没有理论或实践原则,即使有,那也和其他真理一样,是以同样的方式得到的。总之,观念和原则同艺术和科学一样,不是天赋的。心灵的原来状态是一块白板,理性和知识的材料来源于经验。在知识的性质和确实性方面,洛克认为,感觉和反省为心灵提供认识材料,心灵在这些材料上加工,从而构成复杂观念。观念应该清晰明确,因为含混模糊的观念使语言的表述不能确定。因为一切知识都是有关观念的,所以知识不过是关于观念的联系、观念彼此符合或不符合和彼此矛盾的知觉。直觉和论证的知识有确实性,缺乏这两种知识的任何一种,那只是信仰或意见,而不是知识,至少就一般的真理来说是如此。在知识的界限方面,洛克认为,知识不能超出我们的观念的范围。而且没有观念就没有知识。而且,我们不仅不能超出我们所能经验者,而且我们没有将来也不会有关于我们希望有的观念的知识。我们没有经验我们所能经验的一切,也不了解我们实际知觉的一切。我们所要求的是普遍而自明的真理,知识就是由这种真理构成的,但从我们所有经验中却得不到这种真理。③

总之,洛克认为,我们只能在我们所经验的有限范围内获得关于外界事物

---

① [美]梯利,伍德.西方哲学史[M].葛力,译.北京:商务印书馆,1995:413-414.
② [美]梯利,伍德.西方哲学史[M].葛力,译.北京:商务印书馆,1995:295,298.
③ [美]梯利,伍德.西方哲学史[M].葛力,译.北京:商务印书馆 1995:345-354.

的知识,没有能力得到普遍而自明的真理。由此可见,洛克是一位较为彻底的经验主义者。因此,罗素说:"正是由于洛克的哲学,近代欧洲哲学才出现了第一次分裂。总体上说,大陆哲学构建了大规模的体系。它的论证具有先验性,而且在论证范围之内常常忽视细节问题。而英国哲学却更为遵循科学的经验主义研究方法。它以零散的方式讨论了许多小问题,当它真的要提出普遍性原则时,就会把这些原则置于直接的验证之下。"①

贝克莱提出存在就是感知的著名论断。他认为,人把可感觉的对象同其被知觉区分开来,认为物质不为人所知而存在,这是不可能的。没有关于一事物的实在的感觉,人就不能看见或感觉那个事物;脱离感觉或知觉,人也不能想象可感觉的事物或对象。在观念的形成方面,贝克莱赞同洛克的观点,而且他认为心灵、精神、灵魂和自我,与观念完全不同,是观念存在于其中或观念所借以被知觉的东西,因为观念的存在就在于被知觉。② 由此可见,在认识论的问题上,贝克莱坚持其存在就是感知的论断。

休谟承袭了知识起源的经验论和贝克莱存在即被感知的观点。在知识的起源方面,他认为,人不能靠先验的推理而得到因果关系的知识。因果关系的知识是建立在观察和经验上的。在许多事例中发现两种对象往往在一起,我们推论这两种对象有因果关系,其中一个是另一个的原因。这引导我们看到其中一个出现,就期待另一个出现;心灵由习惯或习俗所推动而相信那两种东西有联系,将永远结合在一起。在休谟看来,对象不是必然地有联系,观念靠联想而在人的头脑中有联系。这种联想产生于重复、习惯或习俗。在这里没有逻辑必然性只有心理必然性,这种心理的必然性依赖于经验。人不能思维他以前未曾通过外在或内在的感觉而感觉到的东西。人只有关于知觉的完善的观念。实体和知觉完全不同。因此,人没有实体的观念。在知识的确实性方面,休谟认为,人的一切观念或思想都是印象的摹本,一切知识都来自经验。凡不是感官或记忆所能验证的事实情况的一切证明,都来自因果关系。而因果关系的知识来自经验。其次,人没有关于事实情况绝对或自明或确实的知识,人的知识绝不会达到绝对的确实性。③

综上所述,一般而言,理性主义哲学家往往先构建某一个或几个哲学范

---

① [英]罗素.西方的智慧[M].亚北,译.北京:中国妇女出版社,2004:288.
② [美]梯利,伍德.西方哲学史[M].葛力,译.北京:商务印书馆,1995:374.
③ [美]梯利,伍德.西方哲学史[M].葛力,译.北京:商务印书馆,1995:382-391.

畴,然后运用其哲学范畴分析解释整个世界的本质构成和运行规律,从而形成完整的哲学体系。沿着这条思想路线向前走,我们不难发现欧陆古典自然法学派的哲学渊源。古典自然法学派正是试图以理性为依据制定完整的无所不包的法典,企图一劳永逸地解决所有人类社会已经出现和可能出现的法律问题。理性主义哲学的优点是,体系性强,能够以某一个或几个概念及相关原理贯穿整个体系。然而其不足之处也是有目共睹的。理性主义者往往只见普遍抽象的实体而不见或忽视具体特殊的事物,甚至以概念代替事物、以逻辑取代经验、以静止代替运动。为此,司各脱早就指出,完全诉诸一般概念来解释变化莫测的个人意志是不可能的。[①] 不仅如此,实用主义者詹姆士也说:"(理性主义)在概念上,时间排除空间;运动排除静止;静止排除运动;接近排除接触;存在排除不在;单一排除众多;独立排除相对;'我的'排除'你的';这个联系排除那个联系。"[②]正因如此,19世纪以来,理性主义哲学在坚持自身的体系建构的同时也关注对经验事实的研究。体现在法学上就是,既重视对法律体系的构建,也注重对判例、习惯如何补充完善法典等诸如此类问题的研究。

经验主义者从小处入手从经验出发,注重具体问题的解决。而民间规则本身就是经验事实,是解决具体问题的经验总结。因此,在作为经验主义哲学大本营的英国,普通法原本就是适用于全国的习惯法。正因如此,民间习惯规则在经验主义国家倍受青睐。但是经验主义的极端必然是感觉主义和不可知论。因此,经验主义同样需要理性主义对其中和与纠偏。

三、古典自然法思想的变迁

近代民法对"人"的制度设计,其理论来源于两个方面:其一是古典自然法学理论;其二是古典自由经济学理论。以启蒙思想家为代表的古典自然法学派认为:人类在进入文明社会之前,每个人都是自由平等的。正是为了保障每个人的自由平等,人们才缔结社会契约组成国家进入文明社会。因此,自由和平等是每个人与生俱来的权利,这种自然权利在文明社会里更不应受到任何减损。而且,既然在自然状态里每个人的自由和平等在质和量上都是一致的,那么在文明社会里也就更加没有理由不一致。否则也就不可能存在真正

---

① [美]E·博登海默. 法理学——法哲学及其方法[M]. 邓正来,姬敬武,译. 北京:华夏出版社,1987:30.
② [美]威廉·詹姆士. 多元宇宙[M]. 吴棠,译. 北京:商务印书馆,1999:138.

的自由和平等。

　　以亚当·斯密为代表的古典自由经济学派提出所谓的理性经济人理论。斯密认为:"每个人……都尽自己最大的努力使用他的资本来支持国内工业,而且是如此的直接以致它所产生的工业可能具有最大的价值;每个人都必然会努力来从事劳动以使社会的年度收入尽可能最大。的确,一般来讲,他既不是有意要增进社会的公共利益,也不知道他会增进多少社会利益……他只关注他自己的收益,在这种情况下以及其他许多情况下,他都在一只看不见的手的指引下增进着一个并非其意图的组成部分的目的。"[1]由此可见,斯密的理性经济人是一种工于经济算计的人,这种人无时无刻运用理性来尽可能地使自己的收益最大化。

　　《法国民法典》和《奥地利普通民法典》是古典自然法学和古典自由经济学的产物。实际上,古典自然法学的理论预设本身就是片面的。古典自然法学认为人类在组成社会之前,每个人都是自由平等的,同时又是孤独的、老死不相往来的,如果相互往来的话,则是相互残杀,即人与人之间的关系就像狼与狼之间的关系那样。因此,人的自由、平等等自然权利是与生俱来的。然而,众所周知,人是社会性的动物。说到底,人性包含社会性和动物性两种必不可少的因素,缺少其中任何一个因素,人都不成为人。因此,在社会出现之前是没有人存在的,也就谈不上人的自由和平等等权利。其实,权利只存在于人与人之间,只有人对人才有平等和自由可言,人对物绝没有所谓的自由和平等。孤身一人处于荒岛上的鲁滨孙是没有自由、平等等所谓的自然权利可言的。由此可见,古典自然法学所预设的人类的自然状态只不过是思想家们的形而上学的玄思,所谓自然权利也只不过是思想家们玄思所得的僵化教条罢了,以这种教条为基础所设计的人格人必定与现实社会中的人相脱离。

　　古典自由经济学所预设的理性经济人在现实中也是片面的,甚至可以说是错误的。我们都知道,人具有两面性,既有理性的一面也有感性的一面,人不可能只有理性而没有感性,也不可能时时都活在理性的控制之中,而没有非理性的时候存在,更不可能始终关心自己的利益而置他者的利益于罔顾。而古典自由经济学所预设的理性经济人时时刻刻生活在理性之中,算计着如何把自己的利益最大化而不顾及他人的利益或者社会公共利益。难以想象,现

---

[1] [英]韦恩·莫里森.法理学[M].李桂林,李清伟,侯建,等译.武汉:武汉大学出版社,2003:188.

实社会中能够存在这样的理性经济人。在这两种思想的主导下,资本主义的法典必然以形式代替实质,以教条代替事实。因此,在19世纪末这种抽象的人格人理论已经不能再适应甚至阻碍资本主义生产力的发展。

因此,为了缓解社会危机,从19世纪末以来,资本主义国家纷纷通过特别立法或在制定法中明确规定允许适用习惯法,从而丰富法律上人的内涵,使抽象人格体还原为具体人格体。从社会现实出发把人分为工人与资本家,医生与患者,消费者与经销商,等等。在法律上给予弱者更多的保护以便其能够抵制强者对他的剥削或侵犯。如此一来,就可以从抽象人格走向具体人格,同时也就从形式平等走向实质平等。1881年《瑞士债法典》第329条第3款规定:雇员应当享有习惯上的休息时间或者休息日。合同有约定的,雇员应当被提供另外寻找工作所需的时间。1884年德国首相俾斯麦主持制定的《工伤事故保险法》第一次规定了对工厂事故的强制灾害保险,受害劳工可以从国库领取补助。① 从这件立法可以看出,法律所调整的对象不再是抽象的人格人,而是具体的工厂和劳工。日本1955年《汽车损害赔偿保障法》第5条规定:汽车非依本法所规定缔结汽车赔偿责任保险契约后,不得运行之。法国1978年1月10日78—23号法律第35条规定:"有关合同的价格及其付款方式、标的质量及其交付方式、风险负担、违约责任以及保证责任的范围、合同的履行条件、合同的撤销、变更以及解除等条款中,凡属于违背法律的特别规定,基于滥用经济权利而强加给消费者的,或者给予滥用权利的一方以不正当经济利益的,均因滥用权利而归于无效。"② 进入20世纪以来,许多国家都制定了与此类似或相同的特别法律文本。

古典自然法学派认为每个人都是生而自由的,这是造物主赋予的自然权利,非经合法的审判不得剥夺。然而,人的自由首先是意志的自由,然后才是人身自由。没有人身自由,意志不一定不自由,但是没有意志的自由,人肯定是不自由的。因此,所谓人人生而自由,也就预设了人人生来就是意志自由的。只有存在意志自由才谈得上人的主观能动性和创造力,才谈得上对自己的行为负责。

至于人的意志自由,其理论渊源至少可以追溯到中世纪思想家奥古斯丁。在奥古斯丁的哲学里,意志自由始终处于中心位置。他认为,对理性的思维以

---

① 王卫国.过错责任原则:第三次勃兴[M].北京:中国法制出版社,2000:101.
② 尹田.法国现代合同法[M].北京:法律出版社,1995:130.

及理性的判断和推理,完全是在意志的目的的指引下形成的。这是因为意志必然决定方向和目的,内在的、外在的经验材料就是按照这些方向和目的被置于理性认识的普遍真理之下的。① 然而近代哲学之父笛卡尔并不认为意志指导理性,尽管他的著名哲学命题是"我思故我在",并认为,每一个事实怀疑者最终必须承认的,那就是他自己的怀疑。② 但是他主张,理性是不可置疑的出发点,人类通过理性不仅能够认识自己也能够认识外在世界。

不仅如此,意志自由在康德那里是有条件的。在康德看来,直言律令必然是实践理性的意志自由的表现,即理性意志的纯粹自我规定的表现。因此它只涉及意志形式并要求此意志形式为普遍有效的规律。意志如果只服从于在经验中给予的冲动,便是不自主的或不自由的,只有当它执行它自身给予的规律时它才是自主的或自由的。因此,直言律令需要我们按照生活准则去行动,而不是按照感情冲动去行动,需要我们按照对所有理智行事的人都有普遍立法作用的生活准则去行动。"这样行动吧,好像你的行动准则通过你的意志变成了普遍的自然律。"③可见,康德认为意志只有遵守道德律令才是自由的,背离道德律令的意志没有自由可言。但是,道德律令是什么呢? 道德律令就是实践理性。因此,换句话说,只有遵循实践理性的意志才是自由的。

黑格尔在《法哲学原理》一书中说,道德意志只承认对出于它的意向或故意的行为负责。"行动只有作为意志的过错才能归责于我。""毕竟我只是与我的自由相关,而我的意志仅以我知道自己所做的事为限,才对所做负责。"④换言之,人只有在自己的自由意志支配下,才应该对自己的行为负责。但是,黑格尔的自由并不是任意的,而是在理性之下的自由。

综上所述,尽管奥古斯丁主张自由意志引导甚至决定理性,但他并不否认人具有先天理性,并且最终认为人的意志自由是在上帝指引之下的自由。其他思想家都把意志自由置于理性的控制之下,所谓意志自由就是在理性允许的范围内的自由。尤其是康德和黑格尔直接把自由定义为遵循理性的行动,认为在理性之外不存在自由。

古典自然法学与欧陆理性主义哲学传统具有千丝万缕的联系。因此,其

---

① [德]文德尔班.哲学史教程:下卷[M].罗达仁,译.北京:商务印书馆,1993:377,379.
② [英]罗素.西方的智慧[M].亚北,译.北京:中国妇女出版社,2004:253.
③ [德]文德尔班.哲学史教程:下卷[M].罗达仁,译.北京:商务印书馆,1993:759.
④ 王卫国.过错责任原则:第三次勃兴[M].北京:中国法制出版社,2000:77.

意思自治原则的理论预设同样是每个人都是理性的,并能够在理性的指引下自己约束自己。所谓意思自治就是指在理性指引之下的意思自治。这种理论在资本主义发展的初期当然有其积极的一面,但是把它作为制定民法典的基础理论,就必须"通过涤净情感在规范上纯化自由,通过涤净意愿在规范上纯化意志。""自由仅是人格人,他的意志涤净了个性、偏好、欲望和性欲,其作为理性、作为道德。"①这种人格人没有七情六欲,只有理性。因此,从立法上把意思自治的权利赋予这种人格人,对社会不仅没有危险而且还有利于社会的发展。近代以来,主要的资本主义国家在民法典中设计的人正是这种类型的人格人。

但是,现实的人既不是上帝也不是撒旦,而是具有七情六欲的活生生的社会人。这就是现实与理论的差距。然而,尽管法律是以古典自然法学理论为依据制定的,但是其适用却必须回归现实的人。如此一来,法律与现实错位,赋予现实人的意思自治权难免被滥用,其结果便是行动中的法背离书本上的法。滥用意思自治所导致的严重社会后果,已经危及社会稳定乃至资本主义政权的安全。

要想避免权利被滥用,就必须以现实人为参照系制定法律,不能再浸醉于形而上学的玄思妙想之中。现实中的人既有理性的一面又有非理性的另一面。当他能在理性的指导下自律时就应当让其意思自治;当他越出理性所允许的范围之外时必须限制甚至剥夺其意思自治的权利。法律必须撕开理想的面纱,从意思自治走向意思限制。自19世纪下半叶以来,资本主义国家不仅通过特别立法、习惯法限制当事人的意思自治,而且在民法典中也规定相应的限制条款。制定于资产阶级从自由资本主义阶段向垄断阶段过渡的《瑞士民法典》就注意到意思自治限制的问题。《瑞士民法典》第27条:任何人不得全部或部分放弃权利能力及行为能力。任何人不得让与其自由,或在限制行使自由时损害法律及道德。第100条:事先达成的旨在免除故意或者重大过失行为责任的协议无效。《瑞士债法典》第329条第3款规定:雇员应当享有习惯上的休息时间或者休息日。合同有约定的,雇员应当被提供另外寻找工作所需的时间。

虽然《法国民法典》规定,法官在解释合同时必须探求当事人的真意而不

---

① [德]罗尔夫·克尼佩尔.法律与历史[M].朱岩,译.北京:法律出版社,2003:76,77.

能拘泥于合同的文字和形式。但是自19世纪末以来,这一规定逐渐遭到批判和限制。狄骥指出,意思只能从一个外部意思行为发生出来,因为当意思尚未在外部表示的时候,它纯粹是个人的,而只能在外部表示时,才能变为社会的行为。① 正因为《法国民法典》在这方面的局限性,现代法国的法官虽然"也总是'装模作样'地在寻求当事人的意愿,但事实上其判决总是更多地建立在'公平'的基础之上,其言下之意就是:公平即当事人最有可能存在的意愿。"②

财产所有权也是古典自然法学特别强调的一项自然权利。他们认为财产所有权属于天赋人权,神圣不可侵犯。洛克就特别强调保护财产所有权,他认为:"没有本人的同意,最高权力绝不能从任何人那里取走其财产的任何一部分。"③毫无疑问,资产阶级在夺取政权后必然要在法律上确立私有财产神圣不可侵犯的原则。《法国民法典》给予私有财产以绝对的法律保护。因此,李浩培教授说:"这样,资产阶级的生产资料和生产工具既可以完全自由地使用、收益和出售,又不愁被国家征收而得不到补偿,资本主义的经济自然可以迅速发展。另一方面,农民的私有土地也得到了保障,借以安抚他们。"④

毋庸置疑,《法国民法典》所设定的所有权制度对于巩固资本主义政权、发展资本主义经济具有重要的历史意义。然而,正如前文所言,《法国民法典》以古典自然法学和古典自由经济学为理论基础,它以理性经济人为参照对象,为此必然造成法律与现实的错位。当然如果把绝对所有权赋予理性经济人,那么对于他人和社会都不是一件坏事,因为理性经济人在那只无形之手的指引下,既能够使自己的利益最大化又能让公共财富得到相应的增加。可是,把绝对所有权赋予现实社会中的人,其结果就可能会不一样或截然不同。对财产绝对自由的使用可能并没有给社会增加财富,反而给社会和他人带来损害,甚至巨大的灾难。资本主义的发展史已经充分证明这一点。因此,为了社会的共同利益,必须限制私有财产的绝对所有权。

其实,如果我们换一种视角来看待和使用财产所有权,那么就不难得出,

---

① [法]莱昂·狄骥.拿破仑法典[M].徐砥平,译.北京:中国政法大学出版社,2003:83.
② 尹田.法国现代合同法[M].北京:法律出版社,1995:259.
③ [美]E·博登海默.法理学——法哲学及其方法[M].邓正来,姬敬武,译.北京:华夏出版社,1987:52.
④ 拿破仑法典[M].李浩培,吴传颐,孙鸣岗,译.北京:商务印书馆,1979:i-x.

所有权不仅有利于个人财富的增加也应该促进社会共同财富的增长。其理由并不复杂。众所周知,人是社会的动物,因为人只有在社会中才能生存。人从社会中获得满足其个人需要的物质产品和精神产品,因此人也必须相应地以其所能回报社会,只有这样社会才能正常地延续下去。只有社会得到延续,个人才能从其所有权中获利。因此,就个人所有权而言,其对于所有人既是权利又是义务。对于其从中获取其所需的利益而言,它是权利。但对于在采用其财产时,他不仅不能损害他人及社会利益而且必须有利于社会总财富的增长而言,它是义务。因此,狄骥说,"主观的所有权——权利,纯粹是一个玄想而与近代的实验主义绝对不相容的观念。制定法不复保护所有主之假冒的主观法权了,但保障持有财物者完成社会职务的自由,这种职务,就是因他持有财物而应该完成的。因此,我就可以说所有权是社会化了。"①

因此,自19世纪下半叶以来,各个主要的资本主义国家先后在法律上对个人所有权进行限制,于是,所有权从绝对走向相对。《德国民法典》第904、第905条规定:如果他人的干涉是为防止当前的危险所必要,而且其所面临的紧急损害远较因干涉对所有权人造成的损害为大时,物的所有权人无权禁止他人对物进行干涉。物的所有权人可以要求对其所造成的损害进行赔偿。土地所有权人的权利扩及于地面上的空间和地面下的地层。但所有权人不得禁止他人在排除干涉与所有权人无利害关系的高空和地层中所进行的干涉。《瑞士民法典》走得更远,其在第699条规定:在地方习惯允许的范围内,任何人得进入他人的森林、牧场采集莓类、菌类等野生植物。但是,主管官厅为土地的经营利益,有明文禁止的情形时,不在此限。由此可见,与《法国民法典》的绝对所有权相比,在《德国民法典》和《瑞士民法典》里情况就不一样了,所有权不再仅仅是所有者的权利,所有权人的所有物不仅要接受他人的干涉而且要允许他人使用。

综上所述,资产阶级在取得革命胜利后,以古典自然法学和古典自由经济学为理论基础制定法律,确立个人自由平等私有财产神圣不可侵犯等原则。然而资本主义立法者人为地抽掉千姿百态的具体人性,构建一个内容空泛的形式上的人格人,然后以其作为参照系制定法律。这种以抽象人性为标准所制定出来的法律往往与现实社会格格不入,以形式上的平等掩盖实质上的不

---

① [法]莱昂·狄骥.拿破仑法典[M].徐砥平,译.北京:中国政法大学出版社,2003:146,150.

平等。随着社会经济的发展,这种法律的缺陷也就日益暴露出来。正因如此,19世纪末以来,资本主义国家往往以特别法、判例和习惯法来修补其制定法的漏洞或纠正其偏差。

第二节 当代哲学(法哲学)基础

一、多元论

在多元论者看来,物质世界是相互关联的,不同的事物以多种多样的方式联系起来,但是事物与事物之间所构成的体系是开放的而不是封闭的。不存在一个包含所有事物的整体,也不存在一个能够统率其他任何事物的事物。对于多元论,詹姆士有过形象的比喻,他认为,多元论的世界就这样更像一个联邦共和国,而不像一个帝国或者王国了。不管能收集到的是多么的多,不管聚集在意识或者行动的有效中心里的是多么的多,还有其他的事物是自主的,没有收集进去的,没有归于一统。① 多元论的世界并不是一个无所不包的整体,而是一个由各种事物所组成的丰富多彩的联合体。在这种联合体里,不存在单一的价值规范,事物与事物之间也不存在单一的排列秩序,相反,价值规范是多元的,事物的排列秩序是暂时的、可变的。因此,在这种世界里如果存在中心的话,中心也是相对的、可变的。实际上,多元论与经验主义哲学具有亲缘关系。经验主义强调从经验了解世界,从部分把握整体。然而,人类不可能了解所有的经验,也不可能把握所有的部分,因此,人类不可能了解世界和把握整体。正因如此,多元论的理论脉络必然与经验主义相通。

与多元论相反,在一元论者看来,虽然世界是由多种多样的事物构成的,但是这个世界是一个封闭的统一体。在一元论的世界里,价值规范是多元的,存在多种善,但是只有一种善是至高无上的、统领着其他任何种类的善。事物与事物之间是按照分层排序组合在一起的,而且这种秩序是固定不变的。因此,无论在本体论抑或认识论上,多元论和一元论都是对立的。克劳德认为:"首先,尽管一元论并不必然是独裁主义的,但事实是,在历史上它经常蜕变到那个方向上。其次,更为重要的是,如同在积极自由那里呈现的那样,一元

---

① [美]威廉·詹姆士.多元宇宙[M].吴棠,译.北京:商务印书馆,1999:175.

论思考方式与独裁主义思考方式之间的联系并不仅仅是历史上的偶然。比起多元论来,一元论向独裁主义的转向要容易得多。这种联系又是通过乌托邦主义的方式。如果存在一种压倒一切的价值、价值组合或者公式,那么对于所有的价值、利益冲突也将存在一种原则上的解决方案:'无论做什么都将实现或者最大化那种至高价值'。"①

因此,克劳德认为多元论具有四个方面的美德:第一,宽容。具体来说,就是具有实践智慧的多元论的个人必须在这种意义上是宽容的,即他们能够把一定范围的价值和生活方式设想为真正的善,并且设想为包含着一些具有不可简化的独特性的善,即使这些价值或生活方式不是他们自己的。第二,现实主义。多元论的这个方面所要求的这种心灵品质是诚实甚至是勇气。那些真正接受一种多元论观点的人不可能自欺欺人:不需要最终的或许悲剧性的代价,这种冲突也可能得到解决。相反,他们必须正视价值冲突的深刻性和顽固性(还有普遍性),正视由此带来的损失的绝对性。总而言之,多元论认为在人类社会里价值冲突是不可避免的,是客观存在的。人类只能通过各种方式解决价值冲突,而不可能避免价值冲突。因此,多元论是反乌托邦主义的。第三,周到。具体表现为,首先,多元论者必须关注一个选择情境所包含的各种不同善的具体特征。为了找出它的特殊本质,行为者详细审查每一个有价值的备选项。其次,行为者必须注意这个情节的不同特性,它毕竟是由各种利害攸关的价值构成的,也是由各种相关事实构成的。最后,与前面两个方面相联系的是我们必须关注置身于这个情境中的个人,关注他们的主张和需要。第四,灵活性。概括来说,是指面对冲突的价值,多元论选择者必须准备平衡背景中的各种信奉,其中包括那些以一般性原则的形式或者以一种良善生活观念的形式总结出的信奉,与之相对的则是由对具体情境的注意所提出的各种考虑。实现这样一种平衡意味着重新考虑并修正原则或对具体判断保持开放态度。多元论选择者必须足够灵活以考虑两者之中任何一方的异化。②

---

① [英]乔治·克劳德.自由主义与价值多元论[M].应奇,张小玲,杨立峰,等译.南京:江苏人民出版社,2006:107.
② [英]乔治·克劳德.自由主义与价值多元论[M].应奇,张小玲,杨立峰,等译.南京:江苏人民出版社,2006:222-227.

二、价值多元论

价值多元论具有四个方面的含义。首先,多元论者断言存在着某些基本的普遍价值,这些价值对人类的繁荣做出了贡献。这些价值包括:生存需要,如对食物和住所的需要的满足;任何算得上是良善生活所要求的利益,例如友谊和亲密关系;构成个人生活的潜能和限度的社会和政治价值,例如正义、自由和平等。其次,对人类有价值的事物——既包括普遍价值也包括地方性的价值——是多元的或多样的。再次,价值多元论所指的价值不但是多元的,而且其彻底性达到这样的程度:它们也许是彼此不可公度的。最后,这些多元的和不可公度的价值在特定的情形中也许彼此冲突。①

与此相应,价值多元论包含四个要素。第一,普遍的价值。这是指在多元的价值中,有某些价值是"普遍"的,就是说这些价值在所有的文化中,在任何时候,对所有人都是有价值的。换言之,这些价值是超历史的和跨文化的。第二,多元性。价值多元论者相信,价值——包括普遍的价值——是多元的。有若干事物而且实际上有许多事物对人类繁荣来说是有价值的。无论是实质性的价值,还是价值的类型都具有多元性。第三,不可公度性。价值多元论者的典型特征是坚持认为价值不但是多元的而且是极端多元的。而价值——包括普遍价值——的极端独特这个观念经常被表述成不可公度性。克劳德为了澄清不可公度性这个观念,区分承认价值不可公度的三种方式,即不可比性,不可衡量性,不可排序性或者至少是难以排序性。第四,冲突。价值多元论的最后一个构成性的主张是,多元的和不可公度的价值是而且常常是相互冲突的。正如伯林指出的,人类的许多目标"彼此处于永恒的对抗之中"。无论是普遍的还是地方性的,价值在特定的情形中都会是不相容的,以至于一种价值的实现要以牺牲或者降低另一种价值为代价。例如,"我也许不得不在消极自由和积极自由的利益之间或公平的原则和友谊的纽带之间做出选择"②。

---

① [英]乔治·克劳德.自由主义与价值多元论[M].应奇,张小玲,杨立峰,等译.南京:江苏人民出版社,2006:2-3.
② [英]乔治·克劳德.自由主义与价值多元论[M].应奇,张小玲,杨立峰,等译.南京:江苏人民出版社,2006:52-63.

三、法律多元论

从理论脉络的延续看,法律多元论实际上是上文所述的多元主义理论的延续。然而在发生学意义上说,法律多元论是法人类学家、法社会学家在研究人类的规范事实和纠纷解决机制的过程中提出的理论范畴。

日本法人类学学者千叶正士就认为以西方中心论为基础的法律一元论不能准确反映社会规范多元存在的客观事实。他主张以法律三层结构来取代一元法律结构,而法律三层结构包括法律原理、官方法与非官方法。其中,官方法是指一个国家合法权威所认可的法律;非官方法是指非由官方权威正式认可的,而是由某个圈子的人们(无论是一个国家的人们,还是一个国家之内的人们,或是超越一个国家包括他国的人们)在实践中通过普遍的一致同意所认可的法律体系。法律原理是指在确立、论证和指导官方与非官方法中,与官方法和非官方法具体相关的价值和理想体系。① 从多元论的视角看,千叶正士的观点是正确的。法律一元论确实不能够合理解释现实社会中所存在的多种规范类型。

总而言之,多元论、价值多元论和法律多元论是一脉相承的理论体系,是在多元主义世界观下发展起来的具有共通性的理论。它们强调,世界是由不同的事物构成的,因此,尊重事物之间的差异性。就国家法与民间规则而言,它们是客观存在的两种规范类型,不能以国家法否定民间规则的合理性,同样也不能以民间规则否定国家法的合理性。它们认为现实世界中的冲突是不可避免的,因此面对冲突,它们不是自欺欺人地掩盖或避免,也不是以强权压制、粉色太平,而是考虑在特殊环境下,面对各种具体情况如何妥善解决冲突。从纠纷解决角度看,它们遵循一条在尊重事物多样性的前提下寻求纠纷解决的实践进路。

第三节 法理学基础

民间规则在民事诉讼中适用的法理学基础主要解决两个方面的问题:其一民间规则能否成为一种法源?其二,制定法自身是否存在缺陷?因此本节

---

① [日]千叶正士.法律多元——从日本法律文化迈向一般理论[M].强世功,王宇洁,范愉,等译.北京:中国政法大学出版社,1997:148-151.

主要从法源理论与制定法局限性两个方面论证民间规则在民事诉讼中适用的法理学基础。

一、法源理论

依据我国法理学界的主流观点,法的渊源可指法的实质渊源、法的效力渊源、法的内容或材料渊源、法的形式渊源以及法的历史渊源等。[①] 其中形式渊源是指法的表现形式,包括制定法、判例法、习惯法抑或法学著作等。[②] 我们通常所指的法源就是法的形式渊源。它是指作为行为规范的法的存在形式或者作为裁判规则的法的来源。下面我们以比较法为视角分别考察民法法系学者和普通法法系学者对法源的分类。

1. 民法法系

沈宗灵教授认为:"民法法系法律的具有约束力的法律渊源,主要是制定法,包括宪法、法律(法典)、行政法规等。条约以及经认可的习惯法也属于有约束力的法律渊源。判例、法理或一般原则只能在特定意义上,即没有约束力但却具有说服力这一意义上,才能作为法律的渊源。"[③]黄茂荣教授认为,在民法法系,法律渊源主要可以分为制定法、法院的裁判、习惯法、契约或协约、学说和国际法等。[④] 在同一本书中,黄茂荣教授进一步认为:"所谓法源,在民事上即指:制定法、习惯法、契约、产业自治规约、家族自治规约及团体自治规约、事实上之习惯、法理而言。以上规范为民事关系之法源,为实务所肯定。至于事实上之习惯及法理之得为民事关系的法源,其规范基础在'民法'第1条。该条规定:'民事,法律所未规定者,依习惯;无习惯者,依法理'。"[⑤]

杨仁寿教授在他的《法学方法论》一书中说:"成文法、习惯与法理,为法律之三大渊源。在十八世纪以前,各国几以习惯法为主要法源,一则法典未满,二则社会关系单纯。迨十九世纪,各国法典纷纷制定,在'法典万能主义'思潮影响下成文法为法律之全部,对习惯法固多方歧视,更根本否定法理可为法源。洎乎二十世纪以后,社会情况复杂,且变化甚巨,成文法不能适应实际

[①] 张文显.法理学[M].2版.北京:高等教育出版社,北京大学出版社,2003:66.
[②] 张文显.法理学[M].2版.北京:高等教育出版社,北京大学出版社,2003:66.
[③] 沈宗灵.比较法研究[M].北京:北京大学出版社,1998:122.
[④] 黄茂荣.法学方法与现代民法[M].北京:中国政法大学出版社,2001:9.
[⑤] 黄茂荣.法学方法与现代民法[M].北京:中国政法大学出版社,2001:371.

需要,习惯法与法理之地位因而日趋重要,判例及学说,亦成为补充的法源。"①在同一书中,他还说:"成文法具有一般性的拘束力,而习惯法则较弱,在当事人援用习惯,经法院认有'法的效力'之具体案件,习惯法固亦具有拘束力,唯在其他案件,若习惯法为法院所不及知,将使习惯法之效力受到戕损。本书以为习惯法可发挥甚大的社会统制力量,对社会秩序的安定与维持,有不可磨灭的贡献,故于习惯法形成后,宜汇编成册,或就有关习惯法之形成案件,'著成判例',当能使其'补充法源'的角色功能,发挥极致也。"②

国外民法法系的法学家一般都认为习惯法是法律渊源之一,且他们的习惯法是指具有法律意义的习惯,但并不需要事先经国家认可才能适用。德国法学家萨维尼说:"我们称法律渊源为一般法的产生根据,因此不仅包括法律制度的产生根据,也包括根据法律制度通过抽象而形成的具体法规则的产生根据。"③德国学者考夫曼认为:"法源的原本意义仅是,决定法律生活事实的规范,而不是(如同法律教科书所说的一般)发现以及理解法源。所有法源的本质(但非唯一)要素是,可适用于无数法律上重要生活事实的一般性(因此处置法或个案是有问题的)。"法源包括制定法、习惯法、国际法的一般原则及经过长期确立为习惯法的司法判决。④ 德国另一位学者魏德士说:"法律渊源是指客观的(能够为法律适用者所识别的)形式和表现方式。"⑤他又将法律渊源作广义和狭义之分,广义的法律渊源是指对客观法产生决定性影响的所有因素,狭义的法律渊源即是按照德国《基本法》第20条第3款和第97条第1款,只有那些对于法律适用者具有约束力的法规范才是法律渊源。⑥ 日本法学家大木雅夫说:"'法源'是一个多义词,在比较法学中,使用这一用语是指决定对社会成员具有约束力的规范的全部要素、原因及行为。因此,法律、命令、判决、习惯法、伦理性规范、宗教启示中的戒律、巫术或宗教信条、惯例、习俗等,不拘形式,都包括在法源的范畴中。"⑦

因此,我们可以看到,尽管各位民法法系的法学家因所站的角度不同而得

---

① 杨仁寿.法学方法论[M].北京:中国政法大学出版社,1999:275.
② 杨仁寿.法学方法论[M].北京:中国政法大学出版社,1999:280.
③ [德]萨维尼.当代罗马法体系:I[M].朱虎,译.北京:中国法制出版社,2010:15.
④ [德]考夫曼.法律哲学[M].刘幸义,等译.北京:法律出版社,2004:155—156.
⑤ [德]伯恩·魏德士.法理学[M].丁小春,吴越,译.北京:法律出版社,2003:101.
⑥ [德]伯恩·魏德士.法理学[M].丁小春,吴越,译.北京:法律出版社,2003:102.
⑦ [日]大木雅夫.比较法[M].范愉,译.北京:法律出版社,2006:128.

出法律渊源的种类也有所不同,但是他们都认同习惯法是法律渊源的一种。据普通法法系法学家梅利曼对民法法系法学理论的考察,习惯法是民法法系公开的法律渊源之一。他说:"上述讨论表明,大陆法系国家公认的法律渊源理论仅承认法律、法规和具有法的意义的习惯才是法律的渊源,任何其他因素都被排除。同时,它们的权威性递降的顺序也是预先排列妥当:在法律、法规和习惯之间发生冲突时,法律的效力优于法规;法律和法规的效力又优于习惯。"①

2.普通法法系

美国法学家埃尔曼认为:"法律渊源是指,一旦社会中出现区别性的法律义务,法律规范所据以形成的材料。"②埃尔曼又把法律渊源分为,建立在宗教或世俗传统基础之上的习惯、司法机构或其他显要人物所做的判决、成文法律、正义原则,以及某些法律方面的权威性著作。③

美国法学家格雷对法律与法律渊源作了严格的区分,他认为,法律就是由法院以权威性的方式在其判决中加以规定的规则组成的,而对于法律渊源,他却认为应当从法官们在制定构成法律的规则时所通常诉诸的某些法律资料与非法律资料中去寻找。格雷列举了5种这样的渊源:(1)立法机关颁布的法令;(2)司法先例;(3)专家意见;(4)习惯;(5)道德原则(其中包括公共政策)。④ 格雷是一位法律现实主义者,他认为法律就是法官对具体个案的判决,在此之前的司法先例只是法律渊源而不是法律。由此可见,格雷所说的法律应当是裁判规则。当然,裁判规则对于以后类似案件而言又可以成为法律渊源。因此,裁判规则与法律渊源是一对相对性的概念。就习惯规则而言,在其转变为裁判规则之前,只是法律渊源。但是,一旦转变为裁判规则,它就又可以成为以后类似案件的法律渊源。

美国学者博登海默指出,法源划分为法律的正式渊源与法律的非正式渊源,其中正式渊源包括立法、授权立法与自主立法、条约与其他经双方同意的协议以及先例;非正式渊源包括正义之标准、理性与事物之性质、个别公平、公

---

① [美]约翰·亨利·梅利曼.大陆法系[M].2版.顾培东,禄正平,译.北京:法律出版社,2004:23-24.
② [美]H·W·埃尔曼.比较法律文化[M].贺卫方,高鸿钧,译.北京:清华大学出版社,2002:31.
③ [美]H·W·埃尔曼.比较法律文化[M].贺卫方,高鸿钧,译.北京:清华大学出版社,2002:31.
④ [美]E·博登海默.法理学——法哲学及其方法[M].邓正来,姬敬武,译.北京:华夏出版社,1987:394.

共政策、道德信念与社会倾向以及习惯法等。①

由此可见,在普通法法系的法源理论里,法律渊源范围十分广泛。习惯与普通法、衡平法、制定法具有同等地位,是不可或缺的法源之一。

二、制定法的局限性

1. 不合目的性

亚里士多德认为正义是指人们在社会关系中所产生的一种美德。而正义和不正义含有两种意思:一是指是否能服从纪律;二是指一个人所取得的东西是不是他应当得到的。正义可分为普遍的正义和个别的正义两类。其中个别的正义又可分为分配的正义和平均的正义两种。所谓"分配的正义"就是求得比例的相称,它"表现在对荣誉、金钱和其他任何可以在参加某个社会的人们之间进行分割的东西的分配上"。这种正义是从人的不平等性出发的,而这种不平等性是自然造成的,是固定不变的。至于"平均正义"就是人们之间的平等关系,它"表现在对于交换物品的范围的东西进行平均分配上"。这种正义是以人的等价性为依据,使相互利益等同的。② 由此可见,在亚里士多德看来,正义就是一个人得到他应当得到的。普遍正义指相同情况相同对待,而个别正义指不同情况不同对待。因此,普遍正义和个别正义是一枚硬币的两面。

众所周知,法律的目的就是实现正义,因此,法律必须同时兼顾普遍正义和个别正义,即相同情况相同对待、不同情况不同对待,才能达成每个人得到他应当得到的。如果相同情况不同对待或者不同情况相同对待,那么法律不仅不能实现正义而且还会导致非正义。然而,现实社会中没有任何事物是十全十美的。就作为以实现正义为目标的法律而言,普遍正义要求立法者必须将法律所要调整的客体的共性抽取出来作为法律调整的对象,唯其如此,法律才有可能做到相同情况相同对待。因此,普遍正义要求法律只能调整其适用范围内的典型情况或者说普遍情况。与此相反,个别正义要求立法者必须依不同客体的特殊情况制定不同的法律条文分别进行调整,只有这样才能达成不同情况不同对待。由此可见,普遍正义要求法律仅调整客体的共性,而个别

---

① [美]E·博登海默.法理学——法哲学及其方法[M].邓正来,姬敬武,译.北京:华夏出版社,1987:393-562.
② 吕世伦.西方法律思潮源流论[M].北京:中国人民大学出版社,2008:21.

正义要求法律调整客体的特性。然而同一部法律不可能合理地做到既调整共性又调整个性。但是，任何一部法律倘要真正实现正义就必须同时兼顾普遍正义和个别正义，两者都不可偏废，这样一来就必然使法律处于两难境地与顾此失彼的窘境。

实际上，普遍正义与个别正义在一定程度上类似于韦伯的形式合理性和实质合理性。在韦伯看来，形式合理性主要被归结为手段和程序的可计算性，是一种客观合理性；实质合理性则基本属于目的和后果的价值，是一种主观合理性。换言之，形式合理性以手段取代目的，使看来有利于一切人的规则实际上只有利于一定的阶层或个人；实质合理性属于博爱和"四海之内皆兄弟"式的道德理想，它要求对全体社会成员进行同等程度的供应和满足，对每个人都保证权利和义务、财产和分配的实质平均、平等。实质合理性同形式合理性是不相容的，形式合理性并不意味着保证实质合理性。形式合理性与实质合理性之间的紧张对立，即以可计算性、效益和非人性为一方的价值与以博爱、平等和兄弟友爱为一方的价值的对立，实际上是一般正义与个别正义的对立，它们之间的冲突和对立是现代社会生活面临两难选择的根源。①

正因为法律对于普遍正义和个别正义难以两全，所以在2 000多年之前柏拉图就说："法律绝不可能发布一种既约束所有人同时又对每个人都真正最有利的命令，法律在任何时候都不能准确地给社会的每个成员做出何谓善德、何谓正确的规定。人类个性的差异，人们行为的多样性，所有人类事务无休止的变化，使得无论是什么艺术在任何时候都不可能制定出可以绝对适用于所有问题的规则。"②伊壁鸠鲁也认为，"正义、公正与人性一样，是一切人共有的东西。不过，在稍微具体地适用正义的时候，因条件的差异，就不见得一定能给所有的人带来方便。它对某些人是不利的、错误的，而对另外一些人也可能是有利的、正确的。法律，也同样会因条件变化而变为恶法。"③

综上所述，法律的目标是追求正义，而真正的正义必须既关注普遍正义又不忽略个别正义。然而普遍正义和个别正义之间却有着不可调和的张力。对

---

① 徐国栋.民法基本原则解释——以诚实信用原则的法理分析为中心[M].北京：中国政法大学出版社，2004：319-320.
② [美]E·博登海默.法理学——法哲学及其方法[M].邓正来，姬敬武，译.北京：华夏出版社，1987：8.
③ 吕世伦.西方法律思潮源流论[M].北京：中国人民大学出版社，2008：35.

于普遍正义和个别正义，法律在追求目标过程中势必顾此失彼难以两全。

2. 不周延性

什么是法律应有的周延性？它是指法律所规定的内容应当无所不包，这样对于任何事情，法律都可以为人们确定什么是应该做的，什么是不应该做的，从而法律真正发挥其规范、指导、预测和教育功能；对于任何案件法官都可以从法律文本中找到现成的答案，从而避免人为因素介入案件的审理，至少在司法层面上实现真正的法治。为什么法律应当无所不包从而避免人的因素介入呢？马克思说过，人既有社会性的一面又有自然性的一面。其实，人既有性善的一面又有性恶的一面，可以说人一半是天使，一半是野兽。因此，亚里士多德说："人，即使可以是聪明睿智的，然而他有感情，因此就会产生不公道、不平等而使政治败坏。"①"谁说应该由法律遂行其统治，这就有如说，唯独神祇和理智可以行使统治；至于谁说应该让一个个人来统治，这就是在政治中混入了兽性的因素。"②"常人既不能完全消除兽欲，虽最好的人们（贤良）也未免有热忱，这就往往在执政的时候引起偏向。法律恰恰正是免除一切情欲影响的神祇和理智的体现。"③"凡是不凭感情因素治事的统治者总比感情用事的人们较为优良，法律恰好是没有感情的；人类的本情（灵魂）使谁都难免有感情。"④正因如此，法律就应当避免人的因素介入，因此法律应当无所不包。但是，法律又是人制定的。如果要法律无所不包，那就要看人能否制定无所不包的法律。这就要看人的认知能力是否能穷尽所有事物，包括物质世界和精神世界。

从理论上说人有能力认识整个世界。但是在实践上，人的认识是一个循序渐进的过程。人认识的越多，就越知道自己无知。人认识了新的事物，接着又有更新的事物出现。由此可见，实际上，人是不可能认识整个世界的。正因如此，在人类知识的界限方面，洛克认为，知识不能超出我们的观念的范围。而且没有观念就没有知识。而且，我们不仅不能超出我们所能经验者，而且我们没有、将来也不会有关于我们希望有的观念的知识。我们没有经验我们所能经验的一切，也不了解我们实际知觉的一切。我们所要求的是普遍而自明

---

① 张宏生.西方法律思想史[M].北京:北京大学出版社,1983:10.
② [古希腊]亚里士多德.政治学[M].吴寿彭,译.北京:商务印书馆,1965:168—169.
③ [古希腊]亚里士多德.政治学[M].吴寿彭,译.北京:商务印书馆,1965:169.
④ [古希腊]亚里士多德.政治学[M].吴寿彭,译.北京:商务印书馆,1965:163.

的真理,知识就是由这种真理构成的,但从我们所有经验中却得不到这种真理。① 总之,洛克认为,我们只能在我们所经验的有限范围内获得关于外界事物的知识,没有能力得到普遍而自明的真理。

其次,人在其所感觉到的事物中往往仅仅注意到能够引起其内心兴趣的那部分事物。这是因为那部分事物与我们曾经验过的事物相似或者勾起我们对往事的回忆或者与我们内心固有的价值观念相符。这就是韦伯所说的价值关联。韦伯认为:"我们受那些价值观念制约的兴趣只使每次观察到的个别实在的很小的一部分具有色彩,唯有这一部分才对我们有意义:它之所以有意义,是因为它表明了那些由于与价值观念的联结而对我们变得重要的关联。只是因为情况就是如此,并且在这个范围内,它才由于它的个别特性值得我们去认识。但是我们无法通过对经验材料的'无前提的'研究揭明什么东西对我们有意义。"②沃勒斯坦也认为:"可以获取资料,可以由不同的渠道提供资料,但都会引起历史社会结构中地位不同的人们大相径庭的解释。这并不是说在一些比其他解释更具说服力的解释的基础上达成相对的、暂时的一致毫无希望,只是说我们必须自我意识到所有解释者都不可避免地带有社会偏见,我们必须进行深入思考,矫正得出的结论,从而减少各种偏见所造成的影响。简言之,为了探知对不确定的社会现实所作的似乎真实的解释,我们所需要的是方法论,而这方法论本身就充满不确定性。"③因此,我们原本有限的能力还要受到我们固有的价值观念的限制。

正因为人类认识能力的有限性,所以亚里士多德早就指出:"完全按照成文法律统治的政体不会是最优良的政体,因为法律只能订立一些通则,不能完备无遗,不能规定一切细节,把所有的问题都包括进去,而一个城邦的事务又是非常复杂且经常变幻的,法律不可能及时地适应这个需要。"④徐国栋教授也说:"立法者不是可预见一切可能发生的情况并据此为人们设定行为方案的超人,尽管他竭尽全力,仍会在法律中留下星罗棋布的缺漏和盲区,从这个意义上说,任何法律都是千疮百孔的。"⑤梅利曼说:"绝大多数的立法历史表

---

① [美]梯利,伍德.西方哲学史[M].葛力,译.北京:商务印书馆,1995:345-354.
② [德]马克斯·韦伯.社会科学方法论[M].韩水法,莫茜,译.北京:中央编译出版社,2002:27.
③ [美]伊曼纽尔·沃勒斯坦.知识的不确定性[M].王日丙,等译.济南:山东大学出版社,2006:24.
④ [古希腊]亚里士多德.政治学[].吴寿彭,译.北京:商务印书馆,1965:163.
⑤ 徐国栋.民法基本原则解释——以诚实信用原则的法理分析为中心[M].北京:中国政法大学出版社,2004:182.

明,立法机关并不能预见法官所可能遇到的问题。"①陈金钊教授认为:"任何聪明人的认识都只具有相对意义,即使是经过周密思考而制定的成文法,面对无限发展、变化异常的客观情况也只能是相对完善。法律的不周延性使之随处都会在发展过程中捉襟见肘。加之法典体系即使再大,所能容纳的条文也是有限的,而社会的发展变化则是无限的。所以,想用法典法涵盖所有社会关系的想法只能是徒劳的。"②

3. 模糊性

法律的明确性,指的是法律条文的清晰性,也就是说法律条文的意义是清楚明白的,不产生歧义。法律条文的清晰性非常重要。笛卡尔就曾经以清晰性作为判断事物真假的标准,他认为:"凡我们能够设想得很清晰、很判然的一切事物都是真的。"③就法律条文而言,清晰性的意义是可想而知的。只有清晰的法律条文才能真正发挥法律应当发挥的规范、指导、预测和教育等功能。如果法律条文意义模糊不清,那么人们对其意义必然是言人人殊、莫衷一是,其结果是,不仅法律应有的功能荡然无存,而且会造成人们无所适从的混乱局面。然而,法律条文的清晰性是建立在法律条文所用的概念和术语的清晰性的基础之上的。概念术语的清晰性取决于概念术语能否准确反映客观事实的本质特征,而概念术语能否准确反映客观事物的本质特征取决于人能否正确认识客观事物。说到底,就是人的认识能力问题。

一般而言,人为了更好地认识客观事物,必须抽象出同类事物的共同特征或者说共相,然后用人类自认为意义明确的词语给事物的共相命名。然而,人类由于受到人自身固有的价值观的束缚,往往不能准确无误地认识人类本来就有能力认识的事物。其次,受到自身现有的科学技术水平的限制,对于纷繁复杂的大千世界,人类的认识能力是十分有限的。再次,由于人类语言的局限性,对于某些事物,尽管人类已经准确无误地识别到它们的本质特征,但是人类却缺乏相应准确的语言将它们表达出来。这就是人们常常所说的只可意会不可言传。这主要是由于"世界上的事物比用来描述它们的语词要多得多。"④波兰尼也说:"人所知道的东西比所能表达的东西多得多。词和符号组

---

① [美]约翰·亨利·梅里曼.大陆法系[M].顾培东,禄正平,译.北京:法律出版社,2004:48.
② 陈金钊.法律解释的哲理[M].济南:山东人民出版社,1999:70.
③ [英]罗素.西方哲学史:下卷[M].马元德,译.北京:商务印书馆,1963:88.
④ [美]E·博登海默.法理学——法哲学及其方法[M].邓正来,姬敬武,译.北京:华夏出版社,1987:464.

成的陈述、逻辑推理、数学运算、图式描述,归根到底只有在意会的基础上才能被理解和表达。所以,模糊不清的意会知识比明晰可表达的言传知识更根本。"①最后,由于人类语言自身的不确定性,例如,一词多义或一义多词现象的普遍性,以及某些词语只有在具体的环境中才能准确把握等情况,因此,尽管某些人已经准确无误地认识到某些事物的本质特征,也未必能准确无误地向其他人传达。这正是"字的含义表现在语言的使用过程中"②。因此,加达默尔从哲学解释学的角度指出"情境和机会的相关性构成了讲话的本质。因为没有一种陈述能够仅以它的语言和逻辑结构为基础而具有精确的意义,相反,每一个陈述都受动机驱使。在每个陈述后面都隐藏着一个问题,正是这个问题首先给予陈述以意义。"③

  正是由于人类认识能力及其语言文字的局限性,洛克说:"当我们用词把这样形成的抽象观念固定下来的时候,我们就有发生错误的危险。词不应看作事物的准确图画,它们不过是某些观念的任意规定的符号而已,不过是凭借历史偶然性选择的符号而已,随时都有改变的可能。"④郑玉波教授也说:"文字虽为表达意思之工具,但究系一种符号,其意义须由社会上客观的观念定之。因而著于法条之文字,果能表达立法者之主观意思否,自非立法者所能左右。然则立法者纵属万能,但因其意思需借文字以表达之故,亦势难毕现无遗,则成文法之不能无缺漏而非万能也明矣。"⑤加达默尔说:"语言总是落后于自身,并落后于它最初提供的词语表达层面。语言似乎并不与在语言中表达的东西相符合,并不用语词阐述的东西相符合。"⑥

  总而言之,由于人的认知能力的局限性,我们不可能准确无误地认识客观世界的所有事物。即便对于在我们认识范围之内的事物,也极有可能由于我们每个人固有的价值观的影响而产生认识偏差。另一方面,人类语言文字固

---

① 李晓明.模糊性:人类认识之谜[M].北京:人民出版社,1985:72.
② [美]E·博登海默.法理学——法哲学及其方法[M].邓正来,姬敬武,译.北京:华夏出版社,1987:29.
③ [德]汉斯-格奥尔格·加达默尔.哲学解释学[M].夏镇平,宋建平,译.上海:上海译文出版社,2004:90.
④ [英]W·C·丹皮尔.科学史[M].李珩,译.北京:中国人民大学出版社,2010:205.
⑤ 郑玉波.民法总则[M].北京:三民书局,1979:39.
⑥ [德]汉斯-格奥尔格·加达默尔.哲学解释学[M].夏镇平,宋建平,译.上海:上海译文出版社,2004:89.

有的局限性也每每让我们在意欲表达真意的时候望词兴叹、无可奈何。尽管已经认识到客观事物的本质,然而却只能意会不可言传。一词多义或一义多词又往往使受众对文本或话语产生歧见。尤其是语境化的事物更是让表达者伤透脑筋。这样一来,人类所制定的清晰法律条文只能在人的认识能力和语言文字的准确表意能力所允许的范围内,超出这个范围人类所制定的法律条文必定是模糊的。然而人类制定的法律文本所涵盖的范围一般都超越了人类认识能力和语言文字的准确表意能力所允许的范围。因此,人类法律文本所运用的某些概念和术语出现词不达意或模糊现象,是不可避免的。因此,法律漏洞也就不可避免。

4. 滞后性

法律的稳定性是指法律在合理的期限内不能修改或废除。法律的稳定性至关重要,如果法律朝令夕改,那么不仅法律应有的功能丧失殆尽,而且必然使社会陷入无法无天的混乱局面。正因为法律的稳定性十分重要,所以自古至今都有思想家对之进行论证。亚里士多德在法律的稳定性方面就有过论述。亚氏认为,一般来说,初期订立的法律都是不很周详而又欠明确的,所以必须根据人类积累的无数经验不断进行日新又日新的变革。但变革需要慎重考虑,不能轻率进行。变革应以增进社会的幸福为宗旨。如果法律变革使社会所得利益不大,那么即使法律有缺点,"还是姑且让它沿袭的好",不要去变革。否则的话,法律的威信必然会降落。① 由此可见,亚里士多德认为,在社会没有发生重大变革时不要轻易修改、废除旧法,制定新法。

由此可见,法律的稳定性是法律不可或缺的要素,并且要求法律至少在合理期限内保持不变。但是,法律不变的必要条件是,法律必须对在合理期限内所发生的所有具有法律意义的行为和事件做出合理规整。

然而,运动是绝对的,静止是相对的。正如赫拉克利特所说的"人不能两次踏进同一条河流,我们走下而又不走下同一条河,我们存在而不存在。"②物质世界和人类社会永远处于变动不安的状态,即便是在法律必须保持稳定性的合理期限内也不例外。正因如此,梅因也承认:"社会的需要和社会的意见常常是或多或少地走在法律的前面,我们可能非常接近地达到它们之间缺口的接合处,但永远存在的趋向是要把这缺口重新打开。因为法律是稳定的,而

---

① 吕世伦.西方法律思潮源流论[M].北京:中国人民大学出版社,2008:26.
② 邓晓芒.古希腊罗马哲学讲演录[M].北京:世界图书出版公司,2007:24.

我们谈到的社会是前进的。人民幸福的或大或小,完全取决于缺口缩小的快慢程度。"①沃勒斯坦也说:"世界的现实是不断变化的,所有的解释肯定是暂时的,我们最好对实际问题作结论时十分谨慎。"②由此可见,事物的变化是不可争议的事实。对静止不变的事物进行立法引导相对来说并不困难,而对变动不安的事物预先立法进行合理规制就显得困难重重了。当然如果立法者能够事先预见将来所要发生的一切具有法律意义的行为和事件,这种困难也就可以迎刃而解了。

当然,如果经验是可以重复的,那么已经发生的事件和行为在将来又会重复出现,这是毫无疑问的。然而,运动是绝对的,静止是相对的,社会永远处于流变状态之中,因此过去的事件和行为不可能在将来完全重复出现。因此,人们包括立法者也不可能完全准确地预见未来。正因如此,休谟认为,对象不是必然地有联系,观念靠联想而在人的头脑中有联系。③波普尔也反对历史规律说,他认为:"一切自然规律都是假说这一事实,决不应该转移我们对另一事实的注意力,即并非一切假说都是规律;而且尤其是,历史假说照例都不是对于一桩个别事件或若干这类事件的普遍的陈述,而是单一的陈述。"④

的确如此,现实世界永远处于流变之中,但是世界并不是完全不可知的。正如康德所言,"现象世界"是可知的,并且这种可知性不以人的感觉认识的范围为限。而"自在之物"是不可知的,⑤即人永远在追求真理的途中。换言之,人不可能认知绝对真理,只能认知现象世界,并在认知的基础上对未来将发生的事件和行为在一定范围内做出准确的预测。由此可见,人只能部分准确地预见未来而不可能完全准确无误地预见未来全部事物,包括具有法律意义的事件和行为。

然而,虽然人类预测能力十分有限,但是如此有限的能力同样不可避免地受到人类固有的偏见的影响。正如沃勒斯坦所言:"如果现实是不确定的,那就不得不进行选择了;如果我们不得不进行选择,那分析者的价值取向、偏好、假设等不可避免地要进入分析过程了。我们即使有意排除这些要考虑的因

---

① [英]梅因. 古代法[M]. 沈景一,译. 北京:商务印书馆,1959:15.
② [美]伊曼纽尔·沃勒斯坦. 知识的不确定性[M]. 王日丙,等译. 济南:山东大学出版社,2006:6.
③ [美]梯利,伍德. 西方哲学史[M]. 葛力,译. 北京:商务印书馆,1995:389.
④ [英]卡·波普尔. 历史主义贫困论[M]. 何林,赵平,等译. 北京:中国社会科学出版社,1998:94.
⑤ 徐国栋. 民法基本原则解释——以诚实信用原则的法理分析为中心[M]. 北京:中国政法大学出版社,2004:280.

素,即如果我们在从事知识活动时坚持一种道德中立立场,这些因素也会无意识地出现,也会在人们随意的交谈中出现。我们即使把这些因素表面化,还是会不断出现无意识状态,因为无意识构成了分析家的灵魂。"①

综上所述,法律的稳定性要求法律在合理期限内保持不变,进而要求法律对合理期限内所发生的具有法律意义的事件和行为无所不包。然而人类社会是变动的、永不停息的。这样一来,只有立法者准确无误地预见到未来所发生的一切具有法律意义的行为和事件,并事先加以合理规定,法律才能保持不变。但是,立法者对未来的预测能力本来就十分有限,并且还要受到他们固有的偏见的干扰。因此,法律规定总是滞后于社会的变化。由此决定了法律总是有缺陷的,因此,其漏洞也是不可避免的。

---

① [美]伊曼纽尔·沃勒斯坦.知识的不确定性[M].王日丙,等译.济南:山东大学出版社,2006:32.

第二章 民间规则进入民事诉讼的渠道与限度

民间规则种类繁多浩如烟海。然而,它们是如何进入民事诉讼的呢?这是一个值得探讨的问题。尽管本书主要以民法法系的法律理论为写作背景,但是不可置疑的是,在民法法系与普通法法系都存在法官适用民间规则裁判案件的必要与司法实践。因此,本章为了更好地探讨民间规则如何进入民事诉讼这一中心议题,试图运用比较法的方法对普通法法系与民法法系与此相关的内容进行比较性考察,以期能勾勒出较为全面的民间规则进入民事诉讼的真实图景。换言之,本章以比较法为视角,对于民间规则如何进入民事诉讼这一问题,从不同的层面比较民法法系和普通法法系分别是如何处理的。之所以以比较法为视角,是因为"各种不同的法律秩序,只要在它们解决同样的事实问题并且满足同样的法律需要的情况下,就是可以比较的。"[①]因此,在以下部分,本章试图从民间规则和法源、民间规则进入的哲学传统思维模式和现实需要以及民间规则民事司法进入的限度三个方面从比较法视角考察民法法系和普通法法系分别如何解决民间规则进入民事诉讼的问题。

[①] [德]K·茨威格特,H·克茨.比较法总论[M].潘汉典,米健,高鸿钧,等译.北京:法律出版社,2003:63.

第一节　民间规则和法源

一、民间规则与普通法法系的法源

根据马克思主义法律观,法是由国家制定、认可并由国家保证实施的,反映由特定物质生活条件所决定的统治阶级(或人民)意志,以权利和义务为内容,以确认、保护和发展统治阶级(或人民)所期望的社会关系、社会秩序和社会发展目标为目的的行为规范体系。① 应当说,马克思主义法律观是典型的国家中心主义或者说立法中心主义法律观。这种观点强调国家统领社会、社会服从国家,物质决定意识,经济基础决定上层建筑,作为上层建筑不可或缺的组成部分之一的法律只能由国家制定或认可,除了国家制定或认可的行为规范外,其他行为规范都不是法律。从阶级斗争论与经济基础决定论的角度看,马克思主义的法律定义是不无道理的。

但是对于英格兰的法律,马克思主义的法律观就未必完全适用。在诺曼征服之前,英格兰早就存在大量的地方习惯规则或者说习惯法。阿尔弗雷德、忏悔者爱德华等国王在位时就曾经下令对英格兰境内的习惯法进行编纂。例如当时的《法令集》就是一部英格兰的地方习惯法汇编。而且从总体上说,当时英格兰的习惯法可以分为麦西亚法、西撒克逊法和丹麦法三类。②

由此可见,虽然在诺曼征服之前,英格兰已经建立起了中央集权的封建君主国,但它的法律主要是不成文的习惯法而不是国家制定法。而习惯法是人们在长期的生活实践中形成的,究竟形成于什么时候? 谁都说不清楚。尤其是盎格鲁-撒克逊族的习惯法甚至可以追溯到他们还在德意志老家的年代。不仅如此,英格兰是一个特别"吃古不化"的民族,他们认为,凡是说得清楚具体产生时间的习惯规则都不是习惯法,不具有法律效力,而只有不知其形成于何年何代的习惯规则才具有法律效力。因此,布莱克斯通在谈到习惯法的必备条件时曾说:"它已经使用(生效)了如此长的时间,以至于人类记忆中没有与之相反的记录。因此,如果任何人能够显示这项习惯始于何时,它就不是一

---

① 张文显.法理学[M].2版.北京:高等教育出版社,北京大学出版社,2003:58.
② [英]威廉·布莱克斯通.英国法释义:第一卷[M].游云庭,缪苗,译.上海:上海人民出版社,2006:78—79.

项有效的习惯。"①从这个角度说,英格兰的法律并不是因为它是由国家权威机关制定的而具有效力,而是因为它是古老的,是普通民众通过行为认可的而具有强制力。因此,如果说国家法是因为国家权威机关制定或认可才具有强制力,那么英格兰的习惯法是由于民众的认可而具有效力。

在诺曼征服后,尽管诺曼贵族建立了更加集权的君主专制国家。但是,实际上,中央王权并不形成对整个英格兰的绝对统治,国王只是众多封建领主中的一个,只不过是最大最有权势的领主而已。除国王之外,还有大大小小的封建领主及自治城市。王权所及只限于王室领地。因此,在当时的司法管辖权方面,也就存在破坏国王秩序、破坏领主秩序和破坏人民的秩序等诸如此类的说法。如何统一英格兰的法律和司法管辖权?英格兰国王主要通过巡回法院以及后来固定设立在威斯敏斯特的王室法院进行。国王定期或不定期派王室法官到全国各地处理各种类型的民间纠纷。但是,诺曼君主并没有制定成文法的传统,其在诺曼底老家一直施行的都是诺曼习惯法,到了英格兰后也没有马上运用中央王权制定成文法律。因此,王室巡回法官在巡回审判的过程中就只能适用各个纠纷发生地的习惯法。诚然,王室法官并不了解当地的情况,而当地的习惯法规则主要是由咨审团向法官提供的,而咨审团是由当地了解案情的邻人组成的。由此可见,王室法官所适用的依然是地方习惯法。

此后,随着所审理案件的增加,日积月累,法官审判经验的增长和交流,英格兰的普通法就在不知不觉中形成了。而所谓普通法也是共同法,是适用于英格兰全境的习惯法。法官审理案件所做出的判决以及其他书面材料只不过是证明习惯规则存在的证据。遵循先例就是以后审理类似案件的法官从已经存在的判决及相关材料中寻找法律。因此,尽管在我们看来,与民法法系国家法官相比,普通法法系国家的法官更多地创造法律而不是运用法律,但他们却往往只承认他们是在发现法律而不是造法。如果我们从英格兰的法律传统看,如果我们不把法律仅仅局限于国家制定或认可的行为规范,那么普通法法系法官的说法是不无道理的。因为习惯规则历史古远,散布全国各地,需要的是法官的发现而不是法官的创造。据布莱克斯通在《英国法释义》一书中所说,当时英格兰法官在审理案件时首先要查明的是对于待决案件是否已经存在相关习惯法,然后再查明待决案件是否在该习惯法的管辖范围内。这从另

---

① [英]威廉·布莱克斯通.英国法释义:第一卷[M].游云庭,缪苗,译.上海:上海人民出版社,2006:89.

一个角度验证了发现法律的说法。

其实,自诺曼征服后,随着时间的流逝,中央王权不断加强,而地方封建领主的势力却日益衰落,最后全国的司法权统一于中央王室。在这一漫长的演变过程中,王室法官功不可没。最明显的例子就是普通法的形成。普通法是王室法官在审理案件的过程中经过收集整理而形成的适用于全国的习惯法,又由于王室司法管辖权的不断扩大,最后扩大到各种类型的案件都由王室法院管辖。于是普通法成为英国境内所有人都必须遵守的法律,英国法律因此得到统一。但是普通法只不过是适用于全国的习惯法,是不成文的。如何让英国民众周知普通法?又如何判别这些普通法的效力呢?这些也都只有通过王室法官的裁判才能完成,"实际上,这些法院判决确实是我们能提供的、用以证明作为构成普通法的一部分的习惯确定存在的最主要最可靠的证据。"[1] 尽管法官并没有制定法律的权力,但是法官通过判决向民众宣布哪些习惯法是存在的,哪些习惯法是已经失效的,哪些习惯法又依然有效。

久而久之,这就形成了司法中心主义,即英国法究竟是什么在于法官的判决,唯法官马首是瞻。正因如此,普通法或者说习惯法从一开始就成为英格兰的主要法律渊源,尽管诺曼征服后历代王朝都颁布不同的制定法,但大多数都是对普通法的确认和补充,即使是资产阶级革命胜利以后,议会颁布的制定法日益增多,但是在英格兰人尤其是普通法院法官中,普通法的地位一直是不可撼动的。布莱克斯通曾经把英格兰的普通法分为三类:第一,通用习惯法——为整个王国的共同规则,它们构成了较为严格意义上和普遍意义上的普通法;第二,特殊习惯法,大部分特殊法仅对特定地区的居民有效。第三,某些特殊法律,这些法律习惯上仅由特定法院在其普遍而广泛的管辖范围内采纳和应用。[2] 根据布莱克斯通的话语,我们不难想象普通法在他心目中的地位。

通过简要考察普通法的形成史,我们可以归纳出在普通法法系,法即是在司法判决中表现出来的裁判规则,而法律渊源就是法官据以形成裁判规则的行为规范及其他因素,即构造裁判规则的材料。对于普通法形成初期而言,应当说法律渊源主要是习惯法,此后随着制定法的增多,制定法也成为法律渊

---

[1] [英]威廉·布莱克斯通.英国法释义:第一卷[M].游云庭,缪苗,译.上海:上海人民出版社,2006:82.

[2] [英]威廉·布莱克斯通.英国法释义:第一卷[M].游云庭,缪苗,译.上海:上海人民出版社,2006:81.

源。如此对法律渊源下定义可以说是一个司法中心主义的立场。就普通法而言,这是不无道理的。此外,裁判规则是法官依据具体个案的情况从众多的法律渊源中通过运用法律方法提取出来的,所以它可以依个案的不同而变化。但是,判决一经做出后,它又可以成为法官以后审理类似案件的法律渊源。因此,在这个意义上说,裁判规则与法律渊源是一对相对的概念,对做出判决的法官来说是裁判规则,但是对以后审理类似案件的法官而言可能就成为法律渊源。就习惯法而言,习惯法对于从习惯法中寻找裁判规则的法官而言是法律渊源,但是习惯法一旦形成普通法,在判决中表现出来后却又可能成为其他法官的法律渊源。

综上所述,民间习惯规则无疑是普通法法系国家的重要法律渊源之一,其不仅渗透于普通法之中,成为普通法的主体部分,而且其本身就是法官据以断案的主要规则之一。

总而言之,从制度视角看,普通法在形成初期实际上就是适用于整个英格兰的习惯法,即便在当代,普通法也主要表现为习惯法,但这种习惯法已经不是纯粹的民间习惯法,而相当部分是官方习惯法尤其是法官在长期的司法过程中形成的惯例。但无论如何,普通法在一定程度上依然主要是适用于整个英格兰的民间习惯法,只不过以判例为表现形式罢了。由此可见,普通法与习惯法这两种法律渊源之间存在重叠部分。

二、民间规则与民法法系的法源

在11世纪以前,可以说,习惯法依然是民法法系国家与地区的主要法律渊源之一。但是,自11世纪末罗马法复兴至19世纪结束,西欧大陆各国都受到罗马法的影响或者接受罗马法。它们对罗马法完整的体系结构、精致的法律概念和缜密的逻辑推理,推崇备至极力模仿。此外,17、18世纪古典自然法学派兴起,这一思想流派主要表现为在法律方面推崇理性自然法,在哲学方面提倡理性主义。他们认为,人类通过天赋理性可以彻底认知理性自然法,人类制定法只有与理性自然法相符才能具有约束力。尤其是该学派的主要代表人物之一孟德斯鸠提出三权分立思想,强调国家政权必须分为立法、行政和司法三个部分,唯其如此,才能以权力制约权力,保障广大民众的自由和平等。于是,在罗马法与古典自然法思想的影响下,在18、19世纪西欧大陆出现了法典编纂运动。

法国大革命后,由于历史原因,法国人对法官极端不信任,因此不折不扣地推行孟德斯鸠的三权分立思想,严格禁止法官的自由裁量权。法官只能是法律之嘴或者是法律机械的操作工匠。《拿破仑法典》颁布后,法国举国上下都对其推崇备至,认为它是书写的理性,能够给法官提供一切可能的答案。结果,法国法官无论在理论上还是司法实践上都成为法律的操作工匠。《拿破仑法典》颁布后不久,法国便成立破毁院,就是明证。该机构隶属于法国的立法机关,其职责之一就是撤销法官做出的与法典不符的法律解释。因此,法国当时所采取的是严格的立法中心主义。立法权完全属于立法机关,只有立法机关制定或认可的行为规范才是法律。

在德国,以萨维尼为首的历史法学派由于对罗马法的研究,后来发展演变为学说汇纂学派。该学派通过对罗马法的深入研究,抽象提炼出一系列罗马法概念,在罗马法原有体系上进行补充和发展,进而得出罗马法是完美无缺的结论。因此,他们认为人类能够制定出一部尽善尽美的民法典,通过严密的逻辑推理,可以从已知的法律概念推导出所有法律问题的答案。因此,制定法不可能出现漏洞。《德国民法典》就是他们的代表作。该学派因此又被称为概念法学派。由此可见,在19世纪法国和德国都先后形成立法中心主义,不过,法国主要是由于对法官的不信任和推崇三权分立思想所致,而德国的立法中心主义却是理性主义思潮和学说汇纂学派的结果。

然而,随着社会的发展,《法国民法典》和《德国民法典》面对变动不安的现实世界都显得捉襟见肘、力不从心。立法万能的神话也随之破灭。原有的法律渊源制度与观念,即只有立法机关制定或认可的法律才是法律,现在也发生了变化。19世纪末20世纪初自由法学运动的兴起就是明证。耶林认为目的是全部法律的创造者。每条法律规则的产生都源于一种目的,即一种事实上的动机。① 赫克认为,为了做出一个正义的判决,法官必须弄清立法者通过某条特定的法律规则所要保护的利益。在相互冲突的利益中,法律所倾向保护的利益应被认为是优先的。② 惹尼指出,法律的正式渊源并不能够覆盖司法活动的全部领域。③ 康托罗维奇等人强调审判过程中的直觉和情感因素,

---

① [美]E·博登海默.法理学——法哲学及其方法[M].邓正来,姬敬武,译.北京:华夏出版社,1987:104.
② [美]E·博登海默.法理学——法哲学及其方法[M].邓正来,姬敬武,译.北京:华夏出版社,1987:137.
③ [美]E·博登海默.法理学——法哲学及其方法[M].邓正来,姬敬武,译.北京:华夏出版社,1987:137.

并要求法官根据正义与公平去发现法律。①

总而言之,自由法学运动的兴起和传播,已经彻底颠覆了18、19世纪由古典自然法学与概念法学在法、德两国构建起来的法律渊源学说以及由此形成的法律渊源制度和观念。现在,民法法系的法学家及其司法实务者往往认为制定法或者说法典只是法律渊源的一部分。法律渊源既包括制定法也包括习惯法。

依据以上对民法法系法律渊源制度变迁的考察,我们可以说就主要法律渊源而言,民法法系国家和地区在法源制度上基本上是按照从习惯法和制定法到法典法,再从法典法到习惯法和法典法存并这一线索发展的。

因此,习惯法或者说事实上的习惯(黄茂荣语)是民法法系的一种独立的法律渊源。进而言之,习惯法可以通过法官的直接引用进入民事诉讼程序。

不过,毋庸置疑的是,时至今日在民法法系国家和地区制定法依然是主要法律渊源。又因为在民法法系国家和地区,制定法以法典为主要表现形式。所以在此,本书试图通过考察民法法系具有代表性的国家的民法典编纂,揭示习惯法进入民事诉讼程序的另一重要渠道。

首先,看法国的情况,众所周知,在1804年《拿破仑法典》颁布之前,在法国施行的主要是各地的习惯法而且极端的不统一。关于法国当时习惯法的多样性,许多学者都引用伏尔泰在这方面的评论加以证明,即每到一个驿站换马,也就换了另外一种法律。不过,统一法国法律的宏图伟业并非始于第一执政拿破仑。法国国王查理七世在1454年颁布法令整理法国各地的习惯法,1481年路易十一训令对习惯法进行重整与统一,1576年法国国会同意将王室法令与习惯法编纂成法典。因此,在法国大革命之前,法国已经有1510年的《巴黎习惯法汇编》,1509年的《奥尔良习惯法》,1539年的《不列塔尼习惯法汇编》等成文习惯法法典。此外,法国当时的著名法学家杜穆林(1500—1566年)极力主张统一法国的习惯法。他在他的《巴黎习惯法评述》一书中提出的"意思自治"原则,实际上是他统一法国习惯法的权宜之计。因此,美国法学家沃森说:"在启蒙运动之前,杜穆林在法国早已发表了统一编辑一部简明习

---

① [美]E·博登海默.法理学——法哲学及其方法[M].邓正来,姬敬武,译.北京:华夏出版社,1987:139.

惯法的想法。"①与此同时,奥特芒著书立说,认为罗马法不适合法国的国情,提倡法国人应当运用法国法。② 由此可见,法国具有深厚的习惯法传统。尽管法国人民通过大革命把路易十六送上了断头台,但是他们却不可能(也无必要)与传统一刀两断。直到1800年革命的激情冷却后拿破仑任命了四人委员会负责起草民法典。他们分别是波塔利斯、特龙谢、普雷阿梅纳和马尔维尔。其中波塔利斯和马尔维尔倾向罗马法,特龙谢和普雷阿梅纳则倾向习惯法。③

结果是,《法国民法典》成为罗马法与法国习惯法的混合物。正如美国法学家沃森所言,《法国民法典》的形式是由法国法学理论著作发展而来的;它的内容是罗马法与习惯法的混合物。④ 琼·布雷萨阿德也指出:"在法国法统一的过程中,总的说来有两股法律发展趋势:罗马法精神和习惯法传统。势力旺盛的正是后者。"⑤当然,这里所说,《法国民法典》是罗马法与法国习惯法的混合物,主要就法典的形式和具体法律制度而言。如果就法典的基本精神而言,古典自然法学则功不可没。法典所规定的所有法国人的民事权利平等和体现出来的私有财产神圣不可侵犯的精神就是该法典受古典自然法理论渗透的明证。

民法法系另一个具有代表性的国家就是德国。1870年,德国通过俾斯麦的三次王朝战争取得统一。在此之前,所谓的德国只不过是由众多的大小不同的邦国和封建自治领地组成的。因此,其法律也极端的不统一。在德国统一之前,其施行的法律,主要是各地的地方习惯法。早期有代表性的法典是1230年的《萨克森明镜》和1273年的《士瓦本法鉴》。这两部法典实际上是地方习惯法汇编。后来由于受到古典自然法思潮的冲击,在德国相继出现了1749年的《普鲁士邦法》、1811年的《奥地利普通民法典》和1863年的《萨克森民法典》。这些法典在某种程度上说是把自然法思想和各邦的习惯法糅合

---

① [美]艾伦·沃森.民法法系的演变及形成[M].李静冰,姚新华,译.北京:中国政法大学出版社,1992:165.
② [美]艾伦·沃森.民法法系的演变及形成[M].李静冰,姚新华,译.北京:中国政法大学出版社,1992:106.
③ 沈宗灵.比较法研究[M].北京:北京大学出版社,1998:83.
④ [美]艾伦·沃森.民法法系的演变及形成[M].李静冰,姚新华,译.北京:中国政法大学出版社,1992:168.
⑤ [美]艾伦·沃森.民法法系的演变及形成[M].李静冰,姚新华,译.北京:中国政法大学出版社,1992:168.

在一起的产物,分别在颁布它们的邦的全境适用,但却又受到各地习惯的制约。不仅如此,德国自 15 世纪开始大量继受罗马法。毋庸置疑,罗马法具有深厚的罗马文化底蕴。尽管辉煌的罗马文明已经成为昔日黄花,但是罗马法依然可以在整个德意志大地迅速传播。让昔日北方"蛮族"的子孙们大开眼界并争先学习。因此,罗马法或大或小地改变了德国各地的习惯法,但是正如马克思主义者所言,任何事物都是对立统一的,罗马法改变习惯法,但同时却又为习惯法所改变。因此,最后在德国施行的罗马法并不是原汁原味的罗马法,而是具有德国特色的罗马法。不仅如此,德国式的罗马法是通行于德意志全境的法律,因此又称德国普通法或共同法。由此可见,在德国制订统一的民法典之前,在私法方面,德国施行的主要是各地习惯法和共同法。

以萨维尼为首的历史法学派不遗余力地主张法律与语言类似是民族共同精神的产物,因此,极力倡导研究德意志本民族的法律,而罗马法在德意志的大地上已经生根发芽,转变成为德意志的普通法。因此,他们竭力研究罗马法,从浩瀚的罗马法资料中去伪存真、去芜存精,锤炼出一套极端抽象而又自以为包罗万象的概念术语和条文。不仅如此,他们认为从罗马法中只要运用概念推理就可以找到所有法律问题的答案。正因如此,此学派又称概念法学派。由于萨维尼的学术成就和官方职务以及其追随者的努力,概念法学派在德国独树一帜,影响日益扩大,最后成为 19 世纪德国的主流法学。因此,在 1871 年德国政府任命的 11 人组成的民法典起草委员会中,概念法学派的领军人物温德莎依德起主导作用。经过 13 年的努力,德国民法典第一草案向社会公布,引起强烈的反响,尤其是激起了在罗马法学派与日耳曼学派之间的激烈论战。以赫克为首的日耳曼学派指责草案是彻头彻尾的罗马法产品,严重缺乏应有的日耳曼精神。于是,德国政府成立民法典草案的第二委员会,该委员会集思广益,在第一草案的基础上适当吸纳了日耳曼习惯法的相关内容。

毋庸置疑,与《法国民法典》一样,《德国民法典》的基本精神依然是古典自然法学派的。不过除此之外,《德国民法典》还接受了康德批判哲学的精神。正如前文所述,理性主义(又称唯理主义)传统在西欧大陆可以说是源远流长。作为德国哲学家康德早期也是一位理性主义者。但是,在 1775 年他阅读了休谟的著作后从理性主义的独断论的迷梦中惊醒。所谓独断论是指理性主义者对人的认识能力未加批判就断定理性认识能力可以穷知一切事物。相反,英伦三岛的经验主义,尤其是休谟的不可知论对人类认识能力不加以批判就只承认感性认识的可靠性。康德认为这两种认识论都是不正确的。只有对人的认识能力进行彻底地批判并详细揭示其能与不能,才能确定人类认识的起源范围和可能性。康德认为人的认识客体是物自体与现象世界。而物自体指三个层面的内容:作为感觉来源的自然界;为理性所不能把握的超感性对象,如上帝、灵魂等;人类永远不能实现的目标。

在康德的认识论里,人类知识有两个来源,其一,人类感官因受外界事物的作用而产生的感觉经验;其二,人类先天具有的认识能力,具体指的是人类内心固有的时间、空间观念和包括质、量、样式、因果性在内的十二个范畴。康德把人类的认识能力分为感性、知性和理性三个不同的环节。感性指一种借助于经验形成感性直观的知识的先天认识能力或感性直观形式。① 在感性环节,感性把物自体作用于人类感官形成的杂乱无章的感觉进行整理,形成感性对象。但是感性对象是孤立的,彼此之间并无联系,因此没有规律可言。知性指一种对感性对象进行思维,把特殊的没有联系的感性对象加以综合,使之成为有规律的自然科学知识的先天认识能力。② 因此,在知性的认识环节,知性把感性对象联系起来并使它们之间具有规律性。在知性环节,感觉经验得以形成,借此形成现象世界。

理性指人先天具有的一种要求把握绝对的无条件的知识的能力,即要求超越"现象世界"去把握"自在之物"的能力。③ 在理性的认识环节,理性把认识绝对的无条件的知识作为它的目标,但是在现象世界里的一切知识都是相对的有条件的,因此,理性要达到其目标就不得不超越现象世界,去把握物自体。但是理性除了知性以外,没有别的工具,因此,理性永远不可能认识物自体。由此可见,在康德的认识论里,人的认识能力不仅不局限于感性认识,而且可以超越感性认识进而认识现象世界。但是,人类的认识能力又不可能超越现象世界把握物自体。因此,在康德看来,在知性的范围内,人类运用先验的范畴为感觉世界以外的事物立法是可能的,但人类的认识能力不可能穷尽世界所有的事物。因此,人类可以通过自身的认识能力制订民法典,但民法典不可能提供所有可能的法律问题的答案,也即是法典必然存在漏洞。而这些

---

① 徐国栋.民法基本原则解释——以诚实信用原则的法理分析为中心[M].北京:中国政法大学出版社,2004:278.
② 徐国栋.民法基本原则解释——以诚实信用原则的法理分析为中心[M].北京:中国政法大学出版社,2004:278.
③ 徐国栋.民法基本原则解释——以诚实信用原则的法理分析为中心[M].北京:中国政法大学出版社,2004:279.

未知部分的内容只能通过人类的感觉经验逐步把握、填补。

正因如此,《德国民法典》运用了大量的不确定概念和一般法律条款,如诚实信用、交易习惯①、合理期限,等等。在法典中引入了不确定概念和一般法律条款,一方面赋予法官自由裁量权,但另一方面给社会经验规则补充制定法的漏洞打开方便之门。

如果说《德国民法典》是审慎接受康德的批判哲学的话,那么《瑞士民法典》则大胆采纳康德的哲学思想。《瑞士民法典》在第1条就开宗明义地指出法典会出现漏洞。众所周知,瑞士国土虽小,但却是一个联邦制国家。不仅如此,而且还存在德语区和法语区之分。因此,瑞士各地存在不同的习惯法,而且在其民法典颁布之前伯尔尼、卢森、索洛图恩和阿尔贡等州已制订有自己的民法典。因此"瑞士全部州立民法典都对瑞士民法典发生不可比拟的影响。"②正因如此,尽管《瑞士民法典》是胡贝尔一个人起草的,但为了民法典能在整个瑞士得到实施,他参考了各个州已有的民法典并适当吸收各地的习惯法。然而各地的习惯法复杂多样甚至冲突,不可能像英国普通法的法官一样借助强大的王权提炼出适用于全国的习惯法,而只能是对于可以适用于全国范围的习惯规则直接写进法典,作为法典内容的组成部分。对于其他的习惯规则,则在法典中订立法律漏洞补充条款授权法官视案件的具体情况进行引用,或直接规定某种情况可以或应当适用习惯法。因此,我们在《瑞士民法典》中不仅看到其第1条规定当法律没有规定时适用习惯,而且在其分则部分也不时看到适用当地习惯的条款。

从《法国民法典》《德国民法典》和《瑞士民法典》的编纂过程看,三部民法典都在不同程度上依据各自的国情直接把相应的习惯法规定作为民法典的规范内容,在全国范围内统一施行。应当说,这也是民间规则进入民事诉讼程序的一种方式,不过与作为一种独立的法源相比,它是间接的。

最后,从作为独立法源的角度看,在民法法系民间规则进入民事诉讼程序的方式是,制定法规定法官在某些情形下应当或可以直接适用民间规则裁判案件。这又可以分为三种类型:其一,在法律出现漏洞时法官可以适用习惯规

---

① 交易习惯当然指的是交易方面的民间习惯规则,但是它究竟具体所指的是哪些规则,必须由法官在具体个案中确定。因此,在这个意义上说,交易习惯也属于不确定的法律概念。

② [美]艾伦·沃森. 民法法系的演变及形成[M]. 李静冰,姚新华,译. 北京:中国政法大学出版社, 1992:185.

则补充；其二，法官可以适用习惯规则解释合同条款；其三，在某些情形下法官可以或应当优先适用习惯规则裁判案件。以下分别引用各国民法典的相关条文加以说明。

对于第一种类型，最具代表性的是《瑞士民法典》第1条第2款，其规定：无法从本法得出相应规定时，法官应依据习惯法裁判；如无习惯法时，依据自己作为立法者应提出的规则裁判。《日本商法典》第1条规定：关于商事，本法无规定者，适用商习惯法，无商习惯法者，适用民法典。《泰国民法典》第13条规定：诉讼事件，无可适用之法律时，适用习惯。第14条规定：诉讼事件，无可适用之法律或习惯时，依其最类似之规定类推之，或依一般法理决定之。我国台湾地区的"民法典"第1条规定：民事，法律未规定者，依习惯；无习惯者，依法理。类似这些规定还可以在《意大利民法典》《土耳其民法典》和《荷兰民法典》等民法典中找到。

对于第二种类型，最具代表性的是《法国民法典》第1159条，其规定：有歧义的文字依契约订立地的习惯解释之。第1160条规定：习惯上的条款，虽未载明于契约，解释时应用以补充之。《德国民法典》第157条规定：对合同的解释，应遵守诚实信用原则，并考虑交易习惯。《意大利民法典》第1368条规定：模棱两可的条款要根据契约缔结地的一般惯例进行解释。在契约中，若当事人一方是企业主，则模棱两可的条款要根据企业所在地的一般惯例进行解释。我国《合同法》第125条规定：当事人对合同条款的理解有争议的，应当按照合同所使用的词句、合同的有关条款、合同的目的、交易习惯以及诚实信用原则，确定该条款的真实意思。

对于第三种类型，最具代表性的是《德国民法典》第151条，其规定：根据交易习惯，承诺无须表示的，即使没有向要约人表示承诺，承诺一经做出，合同即告成立。应根据要约或者当时情况可以推知的要约人的意思，来确定要约约束力消灭的时间。第242条规定：债务人有义务依诚实和信用，并参照交易习惯，履行给付。《日本民法典》第526条第2款规定：依要约人的意思表示或交易上的习惯，不需要承诺通知时，则契约于已有可认为是承诺意思表示的事实时成立。《瑞士民法典》第642条第2款规定：物的组成部分系一切依地方通常习惯组成该物的、非经破坏、损害或变更不能分离的部分。第643条第2款规定：自然孳息系指循环产生的出产物及依通常习惯根据该物用途可得之收益。第644条第2款规定：从物，系指依地方通常习惯或根据主物所有人的显然意思，以主物的经营、使用或保管为目的，并且通过附和、改进或其他方式与其目的主物相联结的动产。我国《合同法》第 293 条规定:客运合同自承运人向旅客交付客票时成立,但当事人另有约定或者另有交易习惯的除外。

综上可见,从法源的层面看,在民法法系国家和地区,民间规则进入民事诉讼的渠道有三:其一,作为独立的法源类型;其二,被吸纳入制定法尤其是法典里成为制定法的组成部分;其三,由制定法规定,在某种情形下法官应当或者可以直接适用民间规则。相比之下,在普通法法系,民间规则进入民事司法则有两条渠道:其一,被吸收入普通法或衡平法;其二,作为独立的法源类型。

第二节　民间规则进入的哲学传统、思维模式和现实需要

一、哲学传统

1. 普通法法系

休谟是不列颠经验主义的集大成者。在认识论方面,他认为,人不能靠先验的推理而得到因果关系的知识。因果关系的知识是建立在观察和经验上的。在许多事例中发现两种对象往往在一起,我们推论这两种对象之间存在因果关系,其中一个是另一个的原因。这引起我们看到其中一个出现,就期待另一个出现;心灵由习惯或习俗所推动而相信那两种东西有联系,将永远结合在一起。在休谟看来,对象不是必然地有联系,观念靠联想而在人的头脑中有联系。这种联想产生于重复、习惯或习俗。在这里,没有逻辑必然性只有心理的必然性,这种心理的必然性依赖于经验。人不能思考他以前未曾通过外在或内在的感觉而感觉到的东西。在本体论方面,在休谟看来,人只有关于知觉的完善的观念。实体和知觉完全不同。因此,人没有实体的观念。在知识的确实性方面,休谟认为,人的一切观念或思想都是印象的摹本,一切知识都来自经验。凡不是感官或记忆所能验证的事实情况的一切证明,都来自因果关系。而因果关系的知识来自经验。其次,我们没有任何实体的观念,实体不属于知识范围。最后,人没有关于事实情况绝对或自明或确实的知识,人的知识绝不会达到绝对的确实性。① 因此,在休谟的心目中,只有经验才是可靠的,其他都是不确定的。因此,休谟又是一位彻底的不可知论者。

---

① [美]梯利,伍德.西方哲学史[M].葛力,译.北京:商务印书馆,1995:382-391.

虽然,休谟是经验主义的集大成者,但是经验主义绝不是休谟首创的。顾名思义,经验主义即是崇尚经验,以经验为知识之源。它作为一种理论学说究竟形成于什么时候实在难以考证。不过,有据可查的是,它至少起源于中世纪前期的唯名论。唯名论者认为,经验中的个体才是真实的第一实体。共相只不过是不同事物的共同名称,是人们发音时的气息,是符号。奥卡姆,一位被罗素称为激进的经验主义哲学家,在牛津大学①求过学也授过课,但却发展了早期的唯名论。他全面反对形而上学,在他看来,柏拉图、亚里士多德及其追随者所坚持的一般本体论,是根本不成立的。实在性隶属于个别、单一的东西,只有它们才可能成为经验的对象,并产生直接而明确的知识。②

综上可见,大不列颠的经验主义可以远溯至中世纪早期的唯名论,中经奥卡姆,后经休谟的发展,则枝叶繁茂,形成可以和欧陆理性主义分庭抗礼的哲学流派。与此同时,正如上文所述,经验主义哲学崇尚经验,以经验为知识之源,而习惯规则恰好是经验的规范表达。正因如此,经验主义哲学与习惯规则结合得日益紧密。

2. 民法法系

近代欧洲哲学始祖笛卡尔(1596—1650年)是欧陆理性主义哲学最有影响的代表人物。"我思故我在"是笛卡尔哲学的第一原理。按照笛卡尔的思想,我们可以怀疑太阳明天是否还会升起,地球是否自转,我们自己的肉身是否存在,以及其他的一切的一切我们都可以怀疑,但是我们没有任何理由去怀疑"我思"。因为我们怀疑的本身就足以证明我们在思考,又因为我们在思考,所以证明我们存在。因此,在世界所有的事物中"我思"是最清晰最判然的。由此,"我思故我在"也就证明了精神比物质更加确实可靠。笛卡尔说到,"我"是一个实体,是一个思维的实体,其本性在于思维,只要思维"我"就存在,因此,"我"的存在不需要场所或其他物质。进而言之,灵魂与肉体完全两样,而且比肉体容易认识;纵然没有肉体,灵魂也会一如现状。③

笛卡尔还认为,对于物质,只有通过精神的认知经过推理才能认识。我们感官所认知的事物并不是事物的本身而只是事物的表象,而精神的判断力才能让我们认识到事物的本身。因此,认识外界事物不能依靠感官,相反必须依

---

① 牛津大学当时是英国经院派哲学的大本营。
② [英]罗素.西方的智慧[M].亚北,译.北京:中国妇女出版社,2004:205.
③ [英]罗素.西方哲学史:下卷[M].马元德,译.北京:商务印书馆,1997:88.

赖精神。笛卡尔接着说,况且,同是一个外界对象,往往有两种不同的观念,例如感官所觉得的太阳和天文学家所相信的太阳。这两种观念不会都像太阳,根据理性知道,直接来自经验的那个观念,在两个当中一定是和太阳比较不像的。① 至此,笛卡尔与经验主义者划清界限。

笛卡尔与其追随者提出精神与物质是两个平行而又彼此独立的世界,比如,我们渴的时候,我们就会难过。但是"渴"与"难过"分属物质与精神两个不同的世界,只不过是它们同时出现而已。这就是笛卡尔主义的"二时钟"说。与此同时,笛卡尔哲学在关于物质世界的全部理论上,是严格的决定论。在他看来,物质的一切运动由物理定律决定。② 依此类推,既然精神世界与物质世界是彼此平行运转的两个世界,那么精神世界也应当是由一定规律决定的。进而言之,人类也可以像在物理学天文学所取得的傲人成果一样,运用一定的规律在精神世界里构建起一座具有严密逻辑脉络的知识大厦。可以说,笛卡尔之后的欧陆许多哲学家都热衷于这方面的哲学探险。

其实,笛卡尔哲学与经验主义哲学最显著的区别是,笛卡尔首先论证其"我思故我在"所谓的哲学第一原理,然后,借助"我思故我在"构建其宏大的哲学体系,包括认识论与本体论。这种摒弃细枝末节问题,通过构建一个或多个基本的哲学范畴进而构建整个哲学体系的理性主义哲学传统可谓源远流长,最早可以追溯至古希腊的柏拉图。

这种体系化的并依据逻辑原理进行演绎推导的理性主义哲学与大不列颠的经验主义哲学截然不同。相反,罗马法,尤其是优士丁尼的《民法大全》把全部法律条文及其相关学说按照一定标准分类,依次排列在一部成文法典里,并以一定的基本法律范畴和原理统领全部条文。这种法典编纂风格与欧陆理性主义哲学传统完全契合。这也在一定程度上说明为什么罗马法自 11 世纪末以来在西欧大陆各国传播如此之迅速,影响如此之深远。同时也说明为什么习惯规则自罗马法复兴以来在西欧大陆始终受到排斥,即便自 19 世纪末以后也只是辅助性的法律渊源。

---

① [英]罗素.西方哲学史:下卷[M].马元德,译.北京:商务印书馆,1997:89-90.
② [英]罗素.西方哲学史:下卷[M].马元德,译.北京:商务印书馆,1997:91-92.

二、思维模式

1.普通法法系

从普通法的形成演变史看,与其说英格兰人的权利存在于事先制订的成文法里,毋宁说他们的权利存在于他们的习惯规范里。在王室法院与地方各种法院并存的年代里,在地方法院诉讼适用的是地方习惯法,而在王室法院诉讼首先必须取得国王的令状。有令状才有救济、才有权利可言。法国比较法学家达维说:"'补救先于权利'是普通法的基本原则。有许多诉讼形式,凭借这些形式才能向王室法院提起和进行诉讼。在判决做出以前,没有谁能够预测案件的结果如何,会适用什么法律规则(如果有规则的话),会确认什么权利;法院中法官的感觉(和无所不在的陪审员的裁决)比之任何恰当的'法律'考虑都更加重要。"①之后,随着王室法院取代地方法院,令状成为启动诉讼程序的唯一方式。与不同的令状相应的是,不同的诉讼形式和判决先例,正因如此,英格兰的实体法是在诉讼令状的隙缝里产生的。久而久之,一提到法律,英格兰人自然就会想到诉讼令状和判决先例。

尽管到1875年止,英国已经废除各种各样的诉讼令状,但是至今诉讼令状和判决先例依然是英国人心中真正的法律。所以梅特兰说:"我们已经埋葬了诉讼形式,但它们依然从坟墓里统治着我们。"②因此,英格兰法官认为法律主要是由从古至今一个个判决先例组成的,对于待决案件的裁判规范,首先从先例中寻找,哪怕议会的制订法已有相关规定,也要查看相关先例对该制订法是如何解释的。

其次,在英国,普通法是由法院通过判决确认和宣布的,因此,其必然表现为判例法。也正因如此,普通法首先表现为与具体个案相联系的规则。此外,普通法法官对他们自己发现或者说创制的法律珍爱有加,至少自科克以来普通法法官已经形成普通法至上的信念。科克对詹姆斯一世所说的,陛下在上帝和法律之下,实际上是指国王在上帝和普通法之下。不仅如此,普通法至上不仅是普通法法官的信念,而且也是普通法的精神。庞德认为,普通法的精神是"所有的法律规则及法律机构都以理性为尺度,任何事物都不能凌驾于法

---

① [法]勒内·达维.英国法与法国法:一种实质性比较[M].潘华仿,高鸿钧,贺卫方,译.北京:清华大学出版社,2002:9.
② [英]梅特兰.普通法的诉讼形式[M].王云霞,马海峰,彭蕾,译.北京:商务印书馆,2009:34.

律和理性之上。"①由此可见,在普通法法律家的视野下,普通法与理性处于同等地位,或者说普通法就是理性。因此,不言而喻,在司法过程中,法官寻找裁判规则时,第一个要运用的法律渊源就是判决先例。

相反,议会通过的制定法不可能是针对某一个具体案件制定的,充其量它只能针对某一类案件制定,比如说侵权行为法、欺诈法等。因此,与判例法相比,制定法总是显得抽象笼统、可操作性差,又加上是议会所出,法官自然对其贬低排斥。因此,在裁判案件时,法官首先要适用的自然就不会是制定法。正如茨威格特和克茨曾经说的:"普通法法官很少将制定法的规定用作司法创制的起点,这与他贬低制定法在法律渊源中的价值是一致的。"②庞德也说:"普通法的力量来自它对具体争议的解决,而它的对手,现代罗马法的力量则在于抽象概念的逻辑发展。因此,一旦普通法法官直接或间接地实施法律,他们总习惯于以过去的司法经验适用于眼前的案件,而不会将案件置于抽象的体系、准确的逻辑框架中。"③

再次,普通法是由法官以先例形式向公众宣布的裁判规则。而先例是不断产生的,因此普通法也是不断积累的。这与人类历史的发展十分相似,因为历史是由人类的经验组成的,同样普通法也是人类经验的合成品而已。因此,在普通法法系法官看来,法律是持续发展的历史现象。所以,霍姆斯说,法律的生命不在于逻辑,而在于经验。因此,"法律是活动的、不全面的,而且在精神和方向上可以改造。"④既然法律是不全面的,那么普通法法系的法官也就不可能像民法法系的同行那样坚持从包罗万象的制定法中推导出判决结果,相反,判决结果只能从以往的经验中寻找,一旦从经验中找不到所需的答案,则可以从其他渊源中寻找。而所谓以往的经验应当包括判决先例及其所包含的习惯规则。因此,一般而言,普通法法系的法官的推理模式是"从案件到案件"。

然而,所谓的从案件到案件并不是随意地从先前的判例中推导出待决案件的判决结果,而是指从与待决案件类似的先例中提取法律规则从而适用于

---

① [美]罗斯科·庞德.普通法的精神[M].唐前宏,廖湘文,高雪原,译.北京:法律出版社,2001:56.
② [德]K·茨威格特,H·克茨.比较法总论[M].潘汉典,米健,高鸿钧,等译.北京:法律出版社,2003:386.
③ [美]罗斯科·庞德.普通法的精神[M].唐前宏,廖湘文,高雪原,译.北京:法律出版社,2001:2.
④ [美]杰弗里·C·哈泽德,米歇尔·塔鲁伊.美国民事诉讼法导论[M].张茂,译.北京:中国政法大学出版社,1998:79.

待决案件。然而,在漫长的历史长河中普通法的先例可以说是浩如烟海,那么那些与待决案件相似的先例由谁提供呢?由当事人的代理律师提供。众所周知,普通法法系国家所采取的是当事人主义的诉讼模式,因此,不仅待决案件的相关证据由当事人提供,而且向法官提供据以处理待决案件的判决先例,也是当事人代理律师的职责所在。

判别先例与待决案件相似性的方法称为区别技术。大致来说,是把先例与待决案件的事实构成分别依照各自的案情分为主要事实和次要事实,倘主要事实相同或相似,则两案件之间具有相似性。因此,先例的法律规则和原则可以适用于本案。不过,从先例中提取法律规则与原则并不是一件轻而易举的事情。据茨威格特和克茨说,"在这些先例中,法官确认某些'规则',即特定具体的现实问题的解决办法。法官也考察这些'规则',如何被其他'先例'限制、扩大和改进,然后,不断地认真思考相关的实际问题,逐渐地从这些规则当中抽出高层次的'原则'和'准则',他运用这些原则和准则对面前的案件推导出试验性的解决办法;然后针对相似案件的背景检验他的解决办法是否合适,最终做出判决。"①

最后,普通法法系法官,尤其是英国法官的思维模式是以义务为中心。当然,这并不是说英国法官不重视对权利的保护。其实,从历史上看,英国法官比其他欧洲国家的法官更加重视对人权的保护。说其以义务为中心,是指英国法官在处理纠纷时首先判定被告对原告是否负有某种义务,然后再判断被告是否履行了该义务。而据以判断该义务是否存在的依据是原告和被告之间是否存在某种关系。而关系是否存在,那就要看普通法或者习惯规则是如何规定的。例如,甲在乙的土地上摔倒受伤,乙是否应当对甲的受伤负责,那要看乙是由甲邀请而来的还是不请自来的。这两种不同的关系决定着案件不同的结果。

英国人不空谈权利而关注实实在在的权利,而权利的兑现端在于义务的履行。而义务依赖关系,人与人之间是否存在某种关系,由普通法或习惯规则决定。普通法原本就是适用于全国的习惯规则。因此,从这个意义上说,英国人通过习惯确定义务,通过义务保护权利,义务是对权利的最有力的救济措施。比如,1215年贵族们强迫约翰王签订的《大宪章》,"反叛的贵族们并不是

---

① [德]K·茨威格特,H·克茨.比较法总论[M].潘汉典,米健,高鸿钧,等译.北京:法律出版社,2003:383.

出于什么抽象的价值观、意识形态理论或某一宪政原则来跟国王叫板,他们只是为了解决他们所面临的具体实际问题,解除约翰王的苛政对他们的压迫,可以说是完全出于自利甚至自私的目的。……他们所诉诸的无非多是他们祖上就已享有的封建权利和已经存在的封建惯例。"①英国法学家阿蒂亚也说:"与较少正面讨论权利的状况相比较而言,英国法在总体上不仅更愿意谈论义务,而且也明显更愿意谈论救济。尽管英国法对权利少有兴趣,但它的确一直以其强有力的救济措施而引以为傲。这是一个长久的传统,它由很多股不同的力量和元素集结而成,当然也正是这些力量和元素才促成了英国法的此种特别偏好;在使用偏好这个词时,我丝毫没有贬损英国法的意思。"②

综上可见,普通法的思维特点是,以历史为本、以经验为源,从具体问题着手从先例中寻找答案,虽然没有法国大革命口号那般响亮,但却给英国人民带来实实在在的利益。不过,如果从理性主义哲学的视角看,普通法则是溯及既往、杂乱无章且随心所欲的。正因如此,边沁称普通法为"狗法",他认为遵循先例是一种"非理性的行为,是对理性的公然排斥和反对"③。为此,边沁极力提倡法典编纂,宣扬编纂法典之利、历数普通法之害。尽管如此,边沁的法典编纂理论始终与英国的经验主义传统格格不入。因此,其法典编纂计划和者甚寡,"边沁在自己的祖国从未完成实际起草一部综合性法典的任务,他的立法建议无人响应,被人们嗤之以鼻。"④

同样,法典编纂理论在大西洋彼岸的美国也水土不服。19 世纪中叶,纽约州律师、纽约州法典起草委员会委员菲尔德认为,普通法与美国三权分立原则不符并与美国的民主法治精神背道而驰,于是他竭尽全力编纂像《法国民法典》那样的体系化法典。在他的主持下,法典起草委员会先后编纂《民法典》《民事诉讼法典》《刑法典》《刑事诉讼法典》和《政治法典》五部法典。除了《民事诉讼法典》得到三十个州的采用、《刑法典》和《刑事诉讼法典》得到十六个州的采用外,其他法典在美国备受冷落。尤其是在菲尔德心中占有最重要位置的《民法典》就连在纽约州也无法获得通过。尽管西部的加利福尼

---

① 陈绪纲.法律职业与法治——以英格兰为例[M].北京:清华大学出版社,2007:61.
② [英]P·S·阿蒂亚.英国法中的实用主义与理论[M].刘承韪,刘毅,译.北京:清华大学出版社,2008:18.
③ Constitutional Code (Collected Works of Jeremy Bentham) (ed. F. Rosenn and J. H. Burns,1983),1983,1:434.
④ 封丽霞.法典编纂论——一个比较法的视角[M].北京:清华大学出版社,2002:155.

亚州采用了他的《民法典》，但是法官"经常忽视《民法典》的存在，仍然依据普通法的做法来对案件进行判决，而很少引用《民法典》的规定。"①由此可见，由菲尔德在美国发起的法典编纂运动同样以失败告终。有人说菲尔德法典化运动的失败主要是因为以卡特为首的反法典派的抵制。其实，这只是其中的一个原因，最主要的是，法典化运动与美国人的实用主义传统大相径庭，而且与美国法官的经验主义思维格格不入。正如庞德所言："那里的法官从未准备把法典作为一个独立于普通法之外的单位对待，也未曾把它作为法律发展的起点。"②

综上所述，尽管普通法已经废除令状诉讼体制，但是普通法依然为令状思维所渗透，救济先于权利，在救济之时才寻找相关规则进行调整。这就为习惯规则进入民事司法程序提供可能空间。不仅如此，虽然普通法至上，但是从起源意义上说普通法实际上就是习惯法，即便是现代形成的普通法也不可能完全离开习惯法，尤其是对裁判大前提的论证，习惯法往往显示出其重要作用。因此，普通法至上实际上在相当大程度上是习惯法至上。因此在这个意义上说，普通法至上是习惯法进入民事司法的重要渠道，即民间规则通过普通法至上这一信念进入民事司法程序。除此之外，从案件到案件的推理模式和以义务为中心的解纷思维模式都能够为习惯法进入民事司法创造更大的空间。

2. 民法法系

与普通法法系相反，权利先于救济应当是民法法系的基本原则。公元6世纪东罗马皇帝优士丁尼（又称查士丁尼）制定《民法大全》。与此同时，他下令焚毁此前所有的法律书籍并禁止他人对他的法典进行解释。这就意味着《民法大全》应该是能为所有的法律问题提供答案，它不仅是为法官裁判案件而制定的，而且最主要的是为人们的日常生活事无巨细提供行为指南。每一个人，至少在东罗马帝国境内的人，如果认为他的权利受到侵害，那么他必须先从《民法大全》中查找他是否有这方面的权利。如果有，他就可以向法官寻求救济，而没必要等到得到救济才知道是否拥有相关的权利。这种权利先于救济的法律思维模式从公元11世纪末罗马法复兴运动开始以来，就在西欧大陆得到迅速传播，最后随着19、20世纪法典化运动的结束，最终在民法法系确

---

① Pomeroy. The True Method of Interpreting the Civil Code. California：West Coast Rptr, 1884, 4：585.

② [德]K·茨威格特，H·克茨. 比较法总论[M]. 潘汉典，米健，高鸿钧，等译. 北京：法律出版社，2003：387.

立下来。

达维说:"法国法(和欧洲大陆其他国家法律)的另一演变特征必须加以强调。我们已经走了很长一段路程,并且从19世纪初法典化以来,我们的思想已经变化颇大。那时,普遍接受两项基本原则:法律是为了保障主观权利,即属于作为个体的每个人的权利;另一原则是,实现这一目的的有效办法是制定明确的法律规则,留给法院可以解释的余地要尽可能地小。"①《法国民法典》第4条规定:审判员借口没有法律或法律不明确不完备而拒绝受理者,得依拒绝审判罪追诉之。第5条规定:审判员对于其审理的案件,不得用确立一般规则的方式进行判决。前条规定,法官不得以没有法律或法律无规定而拒绝受理,而后条规定法官不得自行确立法律规则。言下之意即法典已经无所不包,因此法官以法典不完善为借口,是不成立的。这充分体现了民法法系的法典万能的立法思想。这种思想在优士丁尼(查士丁尼)和拿破仑这两位独裁者的身上都表现得非常充分,但都被历史事实——粉碎。难怪埃尔曼说:"拿破仑禁止法律界发表任何对法典的解释;优士丁尼皇帝也曾有过同样的禁令,试图证明他所进行的编纂完美而严密,当然也同样枉费心机。"②

其次,普通法法系的法官以普通法至上。然而,民法法系的法官却以制定法尤其是法典法至上。这应当与西欧大陆的历史传统有关。自优士丁尼(查士丁尼)以降,尤其是罗马法复兴以后,西欧大陆的法典法都是以皇帝或国王的名义颁布的。而皇帝或国王至少在一国之内是至高无上的,因此,他们的法律与其他法律及社会规范相比当然也是至上的。不仅如此,自启蒙运动始至19世纪末,人们普遍认为,凭借理性,人类能够制定出无所不包的自然法典,而通过这种方式制定出来的法典实际上是书写的理性。而理性是至上的。《法国民法典》就是这种思想的典型产物。因此,启蒙运动在有意无意中给法典法披上了理性至上的面纱。

与此同时,孟德斯鸠提出三权分立原则,强调立法权、行政权和司法权必须严格分开。因此,法官无权立法,法官只能是法律的喉舌。孟氏本人就曾试

---

① [法]勒内·达维.英国法与法国法:一种实质性比较[M].潘华仿,高鸿钧,贺卫方,译.北京:清华大学出版社,2002:18.
② [美]H·W·埃尔曼.比较法律文化[M].贺卫方,高鸿钧,译.北京:清华大学出版社,2002:40-41.

图把法官局限于这种"喉舌"的角色。① 立法者设计宏大的社会方案,法官负责实施。立法者以系统的法典给整个社会指明方向和细节,而法官只能在法典的框架内亦步亦趋。不仅如此,由于立法者不是案件的审理者,因此,其所制定的法典往往不符合具体案件的审理需要。总而言之,在严格的三权分立原则之下,法官不可能是立法者的协作者而只能是服从者或者说执行者。正因以上几个方面的原因,在欧陆形成制定法至上的传统。而这种制定法至上传统恰好契合欧陆源远流长的理性主义哲学传统。与此同时,制定法至上,也就意味着习惯法充其量只是补充性法源。仿照《法国民法典》而制定的《阿根廷民法典》第17条规定:除非法律需要参照或法律无具体规定时,惯例和习惯才能设定权利。② 然而随着社会发展,人们逐渐从立法者万能的美梦中惊醒,制定法至上的传统得到一定的矫正,法官自由裁量权和习惯法用以弥补制定法的不足。

再次,在民法法系国家,法官的推理以制定法为出发点。法官根据案件事实在制定法中寻找相关的裁判规则,然后以裁判规则为大前提,以案件事实为小前提,通过三段论式的演绎推理得出裁判结果。与普通法法系的"从案件到案件"的模式相比,这种模式可以被称为"从法条到案件"。形成这种模式的最主要原因就是制定法至上的信念。因此,在民法法系国家,法官在查明案件事实后首先要做的是,查找制定法是否有这方面的相关规定。如果没有,则再看习惯法或先例是如何处理的。在制定法有相关规定的情况下,他们绝对不会适用习惯法更不可能参照先例。正因如此,先例对他们没有法律上的约束力,只有事实上的约束力。换言之,是否参照先例由他们自由裁量。

民法法系法官往往认为,"最理想的'可适用的'法律规则是制定法条文,而与此相反,在司法中发展起来的法律规则和原则,只有通过实践证明其效力在各方面获得社会认可,从而已经'凝结为习惯法'时,才能得到官方承认。"③因此,梅利曼在描述民法法系法官时说道:"法官酷似一种专业书记官,除了很特殊的案件外,他出席法庭仅是为解决各种争讼事实,从现存的法律规定中寻觅显而易见的法律后果。他的作用也仅仅在于找到这个正确的法律条

---

① [美]H·W·埃尔曼.比较法律文化[M].贺卫方,高鸿钧,译.北京:清华大学出版社,2002:172.
② [美]艾伦·沃森.民法法系的演变及形成[M].李静冰,姚新华,译.北京:中国政法大学出版社,1992:240.
③ [德]K·茨威格特,H·克茨.比较法总论[M].潘汉典,米健,高鸿钧,等译.北京:法律出版社,2003:384.

款,把条款与事实联系起来,从法律条款与事实的结合中会自动产生解决办法,法官赋予其法律意义。"① 正因如此,"一位法律家将议会的法令看作法律的主要渊源,而不只是将其作为既存法律的附属物、补遗和勘误。"②

最后,与普通法法系法官相比,民法法系法官在裁断纠纷时以权利为中心。其思维模式具体表现为,法官对于双方当事人的争议,首先查明原告是否具有其所诉称的权利,然后查明被告是否侵害了原告的权利,最后据此得出裁判结果。而制定法是他们查明原告是否具有诉称的权利的权威依据。因此,最终归结为制定法事先是否已经对此种类型的案件做出了规定。

欧陆崇尚理性主义,相信人的理性能为人类自己立法,而不是经验能为人类立法。不仅如此,理性能为人类制定逻辑自足的无所不包的成文法典。但这种对理性的过度崇拜往往导致对理性的限度视而不见、听而不闻。然而,事实证明,人类理性多有不足,其制定的法典模糊矛盾甚至挂一漏万,并非鲜见。因此,康德一针见血地批判了理性主义的独断论。《法国民法典》的起草人之一波塔利斯也指出:立法者无能力也不应该试图去预见每一件事情。③ 显而易见,由于民法法系法官以制定法作为判断当事人的权利是否存在的尺度,当制定法对于法官手中的案件没有做出相应规定时,法官往往就会不知所措、无所适从。受到侵害的当事人也因此得不到救济或得不到及时的救济。这应当是以权利为中心的弊病。相反,普通法法系法官以义务为中心,首先判断当事人之间是否存在某种关系,然后再判定此关系所包含的义务类型。而当事人之间是否存在某种关系又以先例或习惯规则作为衡量标准,再加上法官适度的拟制与平衡。这样一来,基本上可以避免民法法系存在的救济不能的弊端。正因如此,随着社会变迁,尤其是在受到康德的批判哲学影响之后,民法法系国家日益注重判例和习惯法的作用,借此弥补制定法的不足。但并非判例与习惯法在民法法系国家已经可以和制定法平起平坐,而是与之前相比它们受到更多的重视。

综上可见,制定法在民法法系国家根深蒂固、枝繁叶茂且不可替代。这主

---

① [美]约翰·亨利·梅利曼.大陆法系[M].2版.顾培东,禄正平,译.北京:法律出版社,2004:36.
② [法]勒内·达维.英国法与法国法:一种实质性比较[M].潘华仿,高鸿钧,贺卫方,译.北京:清华大学出版社,2002:31.
③ Mary A. Glendon and others, Comparative Legal Traditions, 2nd edition. St. Paul, Minn:West Group, 1999:142.

要是由于欧陆理性主义传统为其提供肥沃的生长土壤。因此,民法法系国家制定系统、抽象、严谨的法典法,不是可不可行的问题而是时间迟早的问题。众所周知,在19世纪初德国法学家蒂堡为了早日实现德国的统一大业提出制定德意志统一民法典的建议,因此,在其周围形成了"法典编纂派"。但是由于萨维尼的强烈反对,法典编纂派的宏大立法计划无疾而终。然而,以萨维尼为首的历史法学派只是延缓了德国民法典诞生的时间,而不可能阻止德国民法典的诞生。在1871年德国刚刚统一随即就成立民法典起草委员会。具有讽刺意味的是,该委员会的主持人就是继承萨维尼的罗马法研究衣钵的温德莎伊德。由此可见,传统的力量强大无比。时至今日,所有民法法系国家都已制定了对于现代市民社会来说至关重要的法典——民法典。与此相反,普通法法系的情况却截然不同。边沁、菲尔德的立法计划惨遭扼杀,至今也无法东山再起。不仅如此,即便是普通法法系所特有的松散型的法典在普通法法系国家和地区也极为少见,遑论欧陆式的逻辑严谨体系相对完善的民法典。

由于制定法至上的信念在民法法系国家源远流长根深蒂固难以撼动,习惯法始终处在补充性法源的地位。法官的思维以制定法为基点。因此,法官在审理案件时总是从制定法中找寻根据,然后从中推导出适用于待决案件的裁判规则。梅利曼说:"当一个案件送交法官审理时,法官要从案件的原始材料中提取有关事实,并赋予法律意义,然后对这些事实适用适当的法律规定。只要法学家和立法者都各尽其责,那么留给法官的任务就非常单纯,他们只需按照上述程序做出正确的判决,丝毫没有审判上的自由酌量的余地。"①因此,除非制定法规定,法官可以适用或者必须适用习惯法裁断有关案件,否则民法法系法官不会主动考虑适用习惯法裁判案件。由此看来,在法律思维的意义上说,与普通法法系相比习惯法规则在民法法系进入民事诉讼的渠道较为狭窄。不过,随着社会发展民法法系法官及其立法者日益认识到成文法的局限性。这给习惯法规则进入民事诉讼程序开辟了应有的渠道。

三、现实需要

法律发现方法就是法官在查明案件事实之后寻找据以裁判案件的裁判规则的方法。就普通法法系而言,法律发现方法有两种:一为先例区别技术;二

---

① [美]约翰·亨利·梅利曼.大陆法系[M].2版.顾培东,禄正平,译.北京:法律出版社,2004:85.

为制定法的解释方法。就民法法系而言,法律发现方法主要是指法律解释方法。对于先例区别技术,本节第二部分已经述及,这里不再展开。

1. 普通法法系

在普通法法系国家和地区,法官始终固守普通法至上原则,因此,在裁判案件时法官首先从案例汇编中寻找裁判规则,而不是制定法汇编。即便制定法对待决案件的相关问题规定得十分明确,法官也要查看有关先例对该制定法是如何解释的。这体现了普通法法系法官对制定法的排斥或者不信任。茨威格特和克茨说:"由于英国人注重实际的经验主义和从案件到案件循序渐进的习惯,他们把通过制定适用于整个生活领域的一般法规来预先规定相似案件的结果,看作危险的和不自然的,而奉行的是'船到桥头自然直'的信条。"①因此,英国法官尽力缩小制定法的适用范围。因此,他们对制定法采取限缩解释的原则。即把制定法条文适用于条文词语明确所指的情况。如果如此适用所得的结果不合常理,他们则适用普通法的相应规则进行裁判。按照这一宗旨,英国法官形成了以下对制定法的解释规则:

其一,字面规则,即当制定法条文含义明确时,就必须不惜一切代价地遵守制定法文字。其二,黄金规则,即如果不背离制定法中明确的含义将导致荒谬和不能履行时,允许背离制定法的明确含义。其三,澄清文义规则,是指法官解释制定法必须有助于贯彻它的根本目的,即避免一种特别弊害,此种弊害是一般普通法从未处理过的。② 详言之,即法官为澄清法律条文的字义,应识别和研究四个问题:第一,在该法律以前的普通法是什么;第二,普通法并未规定的混乱和缺陷是什么;第三,议会已决定用什么补救方法来治疗国家的这种疾病;第四,这种补救方法的真正理由。③ 其四,禁止法官在解释制定法时,参考议会及其委员会在讨论和制定法律期间所作的陈述。④

由上可见,四种规则之间都互有牴牾。显而易见的是,第一、二种规则之间存在明显的矛盾,第三、四种规则之间也产生严重的冲突。其结果是,双方

---

① [德]K·茨威格特,H·克茨.比较法总论[M].潘汉典,米健,高鸿钧,等译.北京:法律出版社, 2003:385.
② [德]K·茨威格特,H·克茨.比较法总论[M].潘汉典,米健,高鸿钧,等译.北京:法律出版社, 2003:389.
③ 沈宗灵.比较法研究[M].北京:北京大学出版社,1998:230.
④ [德]K·茨威格特,H·克茨.比较法总论[M].潘汉典,米健,高鸿钧,等译.北京:法律出版社, 2003:389.

当事人之间,就同一案件事实,一方当事人主张一种解释规则,另一方当事人随即可以提出另一种与之冲突的或者完全冲突的解释规则。同样的情形在持不同观点的法官之间也容易发生。因此,在双方相持不下的情形下,最好的解决方法也许是适用普通法的相关规则或者相应的习惯规则。因此,相互矛盾的解释规则反而给民间规则的适用创造机会。

不仅如此,普通法法系法官压缩制定法的适用空间也就意味着扩大普通法与习惯规则的适用空间。此外,依据普通法法系法官创立的法律解释规则,我们可以体会到普通法在其法官心目中的地位。在普通法法系法官看来,只有普通法才是完美的,其他法律都有缺陷。17世纪爱尔兰检察总长约翰·戴维斯的观点最能代表这种思想。在戴维斯看来,成文法,无论是君王的敕令,还是等级议会的立法,都是在试验或者验证是否合适、行得通之前强加给人民的,是否适合人民的本性和风尚,是否会给人民带来不便,还不清楚。然而,习惯法的优点在于:它经历了世世代代人民的考验而被接受,它淘汰掉了那些给人民带来不便或者不适于他们性情与风尚的习惯,习惯法的法律效力是在长期的运作中形成的。① 由此,我们就不难解释在司法过程中为什么普通法法系法官总是运用普通法来检验甚至取代制定法。

2. 民法法系

西欧大陆具有深厚的理性主义哲学底蕴。这种哲学相信运用一个或几个基本哲学范畴完全可以构建起一座庞大的无所不包的哲学大厦。在这种哲学影响下西欧大陆相继制定了一系列逻辑严谨体系庞大的成文法典。也正是在这种哲学思想熏陶下民法法系法官以制定法为最重要的法源,在司法过程中每每以制定法作为司法创制的出发点。梅利曼说,法官的形象就是立法者所设计和建造的机械操作者,法官本身的作用也是机械性的。大陆法系中的伟大人物并不出于法官,而是那些立法者,如查士丁尼、拿破仑,及法学家,如盖尤斯、巴尔多鲁、伊纳留、曼西尼等。②

不过,由于经济社会的发展,制定法的局限性日益暴露。社会关系的复杂化需求更多的制定法对之规范。这使立法机关不胜重负。于是,部分立法职权向司法机关分流,突破了孟德斯鸠的三权分立原则。因此,现代的民法法系国家的法官已不再是纯粹的机械操作者或法律之喉舌,而是成为与立法机关

---

① 陈绪纲. 法律职业与法治——以英格兰为例[M]. 北京:清华大学出版社,2007:238.
② [美]约翰·亨利·梅利曼. 大陆法系[M]. 2版. 顾培东,禄正平,译. 北京:法律出版社,2004:37.

协作的法律创制者。因此,茨威格特和克茨说:"我们仍能发现这样的英美法律家:他们认为,在大陆法国家,法官的主要职能是机械适用极为严谨周密的制定法规则,从而没有给法官留下任何重要的发展余地。我们已经多处提到这种观点是何等错误。"①如上文所述,民法法系的制定法并不是针对具体个案的需要而制定的,相反它是为了某种社会需要而针对某一类或某几类的社会关系而制定的,系统而又相对全面的规范体系。这种规范体系与普通法相比显得十分抽象,需要针对具体个案进行相应的解释才能适用于待决案件。其中的解释包括对模糊的条文具体化、对缺漏的条文进行合理补充等。法官的创造能力就主要体现在这方面。

一般而言,法官对法律的解释可以分为三个部分,即狭义法律解释、法律漏洞补充、不确定概念和一般法律条款的价值补充。在对这三个部分的具体法律发现方法考察之前,我们必须注意指导法律发现方法的两种主要学说,主观说与客观说。一般来说,法律解释目标是指法律解释者通过对法律条文、立法文件以及其他与立法相关的材料,探讨阐明法律规范的意旨。而法律规范的意旨又可以指称两个不同的意思:其一,指立法当时立法者所赋予法律规范的主观意思;其二,指法律规范所表现出来的客观意思。支持前者的为主观说,支持后者的为客观说。

主观说在19世纪及以前属于通说,19世纪末以来,客观说逐渐得势并取得主导地位。其实,主观说是17、18世纪古典自然法学思潮的产物,当时对人类理性持过分乐观的态度,认为人类理性能够为人类立无所不包的法律,因此法律本身没有漏洞,只要探明立法者的意旨,一切法律问题都可以迎刃而解。相反,客观说却认为,法律一旦颁布便成为独立于立法者的客体,人们有义务遵守法律而没有义务遵守立法者的意旨。因此,法律解释的目标就是要探明法律文本表现出来的客观意旨。其实,法律不是人,其本身没有意旨,所谓法律的意旨,只不过是法律解释者强加给法律的意旨,说穿了,就是法律解释者自己的意旨。因此,解释者可以根据社会需要解释法律。因此,客观说能够满足19世纪末以来资本主义世界迅速变迁的社会需求,所以自那以后取得了主导地位。

狭义法律解释是指确定法律条文的含义的法律解释方法的总称,其包括

---

① [德]K·茨威格特,H·克茨.比较法总论[M].潘汉典,米健,高鸿钧,等译.北京:法律出版社,2003:392.

文义解释和论理解释,或文义解释、论理解释和社会学解释。至于论理解释所包含的具体法律解释方法,不同的学者观点不完全相同。郑玉波教授认为,论理解释分为扩张解释、限缩解释、反对解释、类推解释。杨仁寿教授认为,论理解释包括体系解释、法意解释、比较法解释、目的解释、合宪解释。梁慧星教授认为,论理解释包括体系解释、法意解释、扩张解释、限缩解释、当然解释、目的解释、合宪解释。① 王利明教授认为,狭义法律解释方法主要包括文义解释、体系解释、当然解释、反面解释、历史解释、目的解释、合宪解释和社会学解释。②

从狭义法律解释方法看,所有的法律解释方法都是为了探明法律条文的含义。当法律条文含义本身已经明确时,就没有必要采用法律解释方法(文义解释除外)。如何判定法律条文的含义业已明确?运用文义解释方法。由此可见,文义解释是其他法律解释方法的前提和基础。进而言之,如果有可能在文义解释中运用民间规则,那么同样也有可能在其他法律解释方法中运用民间规则。这正是需要着重探讨文义解释的原因所在。

文义解释,是指按照法律条文用语之文义及通常使用方式,以阐释法律之意义内容。③ 众所周知,法律是为了规范人与人之间具有法律意义的社会关系而制定的,因此法律用语不可能与社会现实脱离,相反,大部分法律用语来自日常用语。但是,在法律上也存在部分特别用语,其含义与日常用语截然不同。由此可见,对法律用语的解释必须分为两部分,对于与日常用语没有区别的法律用语按照日常用语的习惯含义解释,对于法律的特别用语按照法学上约定的含义解释。

然而,问题并非到此就已经解决。语言最大的局限性之一是语言的发展永远滞后于社会的发展。因此,客观的事物与行为无法用语言——对应表达。所以早在中世纪唯名论者就说,概念是一组事物的名称,其与事物之间并非是一对一关系。概念与事物之间的一多对应关系往往导致概念的多义与模糊。正如哈特所说的,任何概念都可以分为核心意思和开放区域。对于核心意思,每个概念都是明确的。但是对于开放区域,越靠近概念的边缘,概念的意思就会变得越来越模糊,以至于某些事物或行为是否应当被该概念涵摄,依据法条

---

① 梁慧星.民法解释学[M].北京:中国政法大学出版社,1995:213-214.
② 王利明.法律解释学导论——以民法为视角[M].北京:法律出版社,2009:199.
③ 梁慧星.民法解释学[M].北京:中国政法大学出版社,1995:214.

的书面用语根本不可能得出唯一正确答案。不仅如此，每每出现的情形是，哪怕词典对该词语给出再多的解释，但与复杂多变的社会现实相比，都显得捉襟见肘，难以应对。

　　语言另一个严重的缺陷是，某些语词在人与人之间通过单纯的话语交流或书面交流都无法准确领会其所欲表达的意思，而只有在进行交流的双方同时处于特定的环境下进行话语交流时，双方才能彼此领会对方意欲表达的意思。这种情况绝对不是绝无仅有，某些词语的意思随着话语环境而变，其究竟所指何物端视事件发生的具体环境而定。

　　当法官处理具体个案面临这种情况时，最为有效又合理的办法，就是依据案件所在地对该词的习惯用法判定该词语的确实含义。因为许多事物如果脱离具体语境，其意义往往是抽象而又不确定的，然而，一旦把它们置入具体语境，其意义就会豁然明朗。而且，既然处理的是具体个案，其所涉词语的意义自然应当依据案件发生地的习惯规则来确定。比如杨仁寿教授在其《法学方法论》一书中所举的日本大审院的"狸貉异同"一案。十字纹貉是不是狸，依据动物学，狸貉同属一物。但是动物学往往只有专家学者才能了解，而一般猎人根本不可能知悉。而按照案发地宇都宫的风俗习惯，十字纹貉不是狸。因此，日本大审院根据宇都宫的风俗习惯确定十字纹貉的含义范围，认定十字纹貉不是狸，判定被告无罪。如果认识到该动物是狸，那么当事人就具有犯罪的主观故意。反之，如果一直以来都认为是貉而不是狸，那么当事人在该案中的主观内容就完全相反。此案充分说明了在司法过程中运用民间规则解释法律条文字义所指范围的重要性。

　　综上所述，我们不能说每一次文义解释都必然运用民间规则。但可以说，在文义解释的过程中，极有可能运用民间规则。又因为文义解释是其他狭义法律解释方法的前提与基础，所以，我们也可以说，其他狭义的法律解释方法也都可能运用到民间规则。

　　至于法律漏洞补充办法，大部分学者都把其分为，依习惯补充、依法理补充和依判例补充三类。对此，梁慧星、杨仁寿和黄茂荣三位教授都持同一观点。但对于法理补充究竟包含多少种具体方法，学者们对此又有所不同。梁慧星教授认为，法理补充方法包括类推适用、目的性限缩、反对解释、目的性扩张、一般法原则、依比较法补充等。不过，运用法律漏洞补充方法的前提和基础是法律存在漏洞或出现漏洞。而如何查明法律漏洞却离不开文义解释方法。而文义解释中极有可能借助民间规则进行解释歧义、模糊的词义。依此类推,在所有的法律漏洞补充方法中都有可能适用民间规则。因法律漏洞补充问题在后面还要展开论证,在此不赘述。

最后,不确定概念和一般法律条款的价值补充。所谓不确定概念是指在内涵和外延上都具有广泛不确定性的概念,例如公共利益、公序良俗、合理期限等。① 所谓一般法律条款是指在成文法中居于重要地位的,能够概括法律关系共通属性的,具有普遍指导意义的条款。② 由此可见,两者对其所要规整的对象,虽有限定,但其限定非常宽泛,因此近乎没有限定。在这种情况下,判定其是否为不确定概念或一般法律条款,虽然要运用文义解释方法,但一般无须借用民间规则进行解释。但是对不确定概念和一般法律条款进行价值补充或者说类型化时就有运用民间规则的可能性。所谓类型化,就是指通过对某一类事物进行抽象、归类,从而对不确定概念和一般法律条款进行具体化。③ 不确定概念和一般法律条款过于抽象,不能直接适用于具体案件,必须先进行具体化。而具体化的标准可以是法律原理,也可以是伦理道德风俗习惯,或者是它们的综合。这完全视具体情况而定。由此可见,在不确定概念和一般法律条款的价值补充中民间规则依然有适用的空间。

第三节　民间规则民事司法进入的限度

一、作为法律渊源的民间规则的性质与范围

作为法律渊源的民间规则是经国家权威机关认可的习惯规则还是事实上存在的习惯规则,或者两者兼而有之? 这一问题在上章第三节法源部分已有所交代,但仅就民法法系而言。之所以再在本节对两大法系就此问题的答案进行比较考察,是因为本节下文将阐述民间规则的提出和审查问题。

对于此问题,在普通法法系并不是问题。我们知道普通法法系至少自1066年诺曼征服以来一直实行司法中心主义。法律是什么或者应当是什么在于法官的裁判。从民法法系的角度看,普通法法系的法官是在创制法律而不是适用法律。但是普通法法系的法官却从来不这样认为。他们认为他们在

---

① 王利明.法律解释学导论——以民法为视角[M].北京:法律出版社,2009:421.
② 王利明.法律解释学导论——以民法为视角[M].北京:法律出版社,2009:429-430.
③ 王利明.法律解释学导论——以民法为视角[M].北京:法律出版社,2009:443.

发现法律而不是造法。因为法律存在于历史、传统和社会现实之中。前文已述及，戴维斯说，普通法就是英国人民在历史中长期形成的习惯规则。其产生于何时，谁也说不清，但它经实践反复验证，为人民普遍认同。法官只是通过判例向公众宣布某些习惯法确实早已存在，而不可能由法官造法。因此，布莱克斯通说："实际上，这些法院判决确实是我们能提供的、用以证明作为构成普通法的一部分的习惯确实存在的最主要可靠的证据。"①此外，英国自诺曼征服以来逐渐推行令状制度。令状制度的最显著的特点是，先有令状然后才有救济最后才有权利，简而言之，救济先于权利。在争议发生之前人们的行为依赖社会习惯规则调整，这些规则通过人们交往关系表现出来，同时也是法官裁判案件的规范依据。因此，就普通法法系而言，事实上的习惯规则和判例中的习惯规则都可以作为法律渊源。这应当是显而易见的事实。

然而，在民法法系国家和地区，情况就截然不同了。民法法系国家和地区推行的是，立法中心主义。至今还有许多人一直主张法律就是经国家立法机关制定或认可的并由国家强制力保证实施的行为规范。因此，作为法律渊源的习惯规则必须是经国家立法机关认可的习惯法还是社会中存在的事实上的习惯规则，在民法法系里一直是理论界与实务界争论的话题。这一争论在我国台湾地区也不例外。台湾地区"民法典"第1条规定：民事，法律没有规定的适用习惯，无习惯的适用法理。《瑞士民法典》第1条也作相同的规定。

然而，在此值得注意的是，《瑞士民法典》第1条、台湾地区"民法典"的第1条以及上述所指的其他法典的相关条文所述及的习惯法或习惯所指的是一般民事习惯，还是指经国家权力机关认可的习惯法？这个问题值得探讨。杨仁寿教授认为："'民法'（台湾地区'民法典'）第1条规定：'民事，法律所未规定者，依习惯。无习惯者，依法理。'第2条规定：'民事所适用之习惯，以不背于公共秩序或善良风俗者为限。'虽均有'习惯'两字，实则两者内涵不同，第1条之'习惯'，系指习惯法而言，第2条之'习惯'，则兼指'习惯法'及'事实上习惯'而言。"②王泽鉴教授认为："'民法'（台湾地区'民法典'）第1条以外条文所称习惯，仅指事实上习惯而言，因法律之特别规定而具有优先效力。至于'民法'第2条所称'习惯'，则似可采广义解释，认为兼指习惯法及

---

① [英]威廉·布莱克斯通.英国法释义：第一卷[M].游云庭，缪苗，译.上海：上海人民出版社，2006：82.
② 杨仁寿.法学方法论[M].北京：中国政法大学出版社，1999：275-276.

事实上习惯而言。易言之,即无论习惯法或事实上习惯,违反公序良俗者,均无适用余地。因此所应明辨者有二:(1)民事,法律所未规定者,应适用习惯法,此习惯法有补充法律之效力。(2)法律明定习惯(事实上之惯行)应优先适用,此际仍依法律之规定而适用习惯,习惯本身并不具有法源之地位。"①

从上文所引,我们可以看出,杨、王两位教授认为台湾地区"民法典"第1条所指的习惯只是经国家认可的习惯法。与之不同,黄茂荣教授认为:"按习惯在法源论上的地位,尚可区分为:'习惯法'及'事实上之惯行'。已演成为习惯法者,其位阶应与制定法相同,是故其间如有竞合的情形,应依关于法律竞合有关的原则处理之,亦即主要应引用'后法优于前法'和'特别法优于普通法'等原则决定其适用之顺位;尚未演成习惯法者,其适用顺位依第1条之规定,除法律另有规定外,应后于制定法。"②可见,黄教授认为,台湾地区"民法典"第1条所指的习惯并不是经国家认可的习惯法,而是事实上的习惯规则。

本书认为,黄教授的论证更加具有说服力。因为依据法学的基本原理,经国家认可的习惯法和由国家制定的成文法都是法律,它们在法源上具有同等地位,是故,在适用上也不应有先后之分。而如果台湾地区"民法典"第1条和《瑞士民法典》的第1条所指的习惯就是经国家认可的习惯法,那么就意味着在司法过程中制定法优先于习惯法而得到适用,换言之,国家法优先于国家法。这显然违背了法学基本原理。不仅如此,经国家认可的习惯法乃属于正式法源的一种,无须法律授权,法官依其职权就应当根据案件的具体情况适用。由此可见,在此情形下,再以法律规定法官可以或必须适用,实属反复规定,毫无必要。

其次,如果台湾地区"民法典"第1条和《瑞士民法典》的第1条所指的习惯是经国家认可的习惯法,那么台湾地区"民法典"不必紧跟着做出第2条规定,即民事所适用的习惯,以不背于公共秩序或善良风俗者为限,《瑞士民法典》也不必在同条第3款规定:在前一款的情况下,法官应依据公认的学理和惯例。因为国家认可的习惯法本身就意味着它必然不违背公共秩序或善良风俗,也意味着它已经得到大多数人的认可,所以另外规定不得违背公共秩序或善良风俗或应该得到公认,乃属于多此一举。

---

① 杨仁寿.法学方法论[M].北京:中国政法大学出版社,1999:276-277.
② 黄茂荣.法学方法与现代民法[M].北京:中国政法大学出版社,2001:520.

实际上,台湾地区"民法典"第1条和《瑞士民法典》的第1条所指的习惯属于裁判规则来源意义上的法源,即立法者指明在法律没有相应规定的情形下,法官应首先从习惯规则中寻找可以适用于他们审理的待决案件的裁判规则。

不过,正是由于民法法系国家与地区存在上述争论,因此在司法过程中,对于习惯规则究竟应当由法官自行收集还是由当事人举证证明,在民法法系不同的国家与地区,其做法也有所不同。

二、民间规则民事诉讼进入的形式限度

美籍法学家达玛什卡通过对不同法系国家和地区的诉讼程序的比较考察,构建三组理想类型用以对普通法法系和民法法系的诉讼模式进行分析研究。他的三组理想类型分别为:(1)科层式理想类型和协作式理想类型;(2)回应型国家与能动型国家;(3)纠纷解决型司法与政策实施型司法。在第一组理想类型中,达玛什卡认为科层式理想类型的特征为:官员的职业化,严格的等级秩序,决策的技术标准是逻辑法条主义;协作理想类型的特征为:外行官员,权力的平行分配和实质正义。在第二组理想类型中,回应型国家政府的任务限定在为其追求自我选定目标的公民提供一个支持性框架上。它所采取的手段必须能够释放出社会自我管理的自生自发力量。国家不去构想与社会和个人(私人)利益相分离的自我利益:不存在内生的国家问题,只有社会问题和个人问题。与此相反,能动型国家政府并不满足于采取几项推动性的政策和福利计划。它信奉或致力于实践一种涉及美好生活图景的全面理论并且以它作为基础来设计一个在理念上面面俱到的改善其公民的物质和道德境况的计划。在第三组理想类型中,纠纷解决型司法的法律程序服务于解决纠纷的目的,支持当事人平等竞赛。而政策实施型司法的法律程序服务于实施国家政策,偏爱官员主动调查的形式。因此,在彻底的回应型国家里,所有的行政都带有一定的司法色彩。反之,在纯粹的能动型国家里,所有的司法都带有行政色彩。①

按照达玛什卡的观点,他的三种理想类型在现实世界中没有严格对应的诉讼模式。在现实世界中各种诉讼模式都具有他的各种理想类型的特征,只

---

① [美]米尔伊安·R·达玛什卡.司法和国家权力的多种面孔——比较法视野中的法律程序[M].郑戈,译.北京:中国政法大学出版社,2004:109,120,131,132.

是各种特征在其中所占的分量的大小不同而已。普通法法系的诉讼模式具有更多的协作式理想类型、回应型国家和纠纷解决型司法的特征。而民法法系的诉讼模式具有更多的科层式理想类型、能动型国家和政策实施型司法的特征。正因为两大法系的诉讼模式各自包含的各种类型的元素分量不同,所以各自所呈现出的司法图景也迥然有别。达玛什卡说,直到相当晚近的时候,在许多普通法法域,"法官能否援引当事人未曾引用的法律根据来支持判决"仍然是一个严肃的问题。许多英格兰法官迄今仍然认为采用当事人律师未曾提及的先例或法律论证是不合适的;如果法官认为诉讼当事人忽视了重要的法律根据,他会安排稍后进一步听审。① 然而,在民法法系国家,即便是在证据收集方面,认为民事法官应负责取证成为一种根深蒂固的习惯性观点②,遑论查找法律依据。

因此,在普通法法系,法官处于被动听审的位置,陪审团负责对事实问题的裁决,法官负责对法律问题的裁决,当事人的律师负责向法庭提交证据陈述案情,并向法官建议案件所应当适用的先例或法律。法官认为,维持公平的法庭竞赛秩序,让双方律师充分展开辩论,是查明案件事实正确适用法律的最佳途径。正因如此,英国某些法官每每提醒自己在法庭上"谨勿开口"。其实,普通法法系的当事人主义的诉讼模式最早可以追溯至征服者威廉时期。当时,普通自由民由于在地方贵族法院得不到公正裁决,于是转向国王寻求救济。因此,王室法官参与诉讼是因应当事人的要求,其展开诉讼活动完全是为了解决纠纷。

至于英格兰的司法制度和法律通过司法得以统一,那是多种偶然因素相互作用的结果。陪审团制度是诺曼人从法国老家带到英格兰来的。起初,有咨审团和陪审团之别,两者职责都是向法官提供案件事实与相关习惯规则,并都由当事人的邻人组成。区别之处是,咨审团是在诉讼开始前按照令状的要求组成的,而陪审团是诉讼过程中临时召集起来就案件的相关事实做出说明的。此后,随着社会的变迁,只剩下陪审团,而且不再由当事人的邻人组成。在 16 世纪,陪审团的职能从说明事实转换为裁决事实,而说明事实的职责由

---

① [美]米尔伊安·R·达玛什卡.司法和国家权力的多种面孔——比较法视野中的法律程序[M].郑戈,译.北京:中国政法大学出版社,2004:172.
② [美]米尔伊安·R·达玛什卡.司法和国家权力的多种面孔——比较法视野中的法律程序[M].郑戈,译.北京:中国政法大学出版社,2004:310.

当事人的律师承担。现在,尽管英国的民事诉讼不再运用陪审团,但是陪审团审理的传统依然左右着法官和律师的思维方式。由此可见,普通法的对抗制诉讼是由历史决定的。

在民法法系,法官始终处于诉讼过程中的主导地位。案件的事实问题和法律问题都由法官裁断。之所以如此,是因为民法法系的传统观念认为,只有法官充分参与诉讼活动,尤其是调查取证,才能保证案件裁判结果的公正性。欧洲大陆的程序法多少以下面的思想为基础,"如果让法官发挥较大的作用,可能会更易于发现真实情况,法官应有权、实际上是有义务提问、告知、鼓励和劝导当事人、律师和证人,以便从他们那里获得全部真实情况,尽可能避免前后不一致和含糊不清,清除因为诉讼人或者律师不细心和不懂技术所造成的失误。"①由此可见,在民法法系从传统到法律制度,法官在诉讼中的主导地位都是不可动摇的。

尽管随着社会发展和文明进步,尤其是启蒙运动以来在民法法系国家与地区,当事人的诉讼地位大大提高。然而,与普通法法系相比,当事人在许多诉讼活动中依然受到法官更多的限制,比如当事人的律师不能直接向对方证人提问,而必须经过法官准许或由法官代为提问。对于某种证据,只能请求法官提取或经法官允许才能收集。不仅如此,法官如果认为有必要还可以自行提取证据。因此,就在民法法系具有代表性的国家——法国的现有民事诉讼体制而言,"法官在促进诉讼和证据调查方面的确比英美的法官具有更大的权力。"②因此,在民法法系国家和地区对于案件的事实,当事人可以自行收集证据,法官也有权主动调查,但是法官处于主导地位。至于在法律适用方面,民法法系奉行的是立法中心主义,以往法官只不过是法律的喉舌,19世纪末以来法官的地位得到提高,但只不过是从"喉舌"转变为立法机关的协作者。因此,在法律适用方面,法官依然是唯立法者马首是瞻,当法律条文的解释出现争议时至少不会首先考虑律师的意见,更不可能像普通法法系法官那样在当事人律师提供的法律依据范围内做出裁判规则的选择。

从历史视角看,民法法系的诉讼制度继受了罗马教会法庭的诉讼模式。教会法庭奉行的是纠问式诉讼模式。教会法官不仅可以主动取证,而且在没

---

① [德]K·茨威格特,H·克茨.比较法总论[M].潘汉典,米健,高鸿钧,等译.北京:法律出版社,2003:397.

② 张卫平,陈刚.法国民事诉讼法导论[M].北京:中国政法大学出版社,1997:34.

有控告人的情况下甚至可以主动出击控告他们的异端分子。教会在司法方面之所以如此能动,是因为教会不仅要管理教徒的现实生活而且还要控制教徒的精神世界。如果说教会也是一个国家的话,那么它就是达玛什卡所说的能动型国家。因此,教会的司法体制显然属于政策实施型司法体制。

综上所述,在普通法法系国家和地区,其诉讼模式主要采用当事人主义;而在民法法系国家和地区,其诉讼模式却采用职权主义。相应而言,在前者,对于个案所应适用的裁判规则主要由当事人提出;而后者的主动权却握在法官之手。但无论由谁提出,民间规则在两种诉讼模式里都有适用的可能性与现实性。

三、民间规则民事诉讼进入的实质限度

我们不难看到,在普通法法系,认定事实所依据的证据和裁判案件所要适用的法律规则都主要由当事人的律师提供。然而,在民法法系,案件的事实证据可以由当事人提供,法官也可以依职权主动提取。对于所要适用的法律规范,并不需要当事人的律师向法官提供,至少提供法律并不是当事人律师的职责,法官更不必限于在当事人律师所提供的法律依据范围内做出裁判规则的选择。因为,按照民法法系的传统观念,法官被预设是熟悉法律的。不过,对于习惯规则,究竟属于法律还是事实上的习惯,在民法法系国家是存在争议的。因此,在某些国家和地区由法官自行查明,而在另一些国家和地区,或者由法官和当事人对民间规则的查明分别负有相应的责任,或者仅由当事人举证证明。但无论如何,最终都必须经过法官的审查。

在英国,历史上就早已存在由陪审团证明某些习惯规则是否实有其事的传统,后来改由当事人的律师举证证明。在美国,习惯规则主要由当事人提供证据证明。[①] 对于已经查明的习惯规则,美国法官在司法实践中的一般做法是"如果当事人一方所从事的是某一行业的经营活动,他就有理由知道这一行业中的贸易惯例,不管该方是否实际知道这种惯例;反之,如果他所从事的是其他行业的经营活动,就没有理由认为他知道争议所涉及的行业中的惯例。"[②]另外,依据《美国统一商法典》的第 1~205 条(3)规定,当事方之间的商业往来和当事方所从事的职业或行业中为当事方所知悉或理应知悉的交易

---

① 杨桢.英美契约法论[M].北京:北京大学出版社,1997:257.
② 王军.美国合同法[M].北京:中国政法大学出版社,1996:250.

惯例,使协议条款具有特定含义,并且起着补充或者限制协议的作用。换言之,按照《美国统一商法典》该款的规定,当事人理应知道其所从事的行业或职业的某些交易惯例。而某些不理应知悉的交易习惯应由当事人举证证明对方实际上知悉。《美国模范法典》第307条(2)也规定:一人习惯的证据,可以容许以证明其于特殊场合的行为,符合其习惯。多数人习俗的证明,可以容许以证明其于特殊场合的行为,符合其习俗。

　　由此可见,美国法官采取两种方法确定所要适用的交易习惯:其一,根据当事人所从事的行业或职业推定当事人知道其所从事行业或职业的习惯。其二,由当事人举证证明其所主张的习惯存在。但这又分为两种情况:第一,运用"理应知悉"推定对方当事人知悉已被证明的习惯规则;第二,由证明习惯存在的当事人继续证明对方当事人知悉该习惯规则。但是,所有的这些经推定或证明所得的习惯规则都必须由法官审查其是否违背美国法律的基本原则。

　　对于民法法系,由于其所涉及的情况较复杂,限于图书篇幅,不可能详细展开。因此,本书仅以我国为例。尽管我国的法律及司法体制是否可以归属于民法法系,至今还存在争议,但是,毋庸置疑的是,中国至少在清末改制以后至1949年新中国成立前可以纳入民法法系的范畴。因此可以借我国民国初年的判例说明民法法系在民间规则的举证和认定方面的程序和做法。

　　民国初年,我国的最高审判机关做出二年上字第三号判决,以该判决为当时中国的审判机关确立判别民间规则的标准。其具体规定为:"(一)有内部要素,即人人有确信以为法之心;(二)有外部要素,即于一定期间内,就同一事项反复为同一之行为;(三)系法令所未规定之事项;(四)无背于公共之秩序及利益。"根据前述标准,当时的各个审判厅厅长率领民庭推事调查、了解各类习惯,以备审判时适用。另外,在审理案件时,如需要,可邀请当地知名人士,就当地习惯做出陈述,以供法庭参考。① 因此,我们可以把我国当时这种收集和判别民间规则的做法称为法官主导型模式。运用这种模式并不意味着免除当事人对其提出的民间规则的举证责任。例如,大理院四年上字第118号判决宣布:"习惯法之成立,以习惯事实为基础,故主张特别习惯以为攻击或防御方法者,除该习惯确系显著,素为审判衙门所采用外,主张之人应付举

---

① 李卫东.民初民法中的民事习惯与习惯法[M].北京:中国社会科学出版社,2005:125.

证责任。"

从上述两个案例看,我国当时在司法审判中对民间规则的查证和认定程序的设定是以法官为主的。但同时当事人也对自己的主张负有一定的举证责任。不过,最终必须由法官依据事前确定的判断标准审查当事人所证明的民间规则的合法性。然而在当代,就习惯规则的提出与认定问题,我国采取的是由国家最高审判机关设定认定标准,由当事人负责举证证明的模式。例如,最高人民法院《合同法司法解释(二)》第7条规定:"下列情形,不违反法律、行政法规强制性规定的,人民法院可以认定为《合同法》所称'交易习惯':

(一)在交易行为当地或者某一领域、某一行业通常采用并为交易对方订立合同时所知道或者应当知道的做法;(二)当事人双方经常使用的习惯做法。对于交易习惯,由提出主张的一方当事人承担举证责任。"

由此可见,我国从民国时期到当代,在司法实践中一直承认民间规则的法源地位,并认为作为法源的民间规则是未经国家认可的事实上的习惯规范。因此,在民间规则的提出与审查方面,自民国初年至今我国的司法审查程序和举证责任的分配,与前文所述的民法法系中某些国家和地区的模式是一致的。

第三章 民间规则在事实认定中的适用

民间规则具体表现为民间伦理道德、风俗习惯、交易习惯、国际惯例、乡规民约以及其他民间团体的自治规则等。显而易见,风俗习惯、交易习惯和国际惯例是自发生成的行为规范。它们的产生并不经人们事先自觉规划和理论建构,而是人们反复实践而形成的经验事实。所以人们又称之为原生态的规范。因此,在这个意义上说,民间规则大多都是描述事实的规范。就此而言,国家法不可与之同日而语。不仅如此,即便是自觉形成的民间规则也是针对具体生活问题创制的,因此同样也是原生态的规范。它们十分具体,在相当程度上也是描述性规范。

然而,民间规则,与国家法一样,也对人们的行为具有指导和约束作用。因此,我们可以把风俗习惯、交易习惯和国际惯例等民间规则称为规范事实。《德国民事诉讼法》在第110节中也规定,民间规则是规范事实,该条规定:法院应当依职权通过自由证明的途径,调查具体解释规范和适用规范所必需的所谓规范事实,包括交易习惯和商业习惯等。① 与此规定类似的是,《美国统一商法典》第1~205条第2项规定:行业惯例指进行交易的任何做法或方法,只要该做法或方法在一个地区、一个行业或一类贸易中已经得到经常遵守,以致使人有理由相信它在现行业也会得到遵守。此种惯例是否存在及其适用范围,应作事实问题加以证明。不仅如此,对于民间规则这种规范事实,涂尔干称之为社会事实,他说,不论是固定的还是不固定的,凡是能从外部给予个人

---

① [德]罗森贝克,施瓦布,戈特瓦尔德. 德国民事诉讼法:下[M]. 李大雪,译. 北京:中国法制出版社,2007:825.

以约束的一切行为方式都是社会事实。①

总而言之,由于民间规则所固有的事实性特征,因此民间规则在民事诉讼的事实认定中发挥重要作用,是可以想象的。然而,民间规则在民事诉讼的事实认定中,主要通过两个方面发挥作用:其一,解释合同事实;其二,对案件中难以认定的非合同事实的替代。

第一节　民间规则对合同事实的释明

合同是当事人真实意思的表示,是确定双方当事人权利义务的协议,是法官据以做出裁判的案件事实,即司法裁判的小前提。因此,合同属于法律事实范畴,法官对合同的解释也就是对事实的认定。而民间规则是经验事实的结晶,它应当而且可以在合同解释过程中发挥重要的作用。因此,本节主要阐述民间规则在合同解释中的作用。

一、合同解释与合同漏洞补充

所谓合同解释,是指对合同及其相关资料的含义所做出的分析和说明。②换言之,合同解释就是对当事人意思表示的解释。王利明教授认为:"所谓意思表示的解释,是指法官在裁判活动中,通过各种方法探明当事人所表达出来的从事特定法律行为的意思的活动,或者说是确定意思表面的意义。"③由此可见,所谓合同解释就是明确合同的内容。因此,合同解释大致要解决三个问题:第一,合同中的用语不明确、含糊不清;第二,对合同的某些用语产生多种不同的理解;第三,合同的内容有遗漏,即对一些重要的条款,在合同中并没有做出规定,或合同条款相互冲突,这就涉及合同漏洞的填补问题。④ 解决第一个和第二个问题的合同解释可称为合同解释或狭义合同解释(本书称之为合同解释),解决第三个问题的合同解释可称为合同漏洞补充。

一般而言,运用民间规则解释合同是指在合同条款模糊不清、相互冲突或欠缺某些条款时,现代合同法以公平原则为指导,以合同文义、合同目的、交易

---

① 贾焕银.民间规范的司法运用——基于漏洞补充与民间规范关联性的分析[M].北京:中国政法大学出版社,2010:84.
② 崔建远.合同法[M].修订版.北京:法律出版社,2000:324.
③ 王利明.法律解释学导论——以民法为视角[M].北京:法律出版社,2009:144.
④ 王利明.合同法新问题研究[M].修订版.北京:中国社会科学出版社,2011:237-238.

习惯或其他要素为依据解释当事人的意思。就交易习惯方面而言,其具体表现为:当合同条款相互冲突或欠缺时,以交易习惯代替当事人的意思或消除条款之间的冲突;当合同条款模糊不清时,以交易习惯为依据明确当事人的意思。当然运用交易习惯的前提条件是交易习惯必须不违背制定法的基本精神、强制性规定和公序良俗。

二、民间规则对合同歧义的消除

1. 合同解释

正如上文所述,合同解释所要解决的问题是:合同中的用语不明确、含糊不清,以致对合同的某些条款产生多种不同的理解。因此,我们可以说合同解释是指法官依据合同文本以及与合同相关的其他资料消除合同用语的模糊不清、确定合同用语的正确含义。

为了明确合同解释的定义、范围和特点,我们可以与法律解释作比较,法律解释是指法官通过解释,消除法律文本的歧义,确定法律条文的正确含义。但是合同解释与法律解释不同:其一,合同解释的对象是当事人的意思表示,而法律解释的对象是法律文本;其二,法官可以宣告合同无效,但是法官不能宣告法律无效,至少在我国是这样的。正因为合同解释的对象是当事人的意思表示,因此法官在解释合同时必须以当事人的真实意思为依归,不能以法官自认为的意思代替当事人的意思。否则就不是解释合同,而是给当事人强加一份新的合同。正因如此,法官在当事人的真意不明确时其解释的方法之一是探求当事人的目的,通过目的确定当事人的真意。但是法官必须严格按照当事人的目的来解释合同,而不像法律解释那样可以对法律目的进行扩张或限缩。因为依据意思自治原则,订立合同是当事人的私权,只要不违背法律的强制性规定及公序良俗,如何分配其权利和义务是当事人的私人权利,法官不能干涉。

由此可见,法律解释中的具体方法并不能完全适用于合同解释。鉴于此,本书认为,合同解释的方法有文义解释、目的解释和体系解释三种。

在此值得一提的是,目的解释。众所周知,合同的目的与法律文本的目的不同,合同的目的是合同当事人协商同意的目的。因此,当合同条款的含义出现争议时,可以依据合同的目的进行解释。但是,如果对合同的目的产生争议时,就难以找到合同当事人都可接受的合同解释依据。现代合同法以保护交易安全为立法目的,因此当合同当事人对合同的目的发生争议时,法官往往以公平正义作为合同的目的,并以其作为解释合同的依据。例如,在当代法国,"虽然从表面看来,法庭也总是'装模作样'地寻求当事人的意愿,但事实上其判决总是更多地建立在'公平'的基础上,其言下之意是:公平即是当事人最有可能存在的意愿。"①

2. 合同解释中的民间规则

(1)民间规则对合同解释的救济。

合同是当事人之间在平等的基础上经过自愿协商达成的合意。它是当事人规划他们未来事务的协议,一般以文字形式表现出来。然而,人类理性与生俱来的局限性是不争的事实。纵然人类理性试图给万事万物立法,但每每出现事与愿违或力不从心的窘境。就订立合同而言也是如此,哪怕订立得再详尽的合同,似乎完美无缺天衣无缝,但是在履行过程中却模糊不清甚至漏洞百出。在这个意义上说,合同的文义不清是在所难免的。

与此同时,词语是人类用来给客观对象命名的文字。其准确性在于人类能否对客观对象的本质特征进行准确无误的把握和表达。人类理性的局限性是与生俱来的,人类至少不可能准确无误地把握和表达所有事物的本质特征。不仅如此,人类文字与客观对象并不是一一对应关系,而是一多对应或多一对应关系。这就造成一词多义或一义多词现象。其结果是,合同条文的歧义和模糊是不可避免的。除此之外,在人类文字中某些情境化的词语也不少见。所谓情境化的词语是指某些词语只有在具体的语境中才能准确无误地把握其含义,离开其具体语境便没有意义,或意义多种甚至言人人殊。正如前引加达默尔所言"情境和机会的相关性构成了讲话的本质。因为没有一种陈述能够仅以它的语言和逻辑结构为基础而具有精确的意义,相反,每一个陈述都受动机驱使。在每个陈述后面都隐藏着一个问题,正是这个问题首先给予陈述以意义。"②

由此可见,合同文字出现歧义或者模糊不清是合同的宿命。然而,如何消除合同中的歧义或者说模糊不清呢?最理想的方法是合同当事人就歧义的条款或模糊不清之处重新达成协议。但是当争议发生时,这种方法就显得过于理想,而可遇不可求了。其次,设想与合同当事人处于相同境况的普通人对争

---

① 尹田.法国现代合同法[M].北京:法律出版社,1995:259.
② [德]汉斯-格奥尔格·加达默尔.哲学解释学[M].夏镇平,宋建平,译.上海:上海译文出版社,2004:90.

议的条款是如何理解的。以此解释合同的不明确之处。但是,这种方法实际上在很大程度上以法官的主观意志为转移,因为所谓普通人实际上是法官心目中的普通人。其结果是,法官以自己的意志代替当事人的意志,严重损害当事人的意思自治权。

相对以上两种方法,本书认为以交易习惯解释合同的不明确之处更为合理和可行。原因是,交易习惯是合同当事人长期交易行为的总结。一方当事人之所以有意或无意地希望对方做出某种行为正是因为交易习惯的存在。因此,在合同没有相反规定的情形下,交易习惯最能体现当事人的真实意思。正如王利明教授所言:"交易习惯常常是当事人在从事交易过程中的通常做法的总结,与当事人的意志最为接近,在当事人没有相反的约定的情况下,则只能认为当事人的意志便是按照过去的通常做法来履行合同义务。"①

(2)民间规则对合同解释方法的协助。

合同解释的方法包括文义解释、目的解释和体系解释三种。而所谓体系解释,是指"将全部合同的各项条款以及各个构成部分作为一个完整的整体,根据各个条款以及各个部分的相互关联性、争议的条款与整个合同的关系、在合同中所处的地位等各方面因素考虑,来确定所争议的合同条款的含义。"②由此可见,依据体系解释的特征可知,在体系解释中没有运用民间规则的必要,或者说民间规则与体系解释的关联性极弱。因此,在此不再就民间规则与体系解释的关联性展开讨论。下面主要探讨民间规则在文义解释方法和目的解释方法中的作用。

第一,在文义解释方法中的民间规则。文义解释方法是指"依据合同条款语句的通常含义进行解释。"③诚然,如果合同条款的通常含义是明确的、众所周知的,那么文义解释方法是最为简便易行的狭义合同解释方法。但是问题的关键点就在于,如果合同条款的语句的通常含义应当是什么并不是明确的,或者合同当事人对此争议不下,如何确定通常含义?

本书认为相对可行的方法是对合同语句作语境化处理。如上所述,合同是当事人之间就他们的未来事务做出安排的协议。因此,可以说,每份合同都

---

① 王利明.合同法新问题研究[M].修订版.北京:中国社会科学出版社,2011:258.
② 王利明.合同法新问题研究[M].修订版.北京:中国社会科学出版社,2011:267.
③ 胡基:"合同解释的理论和规则研究",载梁慧星.民商法论丛[M].第八卷.北京:法律出版社,1997:27-62.

具有其自身的特殊性。这样就要求我们在试图把握合同条款的正确含义时必须对合同作相应的语境化处理。合同所涉及的地区或行业就是合同的具体语境。具体说来，就合同当事人而言，本行业本地区的交易习惯是他们应当认同的行为规范，或者说在他们之间因长期交易而形成的交易习惯是他们内心确信的反映。因此，我们可以说，交易习惯的用语是合同当事人达成共识的普通用语，其用语的含义也就是当事人认同的通常含义。因此，当合同条款的通常含义产生争议时，以交易习惯的通常含义解释并确定它，其合理性显而易见。

第二，在目的解释方法中的民间规则。"当事人为法律行为的目的，即其为法律行为所欲达成的期望，乃当事人真意所在，系决定法律行为内容之指针。若当事人意思表示之内容暧昧不明或者前后矛盾时，应使之明了调和，使符合当事人之目的。"[①]因此，所谓目的解释方法是指通过探明合同当事人的目的，以此消除合同语句的歧义或含糊不清之处。

诚然，如果合同当事人的目的不言而喻、显而易见，那么消除合同的歧义或含糊不清的问题也就可以迎刃而解了。问题是，当合同发生争议时，如果合同当事人对合同的目的究竟应是什么也相持不下，这时法官应当如何确定当事人的合同目的呢？方法之一是，设定一个普通人在处于与当事人的相同境况下是如何设定其自己的合同目的的。但这往往流于以法官的目的取代普通人的目的。其主观随意性是可想而知的。其二，是以合同当事人知道或应当知道的交易习惯确定当事人的合同目的。一般而言，订立某类合同所欲达成何种目的，在该地区或行业内已经形成普遍的做法或者说惯例。因此，本地区或行业的当事人除非其有特别的约定，否则他们所要达成的目的不应存在例外。当然，如此认定合同的目的，并非总是能够与当事人的真意相符，但是总比以法官的意志代替当事人的目的更为合理。由此可见，以交易习惯为依据认定当事人的合同目的，其合理性虽然有限度，但也是较为可行的。

三、民间规则对合同欠缺的补充

1. 合同漏洞

拉伦茨说："和任何规定一样，当事人间的约定也会有漏洞，有时连当事人间的约定是否已经包含某一问题的解决方式，都不无疑问。针对这点的

---

① 杨仁寿.法学方法论[M].1968:222页,转引自王利明.合同法新问题研究[M].修订版.北京：中国社会科学出版社,2011:264.

'补充性契约解释'的标准是：契约的整个意义脉络、双方共同承认的契约目的以及双方共同想象的契约利益。那又必须问道：在此情况下，什么是任何当事人都会认为符合正当利益权衡，因此他方当事人也可接受的要求。法律把这种补充性契约解释的标准称为：'诚实信用'原则（"民法典"第157条）。……法官不可以自己的评价标准取代契约当事人的价值决定。解释契约时，始终应受双方当事人共同接受之评价基准的拘束，否则就不算是契约解释。"① 杨仁寿教授说："意思表示不明确，使之明确，属意思表示之解释；意思表示不完备，使之完备，属意思表示之补充。前者可减少争议，后者可使意思表示之无效减至最低程度。"② 黄茂荣教授认为："由于当事人缔约时之思虑不周，或由于缔约后之情事的变更，也常常使法律行为相对于在缔约时未被考虑到的情况，或缔约后之情事变更而带有漏洞，这种法律行为上的漏洞与法律漏洞一样必须予以补充。"③

　　本书认为，合同漏洞是指，合同所欠缺的条款或条款之间的冲突足以影响当事人合同权利的行使和义务的履行，但并不必然导致合同无效，然而，合同当事人对该欠缺条款或条款的冲突不能达成一致意见。因此，合同漏洞补充是指，法官依据"契约正义"原则，并参考理性的经济人处于与合同当事人相同的具体情境下，对所订立的合同应有的正常考量或合同当事人知悉或应当知悉的交易习惯，依据交易习惯、合同目的或法定的合同类型填补合同欠缺的条款或排除条款之间的冲突，合理解决双方当事人的合同争议。

2. 合同漏洞补充中的民间规则

(1) 民间规则对合同漏洞补充的救济。

　　由于合同是当事人的合意，因此，合同漏洞补充必须考量合同当事人订立合同的目的。与此不同的是，法律漏洞的补充也必须考量立法者的意图，但无论如何在法律漏洞补充的过程中法官考虑的因素是多方面的，其包括法律文本、法律体系、法律目的和立法者的意图等，而在合同漏洞补充过程中法官一般更加重视当事人的因素。与之相反，在法律漏洞补充中，法官可以不参考当事人的意见而依据自己对法律的判断对漏洞进行补充。而对于合同漏洞的补充，法官不仅必须考量当事人的意见，而且要尽最大可能探知当事人的真实意

---

① [德]卡尔·拉伦茨.法学方法论[M].陈爱娥，译.北京：商务印书馆，2003：180.
② 杨仁寿.法学方法论[M].北京：中国政法大学出版社，1999：242.
③ 黄茂荣.法学方法与现代民法[M].北京：中国政法大学出版社，2001：231.

思。因为合同是合同当事人的真实意思达成一致的结果。如果不探知当事人的意思而以法官的意志代替当事人的意思,那么实际上是给当事人强加一份新的合同,而不是补充合同的漏洞。而且,依据当事人意思自治原则,只要不违背法律基本精神、强制性规定和公序良俗,当事人的自由意思表示就应当得到法律的充分保护。因此,法官没有权力借合同漏洞补充把他的意志强加给合同当事人。由此可见,当事人的真实意思对于合同漏洞补充是十分重要的。

然而,之所以需要补充合同的漏洞,往往是因为合同当事人对合同的真正意思是什么发生争议,却没有相应约定。尤其是,当合同当事人对合同的所有关键之处都各执一词时,法官的真意探知就困难重重。因此,在合同当事人的真意很难探知或无法探知时,法官就必须在合同当事人的意思表示方面确立一个平衡点。这时,法官一般假设一位理性的经济人处于与合同当事人的相同情境下会如何做出真实的意思表示,或者说什么因素对这位理性经济人的意思表示最具影响力。可想而知,除了合同当事人所追求的订立合同的目的外,最具影响力的当然是合同当事人所在地区或行业的伦理道德、风俗习惯或者交易习惯等民间习惯规则。然而,当事人所追求的目的主观性太强,难以确定,尤其是在合同当事人之间发生争议时更是如此。而对于民间规则只要没有相反证据加以推翻,就必须认定当事人都是愿意遵循他们认同的民间规则的。因此,相比之下,选择伦理道德、风俗习惯以及交易习惯等民间规则确定当事人在合同中的真实意思比以当事人的合同目的确定它更为可靠,更能合理地平衡当事人的利益,公平裁判案件。

以上论证并不是说,法官在补充合同漏洞的过程中必须杜绝其他因素而只能依据民间规则进行填补,而是说,在该过程中,民间规则起着举足轻重的作用。关于民间规则在合同解释中的重要作用,许多学者曾经提出过重要的观点,其中,拉伦茨说:"解释契约时,始终应受双方当事人共同接受之评价基准的拘束,否则就不算是契约解释了。"[1]这里双方共同接受的评价标准当然也包括双方接受的民间规则。杨仁寿教授说:"而解释意思表示则在探求表意人为意思表示之目的性及法律行为之和谐性,解释契约尤须斟酌交易上之习惯及经济目的,依诚信原则而为之。《德国民法》第157条规定:'契约之解释应斟酌交易上习惯,依诚实信用原则为之',可供参考。"[2]黄茂荣教授说:

---

[1] [德]卡尔·拉伦茨.法学方法论[M].陈爱娥,译.北京:商务印书馆,2003:180.
[2] 杨仁寿.法学方法论[M].北京:中国政法大学出版社,1999:243.

"关于前述规范上意义之探求上所必须考虑的附随情况,主要系指一般的语言习惯、当事人及系争法律行为所属行业之特别的语言习惯及交易习惯、双方已有之业务上的来往或为系争法律行为已作之表示或磋商。"① 王利明教授认为:"在填补合同漏洞时,首先由当事人达成补充协议,在不能达成补充协议的情况下,由法官按照合同有关条款或者交易习惯来确定;通过上述方法仍不能填补合同漏洞的,再运用法律中的任意性规范来填补。"② 由此可见,上述所引的各位学者都十分重视习惯规则在合同漏洞补充中的作用。

(2)民间规则对合同漏洞补充方法的协助。

当事人达成补充协议,是不是合同漏洞补充的一种方法？有的学者认为是。本书认为这种观点值得商榷。合同漏洞补充是法官在司法过程中探求当事人表达在系争合同中的真意以便合理公正地解决当事人争议的司法活动。而当事人达成补充协议,这应分为两种情形,第一,当事人就合同原有的真意应当如何达成协议,在一定意义上,此种情形可称之为协议补充合同漏洞;第二,当事人在原来合同的基础上就原来相持不下的意思表示,达成的新协议。因此,在这种情形下,他们的主要目的并不是在探求他们原来的真意,而是达成新的协议化解纠纷。而且,事实上,在这时,他们也无须探求或拘泥于原来的真意。所以,在此种情形下,我们可以说当事人达成补充协议是解决争议的最佳方法之一,但不是合同漏洞补充的方法。实际上,在第一种情形下,当事人也不必或者说不一定拘泥于他们原来的真意。因此,严格地说,两种情形都不属于合同漏洞补充。因此,本书认为补充合同漏洞的方法有三种:其一,合同类型补充方法;其二,目的补充方法;其三,民间规则补充方法。

首先,合同类型补充方法,是指依据系争合同的法律性质确定其是否属于制定法所规定的某种类型合同,如果属于,则运用制定法对该类合同所作的任意性规定补充系争合同的漏洞或消除其冲突。众所周知,每个国家或地区的合同法或民法典债篇所规定的合同都是分类设定的。法律对其所规整的每一类合同既作了强制性的规定,同时又设定了授权性规定或者说任意性规定,而且规定得十分详尽。当事人的合同一旦违反强制性规定,即无效。但对于任意性规定,当事人则可选择运用。因此,在合同缺少当事人应当约定的条款的情况下,法官推定当事人遵循法律的任意性规定并运用任意性规定补充合同

---

① 黄茂荣.法学方法与现代民法[M].北京:中国政法大学出版社,2001:232.
② 王利明.法律解释学导论——以民法为视角[M].北京:法律出版社,2009:147.

漏洞。不可否认,这种做法具有一定的合理性。

然而,立法者之所以把这些合同类型在制定法中确定下来,正是因为经验事实证明这些类型合同在人们的交往实践中行之有效。换言之,这些类型合同在人们的交往实践中已经存在了相当长的一段时间了。但是,人类社会是不断向前发展变化的,因此,合同类型也应随之不断更新。当新出现的合同并不属于制定法中所设定的任何类型合同时,合同类型补充方法对于该合同的漏洞必然难胜其任、力不从心。所以拉伦茨说:"然而,假使具体契约与(任意性规范针对的)一般类型相去太远,那么将任意性的法规范适用于契约,恐怕未必能切合契约基础的利益情境与契约意义。就如同根本欠缺任意规定的情况(特别是当交易中发展出新的契约形态,而法律尚未为特殊规定时)。"①

其次,目的补充方法,是指当当事人的合同目的明确时,以合同目的为指导参考多方面因素,建构相应的条款填补合同的缺漏条款或消除合同条款之间冲突,并据此做出裁判。但是,运用这种方法的前提条件是,当事人的合同目的必须是明确的。如果当事人的合同目的模糊不清,这种方法就捉襟见肘。在这种情形下,如果继续运用目的补充方法,那么首先必须通过论证,确定合同的目的,然后据此填补合同的漏洞。当然在此过程中也可以以交易习惯为依据确定合同的目的。然而如此一来,就会让更多的不确定因素进入合同漏洞补充的过程中。因此,在当事人的合同目的不明确时不宜运用目的补充方法,倒不如直接运用民间规则补充方法。

再次,民间规则补充方法,是指法官运用民间规则填补合同所欠缺的条款,或消除合同条款之间的冲突,以便做出公正合理的裁决。此方法的合理性在于,当没有相反的证据加以推翻时,设定当事人是熟悉并愿意遵守本行业或地区的民间规则的。因为一般而言,这些习惯规则与当事人的业务戚戚相关或伴随着当事人成长,当事人已经自觉或不自觉地把这些习惯规则内化为其生活交往的行动指南。正因如此,民间规则补充方法是补充合同漏洞的最具说服力的方法之一。

杨仁寿教授曾举案例说明习惯为什么和怎样补充合同漏洞。他说:"各行各业固有其习惯,各地亦有其习惯,如不违反强行规定或违背公序良俗,自得作为解释当事人真意之准据,1939年院字第1879号解释称:'解释意思表

---

① [德]卡尔·拉伦茨.法学方法论[M].陈爱娥,译.北京:商务印书馆,2003:181.

示,应探求当事人之真意,不得拘泥于所用之词句,《民法》第98条定有明文。地方习惯,自足为探求当事人真意之一种资料。如果该地习惯,出典不动产多书立卖契,仅于契尾载有原价到日归赎,或十年、二十年期满听赎等字样,则除有特别情形,可认为当事人之真意,别有所在外,自应认为典权之设定,不能拘泥所有卖契之词句,解为保留买回权之买卖契约',是为此项论据之注脚。"①

其实,民间规则补充合同漏洞的原理相当于英美法系契约法上习惯上的默示约款。此约款是指,习惯或事实上的习惯的内容,只要当事人没有明示反对的合意,就被视为默示的合意。② 丹宁勋爵也说:"朴素的社会正义要求,即使购买者或消费者没有加进一项明确的条款以保证自己的利益,他也应该受到保护。因此法院就要填补这项空白。他们是用'暗含条款'的理论武器这样做的。"③

最后,当合同漏洞出现时,应先运用上述三种方法中的哪一种进行补充? 我们认为在当事人的合同目的明确时应当先运用目的补充方法。否则应首先运用民间规则补充方法,当此方法不济其事时才运用合同类型方法。正如上文所述,合同是当事人意思表示的合意。而当事人的合同目的是当事人合意的根本所在。况且,漏洞补充必须始终尊重当事人的意思自治。因此在当事人的合同目的明确时应当首先运用目的补充方法。

如果当事人就其合同目的产生争议,则应先运用民间规则补充方法,而在民间规则没有相应规定或者民间规则与法律的基本精神、强制性规定或公序良俗相悖时才运用合同类型补充方法。这主要是因为:合同法中的任意性规定虽然可以补充合同漏洞,但是它们毕竟是国家立法机关从立法角度所颁布的法律,它对大多数当事人来说可以说是外来规范,并不一定能够完全反映当事人的具体诉求和意愿。而民间习惯规则却是当事人本土的规范,从某种程度说是他们"本土文化"的载体,因此,更能体现他们的真实意志。因此,从尊重当事人自由意志的视角看,只要民间规则不违背制定法的基本精神、强制性规定和公序良俗,那么显然应当首先运用民间规则补充方法。杨仁寿教授也说:"当事人依私法自治之原则,固得以契约排除任意法规之适用,惟当事人就任意法规所规定之事项未表示其意思,而当地就此亦别无习惯时,则其法律

---

① 杨仁寿.法学方法论[M].北京:中国政法大学出版社,1999:245.
② [日]望月礼二郎.英美法[M].新版.郭建,王仲涛,译.北京:商务印书馆,2005:357.
③ [英]丹宁勋爵.法律的训诫[M].杨百揆,刘庸安,丁健,译.北京:法律出版社,1999:41.

行为之内容自须就任意法规规定之内容而为决定,至当事人是否明悉任意法规规定之内容,在所不问。"①也就是说,在当地习惯没有相应规定时,才能适用法律的任意性规定补充合同漏洞。

四、民间规则在合同解释中运用的法律依据

1. 我国立法例

我国《合同法》第 61 条规定:合同生效后,当事人就质量、价款或者报酬、履行地点等内容没有约定或者约定不明确的,可以协议补充;不能达成补充协议的,按照合同有关条款或者交易习惯确定。《合同法》第 125 条规定:当事人对合同条款的理解有争议的,应当按照合同所使用的词句、合同的有关条款、合同的目的、交易习惯以及诚实信用原则,确定该条款的真实意思。我国《物权法》第 116 条规定:法定孳息,当事人有约定的,按照约定取得;没有约定或者约定不明确的,按照交易习惯取得。

2. 外国立法例

《法国民法典》第 1135 条规定:契约不仅依其明示发生义务,并按照契约的性质,发生公平原则、习惯或法律所赋予的义务。《德国民法典》第 157 条规定:对合同的解释,应当遵守诚实信用原则,并考虑交易上的习惯。与其民法典同时生效的《德国商法典》第 59 条规定:在营业中受雇以有偿方式提供商人的劳务的人(商业辅助人),以对其提供劳务的种类和范围或对其应得的报酬未做出特别约定为限,应提供符合地方习惯的劳务以及请求符合地方习惯的报酬。无地方习惯的,依情形为适当的给付视为约定的给付。《意大利民法典》第 1368 条规定:模棱两可的条款要根据契约缔结地的一般惯例进行解释。在契约中,若当事人一方是企业主,则模棱两可的条款要根据企业所在地的一般惯例进行解释。第 1340 条规定:如果不发生违背当事人意愿的情况,则惯例条款被认为是置于契约中的。其他民法法系国家的民法典都对合同解释做出诸如此类的规定,在此不再列举。

正如上文所引,《美国统一商法典》在其总则的第 1~205 条(3)~(6)规定:当事人之间的商业往来和当事人所从事职业或行业中为当事方所知悉或理应知悉的交易惯例,使协议条款具有特定含义,并且起着补充或者限制协议

---

① 杨仁寿. 法学方法论[M]. 北京:中国政法大学出版社,1999:245.

的作用。协议的明示条款和可适用的商业往来或者交易惯例,在合理的情形下,应作一致解释;但此种解释不合理的,协议的明示条款优先于商业往来和交易惯例,商业往来优先于交易惯例。协议的任何部分的履行地的可适用的交易惯例,应当用于解释与该部分履行相关的协议。

第二节　民间规则对非合同事实的替代

在此必须表明,本书所说的事实替代仅限于民事诉讼的事实认定方面,是指当案件的主要事实没有足够的证据加以认定时,以民间规则替代必须加以证明的案件事实,以此作为案件裁判的事实依据。本节正是在这个意义上论证民间规则与事实替代的关系的。

一、民间规则的类型考察

谈到民间规则的分类问题,我国学界已从调整对象、调整方式和调整范围等不同的标准进行区分和论证。本书无意重复前述标准,而是以文章的论旨为指导,根据民间规则的规范内容把民间规则分为事实判断型民间规则、价值判断型民间规则。不过这里又牵涉到另外一个问题,即什么是事实判断？什么是价值判断？这个问题必须回溯到斯多噶派哲学,甚至远古的古希腊哲学。但限于本书的论旨和篇幅,在此不作展开,仅指出事实判断和价值判断的分野可以最近追溯到休谟。他认为:一个人不能从"是"中推出"应当"。有关事物实际如何的知识并不能告诉我们它应当如何。[1] 由此可见,所谓事实判断是就有关事物实际上是什么做出的判断,而所谓价值判断是就有关事物做出的善、恶或非善非恶的判断。[2]

1.事实判断型民间规则

这是指对事实实际上是什么做出描述的民间规则。它一般与价值无涉,其特点在于,通过经验的途径,以描述的方式对生活事实予以陈述与概括。[3] 换言之,从这一类型的民间规则只能推导出事实实际上是什么的,而不能推导

---

[1] [英]韦恩·莫里森.法理学[M].李桂林,李清伟,侯健,郑云瑞,译.武汉:武汉大学出版社,2003:125.
[2] 谢晖.法治讲演录[M].桂林:广西师范大学出版社,2005:137.
[3] 王利明.法律解释学导论——以民法为视角[M].北京:法律出版社,2009:424.

出人们应当怎样行为。例如在清末民初,嘉兴县的习惯:以堂名立契,卖主列名居间,"是项习惯,因素有声望之人往往顾全体面,不肯用自己真名姓出卖产业,乃以堂名写于契内立契人项下;复以不能见信于买主,则即以真正卖主之姓名,列于见卖人之地位。"① 显而易见,此条民间规则是对在卖主因声誉而顾体面,但又希望出卖自家房屋的情形下的交易事实的描述,属于事实判断型民间规则,一旦双方发生纠纷而又无其他有力的证据做出有效的反证时,则可推定其中之一的居间人就是出卖人。又如,陕西省西安市长安区习惯:老当不赎,"省城以内土地,官产甚多,若商民在官产土地上建筑房屋,一旦须出售与人,又虑官家干涉,故与人出立老当不赎字样,任人永久营业,不再回赎,其实与出卖无异,所以托名于当者,冀避出卖官产之嫌也。"② 此条民间规则是当时西安市长安区以当为名的买卖房屋的行为的真实写照。当双方当事人对其交易行为是卖或典,定性发生争议时,如果双方没有其他直接证据,即可依据契约中的老当不赎字样认定为卖。因为此一民间规则反映了当时当地通行的以当为名行买卖之实的房屋转让行为。

2. 价值判断型民间规则

这类民间规则指出人们应当怎样行为或可以怎样行为,但对于事实实际上是什么不作描述,仅表达了一种价值上的判断,对主体的行为提供必要的指导③。比如,洮南县习惯:妻之私财可单独处分,"洮属习惯,为人妻者,对于私有财产有单独处分之权。盖我国财产制度原取家族主义,一听监督相继人之支配。唯洮属对于妻之私有财产,往往任其自由行使,监督相继人不予干预。"④ 这是一条典型的价值判断型民间规则。显而易见,仅凭此一规则我们对于妻子是否有财产和是否已单独对其财产作了处分,不得而知。然而我们却知道妻子有权处分其财产。又如,义县习惯:孀妇改嫁,男家主婚,女家认可,"义县,孀妇改嫁,主婚人归男家,然亦必商之女家认可。"⑤ 与上一条民间规则一样,此条民间规则针对孀妇改嫁这一事实,指出男家应当并且有权作为主婚人,并应当经女家的认可。这意味着,赋予女家认可的权利。再如,西安

---

① 前南京国民政府司法行政部.民事习惯调查报告录[M].北京:中国政法大学出版社,2005:478.
② 前南京国民政府司法行政部.民事习惯调查报告录[M].北京:中国政法大学出版社,2005:290.
③ 王利明.法律解释学导论——以民法为视角[M].北京:法律出版社,2009:424.
④ 前南京国民政府司法行政部.民事习惯调查报告录[M].北京:中国政法大学出版社,2005:614.
⑤ 前南京国民政府司法行政部.民事习惯调查报告录[M].北京:中国政法大学出版社,2005:615.

市长安区习惯:拦典不拦卖,"典当田宅,未届回赎期限,而原业主欲将出当产业改当他人,则当户可以拦阻;若原业主将出当产业卖与他人,则当户只能求偿当价,不能以未届回赎期,主张异议,谓之'拦典不拦卖'"。① 与前两条民间规则相似,此条民间规则仅作价值判断,而无事实描述,它指出当户在什么情况下可以阻挡原业主,又在什么情况下不应当阻拦原业主。

二、民间规则替代案件事实的必要性

所谓事实认定是指在案件审理的过程中法官根据法律和证据,运用逻辑推理对当事人争议的案件事实实际上应当是什么所做的判定。众所周知,案件的事实是三段论演绎推理中的小前提,而裁判规则才是其大前提,两者经逻辑整合便可得出裁判结果。尽管如此,然而如果作为小前提的案件事实尚未查明或者不能查明,那么作为大前提的裁判规则就会毫无用武之地,即使牵强适用也会导致冤假错案。哪怕是以判例法为主的英美法系也不例外,因为如果当下案件的事实无法查明或者说无法确定,再伟大的法官,也不可能正确比较和识别哪一个先例适用于当下案件,更遑论把先例裁决结果与当下案件可能的裁决结果进行比较以便做出公平合理的裁决。正如亚里士多德所说的:任何规则都不能规定它自己的运用。② 由此可见,案件事实的查明是裁判规则运用的前提,更是正确裁判不可或缺的条件。

然而,任何案件事实都是历史事实。一般而言,法官或陪审团成员不可能目睹案发过程,案件事实也不可能在他们面前丝毫不差地重现。哪怕进行现场勘验或重组,也只不过是对历史事实的追问或重构,绝不可能厘毫不差地重现整个案件事实。由此可见,在相当大程度上,法官或陪审团对案件事实的查明就是对历史事实的重构。当然,这里的重构并非是由法官或陪审团成员任性、主观臆断而成的,而是在证据规则的指引下依据证据材料运用逻辑推理进行的。尽管如此,法官或陪审团所查明的事实充其量也只能是法律上的事实(通过法律运作所得出的事实),而不可能是案件原本的客观事实。

正因如此,在缺少某种必不可少证据的情形下,法官对案件的法律事实究竟是什么就难以定夺了。然而,法官必须对案件事实做出明确的判定,不能含

---

① 前南京国民政府司法行政部.民事习惯调查报告录[M].北京:中国政法大学出版社,2005:291.
② [德]哈贝马斯.在事实与规范之间——关于法律和民主法治国的商谈理论[M].童世骏,译.上海:生活·读书·新知三联书店,2003:246.

糊其词,否则裁判规则无法运用,即便强行适用,那也将是冤假错案。但是,如果因案件事实难以认定而不作裁判,那么案件将会久拖不决。这显然是与法律和法官的职业道德的要求背道而驰的。因此,面对上述困境,法官必然要另辟蹊径寻找认定案件事实的合理依据。鉴于此,以民间规则替代所必须查明的事实是法官认定事实的必要路径之一。

三、民间规则的事实替代及其限度

依据民间规则的类型可知,只有事实判断型民间规则才能替代作为裁判小前提的案件事实,而价值判断型民间规则不具有这一功能。因为价值判断型民间规则只对应当或者可以怎样做出判断,而事实判断型民间规则才对事实实际上是什么做出描述。

案例1:"顶盆过继"案:民间规则对案件事实的替代

在青岛市李沧区石家村有个风俗,老人去世之后在出殡时要有一个人把烧纸钱的火盆顶在头上然后摔破,俗称"摔盆儿"。这个摔盆儿的人一般都是家里的长子,如果去世的老人没有子女的话,往往要在叔伯兄弟的孩子中找出一个人,由他来摔盆儿,这个风俗也叫"顶盆过继"。1997年12月1日,该村居民石君昌病逝,而他去世时,妻子、女儿和儿子先他而去。家族中的老人就想在其近亲里,找个后辈来顶盆发丧。但石君昌唯一健在的哥哥石坊昌的两个儿子并没有这样做,而是由其二哥的儿子石雪忠来顶盆发丧。因此石雪忠就由于顶盆过继,一家便搬进石君昌的房屋(石君昌的唯一遗产)居住。八年后,由于房屋拆迁补偿,石坊昌手持一份石君昌把房屋赠予石坊昌并于1997年3月公证的公证书向青岛市李沧区人民法院起诉,请求判令石雪忠搬出原属于石君昌所有的房屋。一审法院认为,原告在八年之前、死者去世之前,他手中已经持有这份公证书,但是从来没有向被告主张过这项权利,说明他是知道顶盆发丧的事实的,顶盆发丧虽然是一种民间的风俗,但是它并不违反法律的强制性规定,所以法律不应该强制地去干涉它,来破坏已经形成的社会秩序的稳定性。于是驳回原告的诉讼请求。原告石坊昌不服向青岛市中级人民法院提起上诉,二审法院于2006年3月驳回上诉维持原判。[①]

显然,在"顶盆过继"案的事实认定中法官适用事实判断型的民间规则

---

① 转录自谢晖.法律哲学[M].长沙:湖南人民出版社,2009:276-279.

"顶盆过继"替代必须查明而又难以查明的继承事实。

事实判断型的民间规则是对民间社会生活真实情况的描述,或者说是民间规范化生活的证据。因此根据这种类型的民间规则就能够在相当大程度上还原当事人过去的真实生活场景。与之相比,民间规则的事实替代,具体而言,是指对于待决案件的重要事实仅有间接证据而没有直接证据,但是间接证据却不足以认定案件重要事实时,法官以间接证据为基础,运用与待决案件相关的事实判断型民间规则解释案件事实的来龙去脉,并以该民间规则替代案件的重要事实,上述青岛市李沧区的"顶盆过继"案就是如此。

青岛市李沧区石家村的民间规则"顶盆过继",是当地村民的殡葬和继承等习惯行为的浓缩。当无子女老人去世出殡之时,在石家村的语境下,"顶盆"就意味着过继和财产继承,也就是说,"顶盆"就是过继给死者作为死者的儿子并取得对死者遗产的继承权,或者说"顶盆"行为必然与继承行为联系在一起,其之所以发生继承遗产的效果,是因为石家村村民世代以来以相沿成习的行为赋予其遗产继承效力。"顶盆"行为表明继承事实的存在。当案件的证据可以认定"顶盆"事实的存在,但没有足够的证据认定过继这一重要事实时,则可以运用民间规则"顶盆过继"替代继承这一事实,从而做出相应的判决。

从布迪厄的场域论看,就是石家村村民在石家村这一场域里由于各自所处的位置不同为了争夺各种社会资源而进行长期的竞争,在竞争中又达成妥协。其妥协的表现形式之一就是民间规则,包括"顶盆过继"。从哈贝马斯的民主商谈理论看,石家村的村民长期以各种方式进行商谈,达成共识。他们的习惯规则是他们达成的共识之一。这正是民间规则包括"顶盆过继"的合法性基础。这也是在没有其他合法有效证据的情况下,依据"顶盆过继"认定继承事实存在的合法性渊源。但无论如何,在没有直接证据的民事诉讼中,依据民间规则认定事实比起依法官自身的所谓司法经验合理重构案件事实,更能体现公平和正义,因为民间规则原本就是特定场域的正义表达。

不仅如此,民间规则是人们在长期的劳作过程中形成的不成文或者成文的行为规范。这些行为规范仅在其形成的一定地域或行业范围内得到人们的遵循,因此,其适用范围十分有限。其次,国家制定法一般经过法学家的严密论证和立法机关的技术处理,因此,逻辑严谨、概念精致而又晦涩抽象,即韦伯所说的形式理性。这种形式理性已经超越或者说脱离了具体生活现实。正因如此,有人说国家法是精英文化。相反,民间规则附着在其所形成的地域或业域范围内,其结构松散概念明确具体,本身就是具体生活的摹写。因此,民间规则是原生态性的行为规范。正因如此,民间规则可以在民事诉讼中替代部分案件事实。

然而,我们不能无限放大民间规则替代案件事实的功能。实际上,民间规则在替代案件事实方面也是有限度的。主要表现在以下三方面:

(1)只有在民间规则的前提性事实确已发生时才能适用。比如"顶盆"过继中的"顶盆"就是前提性事实。只有确实存在"顶盆"这一事实才能适用"顶盆过继"这一民间规则,替代过继这一核心事实。相反,如果不存在"顶盆"这一事实就不能适用此条民间规则。

(2)必须是在没有其他直接证据,或者说,没有其他比间接证据更具证明力的合法有效的证据的前提下,才能适用民间规则替代事实。以"顶盆过继案"为例,尽管石忠雪一方无法向法庭提交证明继承事实存在的直接证据,石坊昌却能够向法庭提交一份石君昌赠予房子给他的公证书。但是石坊昌手持公证书八年却不主张其权利这一事实,让法官对公证书的真实性产生重大怀疑,因此,公证书的证明力不打折扣,结果是,其可依程度并不比间接证据高,于是,公证书不仅不能证明赠予行为的存在,相反法官却从中推定,石坊昌确实知道"顶盆发丧"这一事实存在。因此,法官在公证书不可信的情况下,适用"顶盆过继"这一民间规则替代继承事实。

(3)民间规则的规范内容与案件事实相关。比如,"顶盆过继"所描述的是"顶盆"行为和继承行为的事实关联性问题。而该案争议的恰好是"顶盆"行为能否表明继承事实确已存在的问题。

类似于"顶盆过继"案,法官依据事实判断型民间规则替代案件事实的案例还有:某村村民甲男与邻村村民乙女经人介绍认识,不久便进入谈婚论嫁的阶段。于是男方按当地习俗备礼金一万元及食品若干到女方家订婚。此后不久女方反悔撕毁婚约,男方要求退还礼金一万,女方拒绝。于是男方诉至法院,请求判令女方退还一万元。女方答辩称确有订婚一事,但从无收到男方所谓的礼金。然而男方却没有任何书面证据。经法院查明:当地确实存在一种风俗习惯,男、女双方订婚时男方送给女方的礼金一般不少于人民币一万元。于是,法院认定女方确已收到男方人民币一万元并判令其返还。

同样,从这一案例中我们也可以看到法院适用民间规则替代案件事实时的限制性条件:其一,确有订婚这一事实存在;其二,除间接证据外没有其他直接证据;其三,民间规则的规范内容与案件事实相关。

除上述两案之外,我国民国初年也出现过此种类型的案例。民国初年在浙江嘉兴发生一起田地买卖事实确认案件。嘉兴人章维卿之父章海门卖田与沈莲舟,以章三省名义立契,而以海门之名列入契内居间人之地位。海门故后,章维卿认为卖主列名居间,实所罕见,不承认从前有买卖事实。双方涉讼后,沈莲舟提出该买卖方式系嘉兴县习惯,并提供了沈姓另外一件以堂名立契、卖主居间的卖契以为证明。嘉兴地方审判机关认为:该习惯虽不属良善,但既然在民间存在"自不便遽以法例相绳,致已成事实遽被推翻,扰及社会取引之安全"。加上章维卿不能提出反证,遂根据该习惯结案。①

第三节 例析民间规则对案件事实的认定

案例2:"黄沙"争议案:民间规则对合同漏洞的补充

某建筑公司(甲方)与有四吨翻斗车的某个体运输户(乙方)签订供货合同,合同约定甲方每日需用黄沙约二十吨,乙方每日供五车黄沙,共计价款二百元。在履行过程中,乙用三吨翻斗车每日供五车,双方发生争议。查该地区建筑工地都以车为计量单位,每车即三吨。该交易习惯双方都知道。②

本案双方当事人约定由乙方每日供货五车。但是车有大车小车之别,有三吨五吨之分。因此,合同对此应做出明确的约定。然而,事实上,至关重要的问题,一车应该是多少吨? 双方却没有就此做出约定。因此产生争议。不过,依据合同履行地的交易习惯,每车一般应当是三吨。而且双方当事人对此都心知肚明。因此,本案应当依据当地的交易习惯填补双方当事人的合同漏洞,判定每车的载重量应为三吨。

案例3:民间规则对事实的替代

2009年7月8日,陆某与王某、广东合富房地产置业有限公司签订了《房屋买卖合同》,约定以600 000元将陆某的房屋转让给王某。2009年7月24日,陆某与王某在办理过户时又签订了《广州市房地产买卖合同》,转让陆某该房屋,成交价445 000元。后陆某以王某隐瞒其为广东合富房地产置业有

---

① 前南京国民政府司法行政部.胡旭晟等点校.民事习惯调查报告录[M].下.北京:中国政法大学出版社,2000:595.转引自李卫东.民初民法中的民事习惯与习惯法[M].北京:中国社会科学出版社,2005:253.

② 罗筱琦."交易习惯"研究[J].现代法学,2002(2):131—141.

限公司主管身份为由,拒绝继续与其交易。之后陆某将其房屋转让他人并办理了过户登记手续,成交价为 660 000 元。2009 年 7 月 27 日,王某以陆某拒绝依约出售房屋为由向法院提起诉讼,请求判令陆某承担违约责任。同年 9 月 4 日,陆某以王某隐瞒中介身份、采取欺骗手段为由向法院起诉,请求判令撤销合同。一审法院认为,王某中介职业身份已在互联网上公布,陆某未尽谨慎审查义务;房屋买卖合同属于双方协商一致的结果,按常理推断,交易价格已达到陆某内心预期,因此,认定陆某违约。二审法院则认为与中介人员交易难以实现利益最大化的委托目的,陆某不愿与王某交易符合常理;陆某虽无证据证明王某与广东合富房地产置业有限公司故意欺骗,但王某与广东合富房地产置业有限公司也无法证明已尽到如实告知的义务,因此支持了陆某撤销合同的诉求。①

在此案的审理过程中,二审法官实际上依据纠纷所在地广州房地产中介行业所存在的民间习惯规范"房地产中介应当告知卖方买方的具体身份情况",并结合该案已经查明的间接事实认定王某与广东合富房地产置业有限公司对陆某存在欺诈行为,进而支持了陆某撤销合同的诉讼请求。

由于广州市城市化的急速发展,外来人口的快速增长,在广州市房地产行业形成诸多新的习惯规则,其中一条习惯规则规定,卖房者无义务查明中介人员及购房者的身份,他们的身份信息应当由中介机构向卖房者如实提供。在本案中,虽然陆某没有证据证明王某与广东合富房地产置业有限公司故意欺诈陆某这一事实,但是王某与广东合富房地产置业有限公司也无证据证明他们已经向陆某尽到如实告知的义务。因此,二审法院依据上述习惯规则的规定,并结合已经查明的房屋买卖事实,认定王某和广东合富房地产置业有限公司没有履行如实告知的义务,构成对陆某的欺诈,进行认定该商品房买卖合同无效,支持陆某的论述请求。这就是所谓的事实替代。

---

① 见【2009】穗番法民三初字第 1511 号、【2009】穗番法民三初字第 1808 号、【2010】穗中法民五终字第 1374 号民事判决书。转引自法治论坛,2011 年第 1 辑,中国法制出版社,2011:69-70.

第四章　民间规则在裁判规则寻找中的适用
——以漏洞补充为例

法律适用是一种持续性活动,而不是一次性行为,其由法官找法与用法两部分组成。如何确定所要运用的裁判规则?这是法律适用活动中所要解决的主要问题之一,是寻找裁判规则的问题或者说寻找裁判大前提的问题。

毋庸置疑,法的创制实际上是一种从具体到一般的过程。立法者不可能一事立一法一物立一法。果真如此,那么也就没有法律可言。法律之所以是法律,正是因为法律具有普适性。因此,立法者必须从所要规整的对象中归纳抽象出其共性,赐除其特殊性,据此制定法律对之进行调整。这正是法律普适性的由来。与此相反,法律适用却是一个从抽象到具体的过程。如何把抽象的法律规范适用于具体的案件事实?一方面要依照裁判案件的要求依据案件事实,使法律规范明确化具体化,另一方面要运用法律概念、术语及原理,分析归纳整理案件事实,使事实从案件事实转变为裁判事实,即作为裁判基础的事实。唯其如此,才能寻找到适合案件事实的裁判规则。同时使裁判规则与裁判事实对接起来,进而做出裁判。法律适用的这一特征,正是由法律规范来源于事实又回归于事实的必然性决定的。正如哈贝马斯所言:"一个适合某个规则的事态的构成,取决于根据运用于它的那个规范的概念对它进行的描述,而这个规范的意义,恰恰只有当它被运用于一个被变成规则之一例的事态时,才得以具体化"①为此,举一案件为例加以说明。

案例4:甲村与非本村村民乙于1992年6月30日签订一份土地承包合同,合同约定甲村把其自有土地50亩发包给乙,期限为18年,即从1992年7月30日至2010年7月30日。但是,在2008年3月16日乙擅自与甲村村民陈某签订另一份土地承包合同,约定把同一块土地承包给乙,期限为30年,即从2010年7月30日至2040年7月30日。在前一份合同到期时,甲村要求乙返还土地,乙以已签订续包合同为由拒不返还。于是,甲村诉至某市法院请求解除合同返还土地。但是,乙答辩称:乙与甲村村民陈某在2008年3月16日签订合同,而甲村在2010年8月3日才提起诉讼,前后履时已超过两年。因此,超过两年诉讼时效期间,请求法院驳回甲村的诉讼请求。

甲村的起诉真的超过两年诉讼时效期间了吗?首先,我们必须依据法律术语、概念和原理对案件事实进行法律化处理。本案争议的是2008年3月16日签订的合同而不是1992年6月30日签订的合同,因此,我们可以对1992年的合同搁置不理。就2008年的合同而言,它是土地承包合同。因此,我们可以把本案定性为土地承包合同纠纷。不仅如此,土地承包合同属于民法债权的范畴,因此,我们可以进一步把其法律化为合同之债,或合同债权。现在,我们又转过来查看相关法律规定。我国《民法通则》第135条规定:向人民法院请求保护民事权利的诉讼时效期间为两年,法律另有规定的除外。首先,在这里,什么是民事权利?其范围包括哪些权利?什么是诉讼时效?它又是如何起算的?第135条都没有明确规定。因此必须对它们进行解释或者说具体化。因此,依据解释,我们可以发现民事权利包括物权、人身权和债权等,而债权又包括合同之债、侵权行为之债和不当得利与无因管理之债等。而再次依据解释,我们可以得出诉讼时效期间的起算从权利人知道或应当知道其权利被侵害之日的次日起计算。据此,我们又进一步解释得出合同之债诉讼时效期间从合同履行期限届满之日的第二日起算。最后就本案而言,我们可以把《民法通则》第135条具体化为:向人民法院请求保护合同之债的,诉讼时效期间为两年,其从合同履行期限届满之日的第二日起计算。于是,把本案经法律化的事实与具体化的法律条文对接起来,依三段论演绎推理就可以得出本案根本就没有超过两年诉讼时效期间。

---

① [德]哈贝马斯.在事实与规范之间——关于法律和民主法治国的商谈理论[M].童世骏,译.上海:生活·读书·新知三联书店,2003:246.

以上例子是司法裁判活动中法官找法过程的典型表征。这再次说明法官的找法过程实际上是目光不断地在事实与法律之间来回移动的过程。最后所找出来的裁判规则已经不是原来的法律规范，所得到的事实也已经不是案件刚开始审理时的案件事实。就上述案例而言，法官所找到的"向人民法院请求保护合同之债的，诉讼时效期间为两年，其从合同履行期限届满之日的第二日起计算"已经不是《民法通则》第135条原来的规定"向人民法院请求保护民事权利的诉讼时效期间为两年，法律另有规定的除外"。因此，我们可以把法官所找到的规则命名为裁判规则。

一般而言，依据法律文本的缺漏程度，法官找法的路径或者说策略有以下四条：法律授权适用民间习惯规则、法律解释、法律漏洞补充和不确定概念和一般法律条款的价值补充。本章仅以法律漏洞补充为例剖析民间规则在裁判规则的寻找中的运用。

第一节 法律漏洞

一、法律漏洞的历史考察

纵观人类法律发展史，自制定法产生以来，法律漏洞作为客观事实也随之出现，如影随形。但是法律漏洞的概念或者说理论的产生却要晚得多。在古罗马，就其作为简单商品经济社会而言，其立法水平已经达到古代世界的巅峰，但是他们的法律同样存在漏洞。古罗马皇帝狄奥多西二世允许乌尔比安等5位法学家对法律的解释具有与制定法同等的法律效力，就是明证。另外，裁判官告示以及裁判官法的产生也证明了古罗马制定法漏洞的存在。裁判官法的产生，乃是因为裁判官剔除了市民法僵化、刻板的部分，吸收了地中海沿岸各国的优良习惯法，并根据个人的公允正义观念，法的精神而不是法的条文，运用衡平的手法进行裁判。①

然而，优士丁尼（又称查士丁尼）皇帝却否认法律漏洞的存在。"他的法典编纂旨在制定包罗万象的法典，以严格规则根除任何自由裁量因素，为法官

---

① 江平，米健.罗马法基础[M].北京：中国政法大学出版社，1987：23-24.

提供一切问题的答案,实现法律渊源的一元化。"①

在中世纪,法律大致可分为日耳曼习惯法、教会法和罗马法。由于日耳曼习惯法的不成文性以及灵活多变性,并且法律漏洞一般是针对制定法而言的,因此,可以说,日耳曼习惯法不存在法律漏洞。而教会法是上帝意志的体现,由于上帝是万能的,因此教会法在理论上也不可能存在法律漏洞。至于罗马法,在中世纪早期,罗马帝国遗留下来的成文法,一部分被当时的制定法所吸收,另一部分尽管没有纳入制定法,但是被人们普遍遵循,因此相沿成习而成为习惯法。在这个时期,由于制定法的存在,法律漏洞的产生是不可避免的。但是,允许多元法律渊源的并存,因此,法律漏洞问题也就可以迎刃而解了。

到中世纪后期,由于在意大利一家图书馆里发现了优士丁尼(查士丁尼)所编纂的罗马法文本,法学研究和司法实践也因此而大为改观。"那些研究这类古代文献的法学家如同他们同时代的人们一样,相信这种早期的文明或罗马帝国不论是在西方还是东方都一直存在到他们那个时代。""他们认为优士丁尼的法律主要不是适用于公元534年的拜占庭的法律,而是一种可以在所有时代和所有地方予以适用的法律。""它是真正的法律、理想的法律、理性的具体化。"②由此可见,在这种法律认识氛围里,不可能承认存在法律漏洞,因为人们认为现实社会中的任何问题都可以在罗马法中寻找到解决方案。

在17、18世纪,由于反对西欧封建君主黑暗统治的需要,以格劳秀斯、普芬道夫、洛克和卢梭等人为代表的古典自然法学派提出理性自然法理论。格劳秀斯认为,自然法是正当理性的命令,它根据行为是否与合理的自然相谐和,而断定其为道德上鄙视或道德上的必要,并从而指示该行为是否为创造自然的神所禁止或所命令。很少有什么法律是一切民族所共同的。如果有,那就是自然法。因为自然法本身一般称为民族间的法律。因此,自然法的特征有:正当理性的命令,其准则是合理的自然,制定法的依据,超国家的、各民族共同的法律,固定不变,即便是神也要遵守的法律。③ 不仅如此,人类有能力认知自然法,因为人类有理性。不仅如此,人类还可以凭借理性以自然法为依据制定出无所不包的法典。

---

① 徐国栋.民法基本原则解释——以诚实信用原则的法理分析为中心[M].北京:中国政法大学出版社,2004:232.
② [美]哈罗德·J·伯尔曼.法律与革命——西方法律传统的形成[M].贺卫方,高鸿钧,张志铭,夏勇,译.北京:中国大百科全书出版社,1993:146.
③ 吕世伦.西方法律思潮源流论[M].北京:中国人民大学出版社,2008:65-66.

在这种思想的影响下,1794年普鲁士制定的《普鲁士普通邦法》,条文共有17 000条之多,1811年的《奥地利普通民法典》第7条规定,倘若一诉讼案件,既不能依法律的既有文字规定也不能依法律的自然含义予以裁判时,法官应参照法律对类似案件的规定来处理,如仍无法解决,应考虑案件的全面情况,按自然法原则予以裁判。① 总而言之,在古典自然法学大行其道的时代,至少在人们的思想意识里,法律漏洞是不可能存在的。

《法国民法典》是在拿破仑的领导下以古典自然法理论为基础制定的。拿破仑认为他的法典是人类理性的文字表达,已经提供了法官所需要的所有答案。因此,他也与1 200多年前的优士丁尼(查士丁尼)皇帝一样禁止法官的自由裁量权。《法国民法典》第4条规定:审判员借口没有法律或法律不明确不完备而拒绝受理者,得依拒绝审判罪追诉之。第5条规定:审判员对于其审理的案件,不得用确立一般规则的方式进行判决。由此可见,拿破仑坚信他的法典包罗万象、没有漏洞。

然而,事实证明《法国民法典》并非如此。首先据以指导民法典制定的古典自然法理论本身就是偏狭的。古典自然法学的理论预设是,人类进入文明社会之前生活在自然状态之中,在自然状态中每个人都是平等自由然而又是孤立的。自然法正好是人类处于自然状态时所形成的行为规范。但是在人类历史中从来就不曾有过所谓的自然状态,相反人类自有史以来就是生活在相互联结而成的共同体之中的。因此,建立在虚构的历史事实之上的理论,其本来就先天不足,难以经得起历史事实的考验。其次,古典自然法学认为自然法是永恒不变的,依据自然法可以推论出人类所需要的一切答案。自然法学的许诺,确实十分诱人。

然而,它只不过是西方自柏拉图以来形而上学本体论的变种,在19世纪末20世纪初,资本主义世界快速运转的车轮已经将其碾得粉碎。正因如此,在1904年纪念法国民法典颁布100年的大会上,法国最高法院院长巴洛·博普雷说:"当条文有些含糊时,当它的意义与范围存在疑点时,当同一条对比,在一定程度上内容或者有矛盾或者受限制或者相反有所扩展时,我认为法官可有最广泛的解释权。他不必致力于无休止地探讨百年以前的法典作者制订某条文时是怎样想的。他应问问自己,假如今天这些作者制订这同一条文,他

---

① 谢怀栻.大陆法国家民法典研究[M].北京:中国法制出版社,2004:28.

们的思想会是怎样的。他应想到面对着一个世纪以来法国在思想、风俗习惯、法制、社会经济情况各方面所发生的变化。正义与理智迫使我们慷慨地、合乎人情地使法律条文适应现代生活的现实和要求。"①

《德国民法典》第1草案第1条规定："法律未设规定者,应类推其他规定以为适用;其他规定亦无者,应适用由法律精神所得之规则。"②这一条文表明《德国民法典》的制定者意识到法律漏洞存在的必然性,不过在1896年《德国民法典》颁布时已经删除这一条文。实际上,《德国民法典》主要是潘德克顿(学说汇纂或概念法学)学派的杰作。"在(《德国民法典》)编纂过程中,一旦发生疑难问题,发挥决定性作用的总是温德莎依德,或者是他的教科书。"③温德莎依德的《潘德克顿法》是概念法学的代表作。概念法学缘起于对罗马法概念术语的分析研究,"把法律看作是与其社会环境相脱离的现象,把作为手段的法律当作目的,认为金科玉律的法条为唯一的研究对象。以注释为能事,偏重形式的理论,藉此形成所谓概念。"④因此,在概念法学看来,法官裁判案件时所需要的答案,或者直接在成文法律中可以找到,或者通过逻辑推理可以间接在成文法律中找到。

但是,《德国民法典》毕竟制定于19世纪末,不可能不受到快速变迁的经济社会的冲击。这样一来,就必须赋予法官一定程度的自由裁量权。因此,《德国民法典》大量引入弹性条款,例如第157条规定:对合同的解释,应遵守诚实信用原则,并考虑交易上的习惯;第242条规定:债务人有义务依诚实和信用原则,并参照交易习惯,履行给付;等等。这些弹性条款模糊抽象,实际上是立法者授予法官自由裁量权的依据。通过这些弹性条款,法官可以依据社会发展的需要,把相应的价值判断引入法典,以此克服法典的局限性。尽管如此,《德国民法典》仍然主要是概念法学与古典自然法学结合的产物,其局限性是显而易见的。它否认法律漏洞的存在,就是其局限性的明证。正因如此,它招引了自由法学思潮的诸多诟病。

耶林是目的法学的主要代表。他曾在《法学的概念天国》一书中,对概念

---

① [法]勒内·达维德. 当代主要法律体系[M]. 漆竹生,译. 上海:上海译文出版社,1984:112.
② 徐国栋. 民法基本原则解释——以诚实信用原则的法理分析为中心[M]. 北京:中国政法大学出版社,2004:203.
③ [日]大木雅夫. 比较法[M]. 范愉,译. 北京:法律出版社,2006:195.
④ 徐国栋. 民法基本原则解释——以诚实信用原则的法理分析为中心[M]. 北京:中国政法大学出版社,2004:284.

法学派所提倡的法律孤立于社会现实的观点进行无情的讥讽。他认为,法的目标是和平,而实现和平的手段是斗争。只要法必须防御来自不法的侵害——此现象将与世共存,则法无斗争将无济于事。法的生命是斗争,即国民的、国家权力的、阶级的、个人的斗争。① 在耶林看来,目的是全部法律的创造者。每条法律规则的产生都源于一种目的,即一种事实上的动机。他宣称,法律是根据人类欲望实现某些预期结果的意志而有意识地制定的。如果目的是法律的创造者,那么有目的地用成文法的形式制定规则就是产生符合时代要求的法律体系的最好方法。② 由此可见,耶林认为,法律不仅不能也不应该脱离社会现实而且必须随着社会的变迁而变化。这就意味着,法律存在漏洞是理所当然的事情。

以赫克为代表的利益法学派认为,概念法学派的观点是虚幻的、与事实不相符合的。并指出,任何一种实在法律制度都是有一定的缺陷的,都是不完整的,而且根据逻辑推理的过程,也并不能从现存法律规范中得出令人满意的结论。③ 利益法学主要以司法为基础展开论证,因此赫克认为:"法律是不健全的,甚至在处理人们日常生活所产生的冲突时还表现出相当的矛盾性。……法官不仅仅在法律规则的框架内对案件的事实进行判断,而且还应该在法律规则出现空白的地方构建新的法律规则,以弥补法律规则的不足。换言之,法官不仅应当运用一些法律命令,而且他还必须保护那些立法者认为值得保护的总体利益。"④由此可见,利益法学已经彻底摒弃概念法学的陈旧论调,它不仅认为法律漏洞是客观存在的,而且主张法官应当填补法律漏洞。

利益法学派的另一位代表人物法国人惹尼指出,法律的正式渊源并不能够覆盖司法活动的全部领域。他论证说,总是有某种领域要依靠法官的自由裁决权来决定,在这种领域中,法官必须发挥其创造精神和能动性。惹尼说,这种自由裁量权不应当是根据法官那种不受控制的、任意的个人感情来行使,而应当根据客观的原则来行使。法官应该力图在符合社会一般目的的范围内最大可能地满足当事人的意愿。根据惹尼的观点,为了使利益得到合理的平

---

① [德]耶林.为权利而斗争.胡宝海,译.载梁慧星.为权利而斗争[M].北京:中国法制出版社,2000:1-52.
② [美]E·博登海默.法理学——法哲学及其方法[M].邓正来,姬敬武,译.北京:华夏出版社,1987:104-105.
③ 吕世伦.现代西方法学流派[M].上卷.北京:中国大百科全书出版社,2000:299-300.
④ 吕世伦.现代西方法学流派[M].上卷.北京:中国大百科全书出版社,2000:302-303.

衡,法官必须仔细考察占支配地位的道德情感、探究当时当地的社会经济条件。①

自由法学派的主要代表人物之一,奥地利法学家埃利希认为,法律发展的重心自古以来就不在国家的活动,而在于社会本身,现在也必须从社会中寻找。他认为法律有两种:一种是国家制定的,即"国家法";另一种是"社会秩序"本身,或者称为人类联合的内在秩序。这种法律是"活法",它不同于国家制定的或由法院强制执行的法律。他认为不仅"活法"比国家法出现早,而且,即使国家对社会关系的作用已比以前大大扩大了,"活法"的作用也仍比国家法的作用更大。为此,他提出了两种判决方法,一种是传统的技术主义的判决方法,即严格按照成文法规则的判决方法。另一种是他所支持的"自由的判决方法",即不是根据成文法规则而是根据法官自由发现的法律。② 由此可见,埃利希主张法律渊源多元论,而且以与国家法相对的"活法"为主要法律渊源。这就完全否定了概念法学所提出的以国家制定法为唯一法律渊源的一元法源论。

在自由法学思潮的影响下,《瑞士民法典》的起草者胡贝尔主张不能过分夸大成文法在一个民族的生活中的有限作用,因为成文法的漏洞不可避免,在法的宣示中具有根本作用的法院的惯例和判例可起到填补它们的作用。③ 正是在这种思想的指导下,他起草的《瑞士民法典》第 1 条第 2 款规定:无法从本法得出相应规定时,法官应当依据习惯法裁判;如无习惯法时,依据自己如作为立法者应当提出的规则裁判。正是由于此一条款,《瑞士民法典》得到邻国惹尼的好评,惹尼说:"可能这是近代的立法者第一次用普遍的说法承认法官为他不可缺少的助手。"④此后许多国家民商法典相继仿效《瑞士民法典》的规定,例如,《日本商法典》的第 1 条,我国民国时期的《民法典》第 1 条,《荷兰民法典》第 1 条,等等。总而言之,时至 1907 年《瑞士民法典》颁布时止,法律漏洞在理论和立法上都得到确认。

---

① [美]E·博登海默.法理学——法哲学及其方法[M].邓正来,姬敬武,译.北京:华夏出版社,1987:137-138.
② 沈宗灵.现代西方法理学[M].北京:北京大学出版社,1992:210-213.
③ 徐国栋.民法基本原则解释——以诚实信用原则的法理分析为中心[M].北京:中国政法大学出版社,2004:327.
④ 徐国栋.民法基本原则解释——以诚实信用原则的法理分析为中心[M].北京:中国政法大学出版社,2004:328.

二、法律漏洞的概念

关于法律漏洞是什么的问题,中外学者都有过界定。我国台湾学者杨仁寿教授认为,法律规范对于应规定之事项,由于立法者之疏忽未预见,或情况变更,就某一法律事实未设规定时,审判官应探求规范目的,就此漏洞加以补充,谓之漏洞补充。狭义的法律解释或价值补充,法官的权限,不过就"法律内部的事项"而为阐释而已,而所谓"漏洞"乃属"法律外部的缺漏",其补充即令由法官以"解释"或"裁量"为之,仍不足以济事。必须透过"造法的运动",始能圆满填补。① 黄茂荣教授认为,法律漏洞是指法律体系上之违反计划的不圆满状态。② 王泽鉴教授认为,法律漏洞,指关于某一个法律问题,法律依其内在目的及规范计划,应有所规定,而未设规定。③

我国大陆学者梁慧星教授认为,法律漏洞是指现行法体系上存在影响法律功能,且违反立法意图之不完全性。而所谓不完全性,是指现行法上欠缺当前事态所必要的规范,或规范不完全,或有补充必要。④ 王利明教授认为,所谓法律漏洞,是指立法者在立法时未能充分预见待调整的社会关系,或者未能有效协调与现有法律之间的关系,或者由于社会关系的发展变化超越了立法者立法时的预见范围等原因导致立法缺陷,这种缺陷表现为:调整特定社会关系的具体法律规范的缺失,或者既有法律规范之间存在矛盾,或者既有法律规则在今天的适用明显违背了法律对公平正义的基本要求。⑤

早在2000多年前,亚里士多德就认识到制定法漏洞问题,他说:"此困难处是触及,衡平虽是法律,但并非制定法意义上之法律,而是作为对其之校正。在此其理由为,每一个法律是普遍性以及某些事项经由普遍性之法律无法得到正确规定。……当一法律普遍规定着,但实际上出现一具体事件,却无法被此普遍规定所包含,此就是立法者在此的疏忽,一般确切地说,欠缺正确的处理,去改善疏忽,此就如立法者本身,当他面对此案例时所作的,如果他会意识到此情况,则会于法律中明确规定相同。"⑥

---

① 杨仁寿.法学方法论[M].北京:中国政法大学出版社,1999:188,189.
② 黄茂荣.法学方法与现代民法[M].北京:中国政法大学出版社,2001:293.
③ 王泽鉴.法律思维与民法实例[M].北京:中国政法大学出版社,2001:251.
④ 梁慧星.民法解释学[M].北京:中国政法大学出版社,1995:251.
⑤ 王利明.法律解释学导论——以民法为视角[M].北京:法律出版社,2009:461-462.
⑥ [德]考夫曼.法律哲学[M].刘幸义,等译.北京:法律出版社,2004:235.

在现代,德国学者恩吉施认为,漏洞是在一个整体内部的一个令人不满意的不完整性。应用到法律上,漏洞这个概念是指,法律整体内部的一个令人不满意的不完整性。① 拉伦茨认为,在规范本身不圆满时,可称之为"规范漏洞"。大部分的法律漏洞,并非涉及个别法条的不圆满性,毋宁是整个规整的不圆满性,易言之,依根本的规整意向,应予规整的问题欠缺适当的规则。② 魏德士认为:"由于法律没有做出规定的法律问题大量存在,这赋予法律适用者重大的、在方法上十分棘手的任务。漏洞存在这一事实首先使我们明白,由于缺乏法律评价,所以必须在法律约束之外进行法律适用。这时,法院(特别是终审法院)就创造所谓的'法官法'。"③

英国上诉法院法官丹宁勋爵从普通法的角度论述了法律漏洞问题,他说:"如果国会的法律是用神明的预见和理想的清晰语言草拟的,它当然会省去法官们的麻烦。但是在没有这样的法律时,如果现有的法律暴露了缺点,法官们不能叉起手来责备起草人,他必须开始完成找出国会意图的建设性的任务。他不仅必须从成文法的语言方面去做这项工作,而且要从考虑产生它的社会条件和通过它要去除的危害方面去做这项工作。然后,他必须对法律的文字进行补充,以便给立法机构的意图以'力量和生命'。"④

综上所述,有些学者认为,法律漏洞是法律规定的不完整性违反立法者意图,另一些学者认为法律漏洞是违反计划的不完整性。笔者认为法律漏洞,是指制定法存在的违反法律目的的令人不满意的不完整性。理由如下:

首先,辨别法律漏洞的其中一个必不可少的标准是法律规定的不完整性,具体言之,即依据法律的整体目的或个别目的,制定法对待决案件的争议问题应当做出规定,却没有相应的规定。基于此,我们现在来分析,法律漏洞是法律规定的不完整性违反立法者意图这一观点。本书认为这种观点是难以自圆其说的。一般而言,法律的目的来源于立法者的意图,因此法律的目的往往是与立法者的意图相符合的。但这并不是一成不变的铁律,在某些情况下,立法者的意图并不一定与法律的目的相符。一般而言,每一部制定法的目的都是要公平合理地为某一领域的所有法律问题提供答案。鉴于此,制定法必须对

---

① [德]卡尔·恩吉施.法律思维导论[M].郑永流,译.北京:法律出版社,2004:168.
② [德]卡尔·拉伦茨.法学方法论[M].陈爱娥,译.北京:商务印书馆,2003:250,251.
③ [德]伯恩·魏德士.法理学[M].丁小春,吴越,译.北京:法律出版社,2003:357-358.
④ [英]丹宁勋爵.法律的训诫[M].杨百揆,刘庸安,丁健,译.北京:法律出版社,1999:13.

其所欲管辖的法律领域做出尽可能详细明确的书面规定。唯其如此，才能够排除人性的弱点对法律目的僭越。

然而，在立法过程中，立法者一般都意识到他们认知能力的有限性。他们原本的意图是尽可能做出详细的规定，但是由于他们无法准确地预见所有可能发生的情况，于是他们只能做出原则性的规定。对于具体问题应当如何处理，留待法官在司法过程中补充。显而易见，在这种情形下，立法者的意图与法律的目的并不完全重合。其次，尽管每一部制定法一般都是力图对社会某一领域的所有法律问题提供解决方案，但是立法者毕竟是人而不是神，因此该领域的某些法律问题极有可能完全出于立法者的意料之外而未能被制定法所涵盖。显而易见，出于立法者的意料之外同时也就意味着超越了立法者的意图。既然超越立法者的意图，也就不存在违背立法者意图的问题。因为立法者压根儿就没有想到过其意图之外的问题。因此，某些法律漏洞违反法律目的，但并不违反立法者的意图。由此可见，把认定法律漏洞的判断标准之一界定为违反法律目的的不完整性更能涵盖法律漏洞的各种情形。

其次，法律漏洞是违反计划的不完整性抑或令人不满意的不完整性。在这个问题上学者们存在分歧。黄茂教授认为是违反计划的不圆满性，恩吉施认为是令人不满意的不完整性。所谓违反计划显然是指违反立法者的计划。也就是说某些事物的调整原本是处于立法者的立法计划之内的，但是在立法过程中由于立法技术的缺陷，或者立法者的疏忽没有在法律中做出相应的规定。但是，不言而喻，立法者的立法计划不可能是无所不包的。某些事物由于立法者不能预见或者立法者认为无须法律对其调整，但在司法实践过程中发现，立法者当初不对这些事物做出规整，显然与法律的目的相违背。在这种情形下，出现的法律漏洞显然不是由于违反立法者的立法计划所导致的。因此，可想而知，把法律漏洞界定为违反计划的不圆满性不能把这种情形的法律漏洞涵摄在内。相反，令人不满意的不完整性既可以涵盖违反计划的法律漏洞又可以涵摄其他情形的法律漏洞。

再次，在司法实践的过程中也经常出现这样的情形，例如，立法者已经对某类案型设定了相关规定，但由于立法技术的缺陷或立法水平不高，在所设定的规范适用于相应案型时，所得出的裁判结果与人们普遍认同的价值观相悖；或者立法者对同一规整对象做出两条或两条以上的相互竞合的法律规定，而依据解决法律竞合的原则却依然不能解决不同法律条款之间的冲突。诸如此类的情形，可以说都在立法者的计划之内。但是，不可否认，它们都属于法律漏洞。然而,违反计划的不圆满性显然不能涵盖此两类漏洞。

鉴于此,笔者认为把法律漏洞界定为制定法存在的违反法律目的的令人不满意的不完整性,更加合理贴切。

三、法律漏洞的类型

至于法律漏洞的类型,中外学者都有过分类。我国台湾学者杨仁寿教授认为,法律依其规范意旨,原应积极地设其规定,而未设规定,谓之公开的漏洞;若依其规范意旨,原应消极地设限,而未限制,则属隐藏的漏洞。① 黄茂荣教授把法律漏洞归纳为三大类:(1)法内漏洞。(2)无据式体系违反。(3)有据式体系违反。② 王泽鉴教授说:"墙之有缺口,有由于自始施工不善,有由于其后遭风雨侵蚀。法律之有漏洞,有为立法之际疏未规定,是为自始漏洞;有为其后因社会经济变迁而产生的问题,立法之际未及预见而未设规定,是为嗣后漏洞。造墙之际,故意留下缺口者,殆甚少见;立法之际对某项应予规定的问题,不设规定,而让判例学说的,颇为常见,此乃所谓有认识的法律漏洞。关于法律漏洞,最值得重视的是,系所谓开放漏洞及隐藏漏洞。"③

我国大陆学者梁慧星教授把法律漏洞划分为明显漏洞和隐含漏洞。其中明显漏洞包括授权型漏洞、消极型漏洞和预想外型明显漏洞,隐含漏洞包括白地规定型漏洞、预想外型隐含漏洞、冲突型漏洞和立法趣旨不适合型漏洞。④ 王利明教授把法律漏洞划分为:明显漏洞与隐藏漏洞;自始漏洞与嗣后漏洞;全部漏洞与部分漏洞;碰撞漏洞与非碰撞漏洞。⑤

德国学者魏德士把法律漏洞划分为,规范漏洞:某个规范是不完整的或者不清楚的;法律漏洞:从立法者的评价计划来看,在某个法律中缺少必要的规则;冲突漏洞:如果某个法律的两条规则可能涵摄同一个事实,并且因此导致相反的法律效果,那么就存在冲突漏洞;法漏洞或领域漏洞:法律对某一生活领域完全没有做出规定,而这一领域根据法律往来的结果和法律共同体的期待必须在法律上有规定,那么人们就说存在法漏洞或领域漏洞;初始的(原本

---

① 杨仁寿.法学方法论[M].北京:中国政法大学出版社,1999:195.
② 黄茂荣.法学方法与现代民法[M].北京:中国政法大学出版社,2001:336.
③ 王泽鉴.法律思维与民法实例[M].北京:中国政法大学出版社,2001:252-253.
④ 梁慧星.民法解释学[M].北京:中国政法大学出版社,1995:260-262.
⑤ 王利明.法律解释学导论——以民法为视角[M].北京:法律出版社,2009:469-472.

的)漏洞和嗣后的(派生的)漏洞:初始的漏洞从法律规定颁布时,也就是从最初开始就已经存在。嗣后的漏洞的出现是因为在法律颁布的时间点和适用的时间点之间经过新的发展后,应当得到调整的事实情况(也就是受到技术或者经济影响的生活事实)或多或少发生了改变。①

拉伦茨把法律漏洞划分为,开放漏洞及隐藏漏洞以及自始漏洞和嗣后漏洞。就特定类型事件,法律欠缺——依其目的本应包含之——适用规则时,即有开放的漏洞存在。就此事件,法律虽然含有得以适用的规则,唯该规则——在评价上并未虑及此类事件的特质,因此,依其意义及目的而言——对此类事件并不适宜,于此即有隐藏的漏洞存在。考虑到时间的因素,我们可以区分自始和嗣后漏洞,前者又可分为立法者意识到的,以及立法者并未意识到的漏洞。假使立法者开放某问题不为规整,将之让由司法裁判及法学来决定,于此即有立法者意识到的漏洞存在。当立法者忽略了——依其根本的规整意向——应予规整的问题,或误以为就此已为规整时,即属立法者并未意识到的漏洞。因技术、经济的演变而发生新的——属于规整的目的范围,属于法律基本意向的规整范围,直言之,属于须被规整范围内的——问题,其系立法者立法史上未见及的问题,如是即发生嗣后的漏洞。嗣后的漏洞亦可分为开放的及隐藏的漏洞。②齐佩利乌斯说:"我们可以区分两类法律漏洞,一类是从法律条文的表述上即能看出的漏洞(对于这一类漏洞我把它简短地称之为'表述漏洞'),另一类是要通过评价才能确定的漏洞(对于这一类漏洞我使用不是很准确的'评价欠缺型漏洞'这一名称)。"③

综上所述,以上所引学者的法律漏洞分类都言之有理、各有千秋。因此,本书在借鉴以上中外学者对法律漏洞所作的分类的基础上把法律漏洞划分为自始漏洞和嗣后漏洞。自始漏洞是指自法律规定颁布之时起就已存在的法律漏洞;嗣后漏洞是指在法律规定颁布后由于社会经济的变迁而出现的法律漏洞。不过,它们两者都涵盖开放漏洞、隐蔽漏洞和冲突漏洞。

其中,开放漏洞是指就特定类型对象,依据法律的目的本应该对其做出规整,但是法律却欠缺相应的规整。开放漏洞又可分为两种情形:其一是立法者意识到法律漏洞的存在,但是他们并不对此做出相应的规整,而是让法官将来

---

① [德]伯恩·魏德士.法理学[M].丁小春,吴越,译.北京:法律出版社,2003:366-370.
② [德]卡尔·拉伦茨.法学方法论[M].陈爱娥,译.北京:商务印书馆,2003:254-256.
③ [德]齐佩利乌斯.法学方法论[M].金振豹,译.北京:法律出版社,2009:92.

根据具体案件的情况进行填补；其二是就特定类型的对象，立法者依据法律的目的应当做出相应的规整，但是立法者忽略对其做出规整，或误以为已经对其做出规整但实际上并没有作相应规整。隐藏漏洞是指，就特定类型的对象，法律包含有得以适用的规则，但是依据法律的意义和目的，该规则对此类对象并不适宜，然而法律却没有相应条文对其进行限缩，而如果依照该规则裁判案件，那么所得出的裁判结果或者违背法律的目的，或者严重与人们普遍认同的价值观相悖。冲突的法律漏洞是指同一部法律有两条或两条以上的法律规范可以同时适用于同一个案件，但是所得出的裁判结果却截然相反，而又不能通过法条竞合的原则加以解决。

  自始漏洞和嗣后漏洞主要是以漏洞出现的时间为标准划分的，而开放漏洞、隐蔽漏洞和冲突漏洞却是依据漏洞产生的原因进行划分的。因此，自始漏洞和嗣后漏洞对于漏洞补充的研究，其价值是有限的，所以，本书的漏洞补充探讨主要是针对开放漏洞、隐藏漏洞和冲突漏洞展开的。

  对于开放法律漏洞，法官可以直接适用民间规则填补法律漏洞。即使在没有相应的民间规则可以直接适用于待决案件时，法官也可以以民间规则为依据制定运用于待决案件的裁判规则。对于隐藏法律漏洞和冲突法律漏洞，法官也可以借助法律漏洞补充方法间接适用民间规则于待决案件。因为，隐藏法律漏洞的填补实际上是把争议案件赐除于系争法律规范的管辖范围之外。此时，如果余下的法律条款对争议案件同样不宜适用，就又出现了开放漏洞。因此对于新出现的开放漏洞，如果相应的民间规则能够较为妥当地适用于争议案件，法官就应该直接适用该民间规则填补新出现的漏洞，进行裁判。对于冲突漏洞，民间规则的运行逻辑与隐藏漏洞相同。具体怎样运用，下文将详细论证。

第二节　民间规则与法律漏洞的关联

一、补充法律漏洞的必要性

  制定法的漏洞是客观存在的事实，不可避免。但这并不意味着非补充其漏洞不可。如果法律漏洞的存在并不影响法律正义的实现，如果立法机关能够及时制定或修改法律为司法机关提供裁判依据，那么就没有补充法律漏洞的必要，从而也不可能需要民间规则对法律漏洞的补充。然而，为什么补充法律漏洞是必要的呢？其必要性主要表现在以下三个方面。

1. 完善制定法的必要途径

实际上，在一定意义上说，完善制定法的同时也就给法官提供了裁判依据。因此，完善制定法与提供裁判依据是一个行为的两个方面。首先，从完善制法角度看，实现正义是制定法的目标，然而，普遍正义与个别正义是一对不可克服的矛盾。面对两者，制定法只能是顾此失彼。尤其是，为了兑现法律面前人人平等的诺言，制定法不得不对一般的事物或者说典型的事物进行规范，放弃或者说忽略对特殊事物的调整。这样一来，在司法过程中普遍性的法律可能会导致个案的非正义。"法律解释(指广义的法律解释)必要性源自这样的问题：制定法之局限性与社会生活之复杂性两方面关系在法律实施中的冲突。具体表现为：制定法具有抽象性或原则性，社会生活是具体的、灵活的，法律解释是解决原则与灵活、一般与具体之间矛盾的方法，也是处理自身稳定统一与社会生活变化发展之间关系的调整器。"①正因如此，法官通过法律漏洞的补充克服制定法的僵化，实现个案正义。制定法应有的周延性与人类理性的有限性之间的张力致使制定法不可能没有漏洞，这也就命定了根据理性主义哲学通过构建宏大的法典，一劳永逸地解决法律漏洞问题，是不可能的。因此，依据经验主义哲学，承认人类理性的局限性，从小处着手，修修补补，在人类力所能及的范围内实现正义，这是切合实际而又不可或缺的选择。法律漏洞的补充正是经验主义哲学在司法过程中的运用。

人类语言的模糊性在一定程度上说是人类认知范围的局限性所导致的。人类认知的局限性不仅决定于人类现有的生产力水平而且受到人类认知的偶然性左右。脱离具体环境谈论某个词的意义，许多人往往不知所言。但是，如果谈话人曾经有过这方面的经历或者偶然身处该词所指的情景，那么他们就会豁然开朗。尤其是，语境化的词语更是如此。因此，对于语言模糊所造成的法律漏洞，通过个案审理就可以明确法律语言所指，剔除其模糊部分，补充法律漏洞，从而完善法律规定。至于法律应有的稳定性和社会变化的永恒性所导致的张力，主要表现为前者需要法律不变，后者要求法律必变，而法律自身却不可能做到既变又不变。不仅如此，随着经济社会的不断发展，再完善的法律都会显得捉襟见肘漏洞百出。然而如何平衡法律的变与不变的关系呢？其

---

① 孙笑侠.法的现象与观念[M].济南：山东人民出版社，2001：227.

答案是,赋予法官自由裁量权,进行法律漏洞补充,这样一来,就既可以保持法律的相对稳定性,又能够使法律适应社会发展的需要。

其次,从提供裁判依据角度看,法律出现漏洞意味着针对待决案件法官没有相应的法律条文可资适用。补充法律漏洞的目的主要在于为法官提供裁判规则。为此,本书有必要在此谈及行为规范与裁判规则的关系问题。我国法理学界主流观点认为:"法律规则由假定、处理、制裁三部分构成。假定是法律规则中指出适用这一规则的前提、条件或情况的部分;处理是法律规则中具体要求人们做什么或禁止人们做什么的那一部分;制裁是法律规则中指出行为要承担的法律后果的部分。"①这就是对法律规则或者说法律规范的三要素说。但是,法律规范不等于法律条文,一条法律规范往往由多条法律条文构成,但对于某些法律条文来说一条法律条文却又包含了一条或多条法律规范。由此可见,法律条文与法律规范并非是一一对应的关系。因此,法律条文并不必然包含假定、处理和制裁三个部分,因此,指导或者说规范人们行为的是法律规范而不是法律条文。

但是法官据以裁判案件的是否就是法律规范,或者说法律规范和裁判规则是不是同一的? 对于这个问题的答案,学者们的观点并不一致。徐国栋教授说:"法律具有强制性,若行为规则不同时作为审判规则,法律将无以与其他性质的行为规则相区别。"②可见,徐教授认为法律规范和裁判规则是同一的。陈金钊教授认为,法律规范与审判规范仍属于两种不同的规范,并归纳出法律规范与审判规范有四大不同之处。③ 黄茂荣教授说:"法条或法律规定之意旨,若在要求受理规范之人取向于它们而为行为,则它们便是行为规范;法条或法律规定之意旨,若在要求裁判法律上争端之人或机关,以它们为裁判之标准进行裁判,则它们便是裁判规范。""由于裁判机关进行裁判时,当然必须以行为规范为其裁判的标准,故行为规范在规范逻辑上当同时为裁判规范,否则,若行为规范不同时为裁判规范,则行为规范所预示之法律效果不能在裁判中被贯彻,从而它便失去命令或诱导人们从事其所欲命令或诱导之作为或不

---

① 张文显.法理学[M].北京:高等教育出版社,北京大学出版社,2003:92.
② 徐国栋.民法基本原则解释——以诚实信用原则的法理分析为中心[M].北京:中国政法大学出版社,2004:168.
③ 陈金钊.法律解释的哲理[M].济南:山东人民出版社,1999:255-256.

作为。"①因此，黄茂荣教授认为法律规范与裁判规则是同一的。

以上各位学者的观点从各自立场出发都不无道理。不过，从司法视角观察，本书认为法律规范与裁判规则并不一致。众所周知，法律规范是由立法机关制定或认可的行为规范。它具有普遍性和抽象性。而法官面对的待决案件却是特殊和具体的。因此，法官不可能把抽象的法律规范直接适用于具体的案件事实。他必须首先对案件事实进行法律解释，然后根据案件事实的法律性质寻找相应的法律规范。接着，依据案件事实，对抽象的法律条文具体化，其中，对法律规范所包念的一般法律概念或术语确定其具体所指，对不确定法律概念进行价值补充。当法律文本对待决案件没有做出相应的规定时，法官就必须依据具体案情运用自由裁量权进行司法造法。由此可见，这时法官所得出的法律规范已经不是他刚刚从法律文本中所引用的法律规范或压根儿就不是法律文本的规范，而是法官将据以做出裁判的规范，即裁判规则。因此，从司法角度看，在大陆法系国家法官进行所谓的法律漏洞补充，并不直接补充法律条文的漏洞，而是为法官提供裁判规则，只是间接为法律条文的漏洞补充提供生动的经验材料。

2. 缓解法律规范的供给与需求之紧张关系的途径

除法外空间②外，法律至少对现代人类生活来说是不可或缺的。然而，现代社会的变化是如此迅速，以至于法典法能够提供一切可能的答案的神话已经彻底破灭。但是人类对法律的需求并不就此停步，相反却日益增加。如何解决这一矛盾？诚然人们往往想到的就是加速立法。然而，实际上，面对这个问题，立法者同样力不从心。这是由立法的固有特性所决定的。首先，立法机关不可能针对每一类新出现的事物都相应地制定一部法律加以规范，而只能对社会经济发展过程中最迫切需要解决的问题或者普遍存在的而又必须通过立法解决的问题，才会制定相应的法律加以规整。不仅如此，在立法机关看来

---

① 黄茂荣.法学方法与现代民法[M].北京:中国政法大学出版社,2001:110—111.
② 黄茂荣教授认为，法律规范生活，但并不是一切生活事实都受法律的规范。由于法律的功能在于维持人际间的关系，所以非人际的关系便不是它的规范对象。所谓非人际的关系，特别是指一个人之私人的好恶、生活方式、信仰、感情、思想及意见，等等。这些事情，只要它不被化为行动以至于影响到别人的法益，那么人们便不需要用法律来管理它们，法律也可能管不着它们。另外，有一些生活事实虽然已涉及人际关系，如人与人如何打招呼、谈天、约会、宴会如何进行、友谊关系等，但这些事项被认为不适宜用法律，而适宜用其他的生活规范如习俗来规范。以上所述的法律管不着的，或不需要用法律，或不适宜用法律来规范的项目构成一个所谓的"法外空间"。(见黄茂荣.法学方法与现代民法[M].北京:中国政法大学出版社,2001:330—331.)

并非迫切的或者并非普遍的问题并不意味着就不需要相应的法律加以规范。由此可见,通过立法方式,依然不能解决或缓解法律规范的供给与需求之间的张力。实际上,立法并不是缓解法律规范供给与需求之间张力的唯一方法,也不是最为有效的方法。正如梅因所言,解决法律与社会需求之间的紧张关系问题,首先用拟制方法,然后用衡平,最后才通过立法解决。① 而拟制和衡平所涉及的其实就是法律漏洞的补充问题。

其次,依据法定的立法程序循序渐进地制定法律,是现代民主国家不可或缺的特质之一。正是由于遵循了立法程序,社会各种不同的利益派别才能够畅所欲言求同存异,在分歧的基础上达成妥协,最后形成法律文件。这也正是现代民主国家制定法的合法性基础。不过,正如谚语所言,每枚硬币都有其两面,民主程序也不例外。尽管立法程序可以保障各个派别的话语权以及平衡他们各自的不同利益,但是,每件立法却要经历不同阶段及其相应烦琐环节,为此消耗相当长的,甚至漫长的时间。

这已经有历史事实为证。我国虽然仍然处于向民主法治国家迈进的阶段,但立法程序固有的缺陷在我国却已经显现出来。我国在20世纪50年代就已经把制定民法典提到议事日程上来,但直至1986年才制定出整部法律仅150多条的《民法通则》,虽然可以说那是因为受到众所周知的各种历史事件的阻挠。但是从1986年至今,我国民法典却仍然处在争论之中。其他国家的立法速度也不快。《法国民法典》如果从1799年拿破仑执政算起,则耗时达5年之久。《德国民法典》如果从1871年第一委员会成立算起,则耗时26年之久。《瑞士民法典》从起草到颁布耗时15年。由此可见,立法过程所需要的时间可以说是十分漫长的。因此,立法方式根本不能及时给快速变化的现代社会提供其所需要的规范资源。

所以,在立法时间漫长而不能及时满足变化社会的规范需求的情形下,法律漏洞补充正好能够针对个案的特殊情况为法官提供裁判规则,在一定程度上缓解法律规范供给和需求之间的张力。

3. 司法职权对法官的要求

近代以来,西方民主宪政国家以孟德斯鸠的三权分立理论为其立国的指导思想之一。在这种思想的指导下,国家的权力分为行政权、立法权和司法权

---

① [英]梅因.古代法[M].沈景一,译.北京:商务印书馆,1959:13-17.

三个部分。立法权专属立法机关,司法权专属司法机关,严禁法官僭越立法权。因此,从三权分立理论中又衍生出法官是法律的嘴和判决就是对法律的复制等观点。不仅如此,古典自然法学派还提出法典是书写的理性。与此同时,缘起于萨维尼历史法学的概念法学也提出法律是逻辑自足的,法律不可能有漏洞。任何答案都可以依据法律概念根据形式逻辑推导得出。在这两股思潮的推动下,法官自然就成为操作法律机器的工匠,而立法者是法律先知或者超人。但是随着经济社会的发展,尤其是19世纪末20世纪初资本主义从自由竞争阶段向垄断阶段的转变,古典自然法学派的信徒和概念法学派的门徒所构建的法律神话已经被残酷的社会现实彻底粉碎。但是,三权分立原则依然未变,法官依然专司司法权。《法国民法典》第4条"审判员借口没有法律或法律不明确不完备而拒绝受理者,得依拒绝审判罪追诉之"仍然有效。

不过,人们在自由法学思潮的冲击下已经从法律的"概念天国"重返人间,承认立法者不是超人而是凡人,制定法的漏洞是不可避免的。然而,承认制定法的漏洞也就意味着赋予法官立法权。这主要有两个方面的原因:其一,制定法的漏洞一般是在具体案件的审理过程中才显现出来的;其二,如果每当制定法出现漏洞,法官都必须向立法者请示具体答案,那么案件必然久拖不决,与法治的精神格格不入。因此,当法官在审理个案过程中发现法律出现漏洞时,就可以通过自行造法来进行裁判。不过,相对于立法者的立法权而言,法官的立法权依然是补充性的,也就是说,立法者拥有优先立法权,而法官拥有候补立法权。只有在某些情形需要立法,而立法者因自身没有意识到或者虽意识到,但由于自身能力所限而没有立法时,法官才能立法。而且,法官的立法权只能局限于个案的审理过程中。

正因如此,从某种意义上说,我们可以说,法官由于两方面的原因而取得立法权:其一,法律因立法者自身没有意识到而出现漏洞;其二,立法者虽已意识到但因自身能力所限而遗留下来的漏洞。这两种漏洞都可以说是立法者对法官的授权。不过,立法者所授的是权力而不是权利。众所周知,权力与权利不同,权利可以放弃,权力却不能放弃。因此,权力也就意味着职责。所以,我们可以说法律漏洞补充是司法职责对法官的要求,法官不能擅自放弃。

不仅如此,埃利希也强调法律每每因立法者之疏忽未预见,或情况变更,而发生许多漏洞,此时法官即应自由地去探求活的法律,以资因应。惹尼认为,人类创造之实证私法难尽善尽美,必然有许多法律漏洞,绝未可如概念法学般,勉以逻辑的演绎方法补充,允应法官从法律之外去发现"活生生的法律",探求活的法律加以补充。① 由此可见,两位学者一致认为,补充法律漏洞属于法官职权范围内的活动。

二、民间规则补充法律漏洞的必要性

1. 理论必要性

关于民间规则补充法律漏洞的必要性,国内外许多学者做出了直接或间接的论证。萨维尼认为,如果制定法的表述不明确或者模糊,或者一个问题完全缺乏制定法的相关规定,那么习惯法就可以对制定法进行补充。② 德国学者魏德士认为:"在缺乏法律规定的情况下('漏洞领域'),法官法在实践中具有代替法律的功能,换言之法官法可以填补漏洞或者修正现有的法律评价。"③然而,法官法是什么?在魏德士看来,"法官法就是如果没有法官的评价行为和命令形成行为就不能从成文法中得出裁判规范(价值标准)。"④接着,对于什么是习惯法,魏德士说:"通说认为,习惯法以法律共同体中的长期实践('习惯')为前提。此外,这种习惯必须以法律共同体的普遍的法律确信(即'法律效力意志')为基础。"⑤在法官法与习惯法的关系方面,魏德士认为:"在法治国家中,习惯法规范是否存在、其内容是什么是由最高法院来判断的,换言之,习惯法最终由最高法院的解释来决定。这表明习惯法和法官法之间有着重要的联系。在今天的国内法律生活中,习惯法实际上仅仅体现在法院的使用方面。"⑥由此可见,按照魏德士的观点,习惯法由法官来决定,而法官法更是由法官来决定,因此两者难分难解,甚至重叠。而法官法具有补充法律漏洞的功能,因此,习惯也具有补充法律漏洞的功能,这必然是魏德士论证的逻辑结果。

纯粹法学派的代表人物凯尔森认为,"一个共同体的法律规范的总和构成一个严密的规范体系。在这个体系中,一个规范的效力来自另一个较高级的规范,最终来自一个基本规范。所谓'基本规范',就是'一个不能从更高规范中引出其效力的规范'。它是组成一个规范体系的各个规范之间的纽带,

---

① 杨仁寿.法学方法论[M].北京:中国政法大学出版社,1999:84-86.
② [德]萨维尼.当代罗马法体系[M].I.朱虎,译.北京:中国法制出版社,2010:123-124.
③ [德]伯恩·魏德士.法理学[M].丁小春,吴越,译.北京:法律出版社,2003:123.
④ [德]伯恩·魏德士.法理学[M].丁小春,吴越,译.北京:法律出版社,2003:107.
⑤ [德]伯恩·魏德士.法理学[M].丁小春,吴越,译.北京:法律出版社,2003:106.
⑥ [德]伯恩·魏德士.法理学[M].丁小春,吴越,译.北京:法律出版社,2003:106.

是该法律规范或法律秩序的基石。"①按照凯尔森的观点,法官针对个案所做出的判决和当事人依据私法所签订的合同也属于法律②,只不过它们的效力分别来自于它们所引用的法律规范。

然而,一般法律规范是如何适用于具体案件事实?依据凯尔森的学说,"法律是由法律理念(或一般法律原则或基本规范),经由法律规范(或制定法,习惯),而达到具体的法律(或法律判决)。"③

而对于法律规范如何达致具体法律,考夫曼教授认为:"抽象普遍性的制定法与具体个别的个案,并不是处于同一的概念层次。制定法是应然的层次,而个案则是实然的层次。为了使二者能够互相包摄,二者尤其需要予以等同('等同原则'):制定法经由阐释而成为一项构成要件,而个案经由构思而成为一个案例事实。在此,这些行为并不是互相并行,也不是在时间上有先后,而是处于彼此同时相互关联(个案是不可能包摄在制定法之下的,而是只有案例事实才能够包摄在构成要件之下)。在这个诠释行为之后,制定法、个案,以及尤其使二者互相对应的主体,均已不再是先前的同一者(这一点是法律的时代的核心),虽然熟练的法学者多半并未察觉此一变化。实然与应然的类推,是理解制定法规范以及法律形成的基础。抽象的应然规范,在法律之中,达到其具体的实然性:法律是实然与应然的互相对应,因此,法律在最初乃是类推。"④也就是说,法官并不是严格按照制定法的书面含义僵化地把法律规范适用于待决案件事实,相反,法律规范仅仅给法官提供一个意义空间或者说指定一个适用框架。只要不越出这一框架,法官就可以运用其自由裁量权。

因此,在法律规范的框架内,法官不仅有权诠释法律,而且如果制定法出现漏洞,那么法官有权运用包括民间规则在内的其他社会规范填补法律漏洞,甚至自己作为立法者制定相应的裁判规范。在这个意义上说,法官也是立法者,只不过其立法空间远远狭隘于议会立法者。正因如此,凯尔森认为,上位规范犹若一种"框",法律的解释,即在认识此种"框"。在"框"内有许多造法的可能性,每一种造法可能性,只要符合上位规范的"框",即可属合法。上位规范只是在指示"框"内可"制定法律""作成判决",并未具体地指示须制定

---

① 张文显.二十世纪西方法哲学思潮研究[M].北京:法律出版社,1996:90.
② [奥]凯尔森.法与国家的一般理论[M].沈宗灵,译.北京:中国大百科全书出版社,1996:164,159.
③ [德]考夫曼.法律哲学[M].刘幸义,等译.北京:法律出版社,2004:219.
④ [德]考夫曼.法律哲学[M].刘幸义,等译.北京:法律出版社,2004:216-217.

第四章 民间规则在裁判规则寻找中的适用——以漏洞补充为例

何种法律或须作如何之判决。在"框"内造法,仍拥有甚多之自由。①

就民间规则补充制定法的漏洞必要性这一问题,法律社会学主要代表人物之一埃利希的观点就显得更加直接,或者说偏激。就裁判规范的渊源应当是什么这一问题,埃利希说:"每一个裁判规范都主要是基于这种内部秩序,即这些法律事实,这些法律事实依靠习惯创造了秩序,依靠支配和占有关系、契约、社团章程、遗嘱处分为联合体中每一个人确定在联合体中的地位和职责。每一个争端中相关要点都是对基于这些法律事实的规范违反,在所有诉讼中,法官为了做出一项裁决都必须通过自己的知识或者证据来查明这些事实。正如这些事实在争端产生以前就已经在具体的联合体内发展和形成一样,所有这些事实也构成了裁判的基础。"②由此可见,在埃利希看来,法官寻找裁判规则时没有必要受制定法的限制,因为,裁判规则主要来源于习惯、契约和社团章程等。总而言之,法官可以不考虑制定法而直接适用民间规则裁判案件。

我国台湾学者黄茂荣教授说:"'司法机关'不但必须就事实上惯行之存在加以认定,而且必须就该事实上之惯行的内容是否足堪引为补充法律漏洞的依据加以评价,而不得盲从于事实上之惯行。正像法学上之通说,事实上之惯行究竟是否存在及其内容为何,常常不能给予科学的实证,究其实际往往可能只是当时较多形诸于文字之看法,不一定与实际情形相符,此为引用事实上之惯行补充法律漏洞时首先必须特别注意的地方,其次不要忽略依第1条引用'事实上之惯行'之'法律补充'的性格,宜在'习惯之适用'上,确实遵守第2条就习惯之规范化所宣示的要求,以避免对事实上之惯行流于规范上的盲从,而未对其进行评价性的'司法审查'。"③由此可见,尽管黄教授建议法官在适用事实上之惯行补充法律漏洞时务必谨小慎微,但他始终认为事实上的惯行在法律允许的范围内可以且应当补充法律漏洞。

综上所述,以上学者的论证从各自的角度出发都颇具说服力。因此,我们可以说,从法理学上说,民间规则具有补充法律漏洞的必要性。

---

① 杨仁寿.法学方法论[M].北京:中国政法大学出版社,1999:99.
② [奥]尤根·埃利希.法律社会学基本原理[M].一.叶名怡,袁震,译.北京:九州出版社,2007:259.
③ 黄茂荣.法学方法与现代民法[M].北京:中国政法大学出版社,2001:520-521.

2. 现实必要性

所谓现实必要性是指民间规则的规定性在一定程度上能够平抑制定法的僵化、填补制定法的漏洞,由此而形成的必要性。下面就民间规则补充制定法的现实必要性展开讨论。

毫无疑问,制定法的漏洞主要是由普遍正义与个别正义、法律应有的周延性与人类理性的有限性、法律应有的明确性与人类语言的模糊性、法律应有的稳定性和客观世界变化的永恒性等四个方面之间所产生的张力导致的。因此,如果民间规则自身所具有的特征能够消除或者减缓制定法至少一个方面的张力,那么民间规则就具有补充制定法漏洞的必要性。就民间规则的特征而言,我国已有许多学者在这方面作了论证。本书在导论部分也已作了论述。但由于本章的逻辑论证需要,在此从法律漏洞补充的角度再次论述民间规则的特征。本书认为,就制定法的漏洞补充而言,民间规则具有以下四个方面的特征:

第一,民间性。民间规则来源于民间社会。所谓民间社会就是指与政治国家相区别的,不带有政治色彩的社会或者说祛政治化的社会,而民间社会主体是指那些以自己名义参与生产、交换以及其他民商事活动的自然人、法人和其他非官方的社会团体。在这样的社会里,民间社会主体在长期从事生产、分配、交换等活动过程中形成了社会关系,也形成了民间规则。因此,如果说国家法是"精英文化"的载体,那么民间规则则是"大众文化"的结晶。在"精英文化"与"大众文化"良性互动的情况下,民间规则与国家法之间必然具有相应的互补性。

第二,经验性。当然,我们不能说国家制定法与经验事实无涉。毋庸置疑,国家制定法同样是依据社会发展需要而制定的。不过,国家制定法的产生并非主要出自社会经验,或者说普通民众的经验。一般而言,它主要是不同利益派别相互妥协的结果。在不同利益派别辩论和协商过程中,国家制定法逐渐祛除其经验性的外衣。不仅如此,在立法精英的理性建构和逻辑推敲下,结果是,国家法的经验色彩荡然无存。这就是国家制定法普遍性的由来,但也是它的抽象性所在。制定法的歧异性和模糊性主要是其抽象性所导致的。因此,制定法的许多概念和一般条款往往要在特定的语境之下才能确定其具体所指。相反,民间规则直接来自经验事实,其规范内容原本就是由经验性话语表达出来的,没有经过逻辑加工和抽象提炼。正因如此,民间规则的内容是语境化的但却是确定的。也正因如此,法官在审理具体案件时往往不得不借助民间规则来确定制定法的相关内容。在这个意义上说,民间规则具有补充制定法漏洞的功能。

第三,"地方性"。与国家法的效力范围的普遍性相比,民间规则无疑是"地方性"的。所谓地方性,吉尔兹认为:"法律就是地方性知识;地方在此处不只是指空间、时间、阶级和各种问题,而且也指特色,即把对所发生的事件的本地认识与可能发生的事件的本地想象联系在一起。"①刘星教授在谈到作为地方性知识的法律时认为:"如果想要知道法律是什么,便应在'地方化'的语境中理解法律的具体内容。不论人们是否承认,无论是一般性的法律概念还是具体性的法律知识,都不可避免地'地方化'"②因此,我们可以这样理解,吉尔兹式的地方性是指地理上的地方性、血缘上的"地方性"、民族上的"地方性"、行业上的"地方性"、宗教上的"地方性",等等。

而民间规则效力范围的地方性是指某一乡村、家族、民族、行业或宗教团体所创制的民间规则,不能在整个国家范围内发生普遍性的法律效力,而只能在创制它的乡村、家族、民族、行业或宗教团体的范围内具有强制力。正如梁治平先生所言:"其效力小至一村一镇,大至一县一省。"③不仅如此,地方性也就是特殊性,民间规则关注的正好是特定地域内或群体内处理结果的可接受性或者说特殊正义。正因如此,我们可以说,民间规则是地方性知识。而这正好是国家制定法所缺少的,并因此常常为人们所诟病的弱点所在。因此,民间规则在这方面也可以矫正制定法的普遍性所导致的僵化。

第四,形成和发展的进化性。一般而言,民间规则是这样形成的,在长期的生产劳作和社会交往的过程中,人们通过经验总结,认为某种行为模式更有利于人们的生存和发展,于是人们便自觉不自觉地不断遵循这种行为模式,最后形成民间规则。④ 或者,当出现某种新情况或新问题时,人们为了适应新情况或解决新问题不得不采取与以往不同的行为模式。经过多次试错,证明这种行为模式行之有效。于是,人们就将这种行为模式确定下来,并随之得到越来越多人的认同和遵循。于是,民间规则就这样得以产生。由此可见,民间规

---

① [美]克利福德·吉尔兹.地方性知识:事实与法律的比较透视.邓正来,译,载梁治平.法律的文化解释[M].上海:生活·读书·新知三联书店,1998:73-171.
② 刘星.法律是什么[M].北京:中国政法大学出版社,1998:257.
③ 梁治平.清代习惯法:社会与国家[M].北京:中国政法大学出版社,1996:36.
④ 陈文华.论民间规则的效力[J].甘肃政法学院学报,2010(1):72-78.

则的形成不是一蹴而就的,而是针对人们的具体需求不断试错而完成的。同样,随着经济社会的发展,当人们在试错的过程中发现原有的民间规则不能适应现有的实际需求时,人们就会逐渐形成新的民间规则,取代原有的民间规则,或者改善原有的民间规则使其适应现有的社会现实。因此,我们可以说,民间规则始终处于不断地形成和发展的进化过程中。它坚守进化主义路线,而拒绝制定法所崇尚的宏大叙事式的建构主义。

正如英国学者哈耶克所说:"扩展秩序当然不是一下子出现的;这个过程与它最终发展出的世界范围的文明所能够给予人的提示相比,其持续的时间要长得多,它所产生的形态变异也要大得多(大概用几十万年而不是五六千年的时间);市场秩序只是相对晚近的产物。这种秩序中的各种结构、传统、制度和其他成分,是在对各种行为的习惯方式进行选择中逐渐产生的。这些新的规则得以传播,并不是因为人们认识到它们更为有效,或能够估计到它会得到扩展,而是因为它们使遵守规则的群体能够成功地繁衍生息,并且能够把外人也吸收进来。"①就非正式规则的进化问题,美国学者爱波斯坦也有论证。他说:"针对投入和收益而制定的小型群体内部的社会规则,也许是复杂的,但是,人们是通过反复试错来适用它们的,而且,通过非正式的调整方式来修正它们。从某种意义上说,这些规则没有确定的权威性。它们没有通过某种绝对权威加以颁布,而是稍稍地'浮出水面',自觉地发挥作用。其是否完善不是通过任何外在的标准加以明确的。相反,一个默默的激励机制在起着作用,以确保这些规则在制度上行之有效。"②

综合以上学者的观点,我们可以得出,民间规则是为了解决人们在现实生活中所面对的具体问题而形成的,随着社会的发展而发展。民间规则这种进化主义的进路适合于消解或缓和制定法的滞后性和现实社会变化的永恒性之间的张力。

---

① [英]F·A·哈耶克.致命的自负[M].冯克利,胡晋华,等译.北京:中国社会科学出版社,2000:13.
② [美]理查德·A·爱波斯坦.简约法律的力量[M].刘星,译.北京:中国政法大学出版社,2004:62.

第三节 民间规则对法律漏洞的补充——依据法律超越法律

正如康德的批判哲学所言,人类并非不能认知客观世界,因为人类具有先天知识。但是,人类的认知能力又是有限的,因此人类只能认知现象世界,至于现象世界背后的物自体,人类永远不可能认知它,而只能不断接近它。正因如此,人类应该并且能够为现象世界立法,但是人类制定的法律不可能全部包括,没有漏洞。因此,人类有义务遵循制定法,但是随着经济社会的发展,人类认知能力的提高,人类又应当超越制定法。这种超越应当包括两个层面:其一,依据法律原则、法律精神,超越具体法律条文;其二,依据人类对客观世界的科学认识,突破制定法的框架。正因如此,本部分内容可以概括为:依据制定法、超越制定法。

一、民间规则补充法律漏洞的法律依据

1. 我国立法例

我国《民法通则》第 6 条规定:民事活动必须遵守法律,法律没有规定的,应当遵守国家政策。第 7 条规定:民事活动应当尊重社会公德,不得损害社会公共利益,破坏国家经济政策,扰乱社会经济秩序。显而易见,此两条是我国民事基本法对于法律漏洞应以何种行为规范进行补充这一问题所作的规定。第 6 条从积极角度进行规定,即民事活动,若没有法律,则遵守国家政策。第 7 条从消极角度进行规定,即民事活动,若没有法律规定,则遵守社会公德,没有社会公德,则不得损害公共利益,破坏国家经济政策,扰乱社会经济秩序。此两条转换成《瑞士民法典》第 1 条模式,则是,没有法律规定时,法官依国家政策裁判;没有国家政策时,法官依社会公德裁判,没有社会公德时,法官的裁判,不得损害公共利益,破坏国家经济政策,扰乱社会经济秩序。

至于《民法通则》第 6、7 条能否如此理解,徐国栋教授曾作过精辟的阐释。他说:"解释法律必须参照与其相邻的条文,因为立法者的意图在相邻条文中往往互相联络。作为第 6 条的逻辑延伸,第 7 条提供了在就某一事件法律和国家政策都不能提供规则时可适用的法律渊源。依此规定,法官的规范寻找活动可如此继续进行下去。若有关事件法律和国家政策无规定,则看有无与该案有关的社会公德和国家经济计划,若有,则适用之。由于社会公德是涵盖力极广的公众接受的是非观念,属于模糊规定,不可能出现对有关事件无

可适用之社会公德的情况。因此,法官寻找规则的活动达到社会公德的层次必告终止。至于国家经济计划,通常只在受指令性计划支配的民事关系中有可适用性,不具有普遍的意义。所以,第 7 条设定了最终的规则提供者。综合第 6 条、第 7 条,可认为这两个条文实际上规定了我国的民法渊源体制,这些渊源可依适用的优先顺序作如下排列:法律;国家政策;社会公德;国家经济计划。从审判规则的角度,可对《民法通则》第 6 条和第 7 条作如上理解。"① 徐教授的分析是有说服力的。可见,我国《民法通则》在基本原则部分并非没有规定可以适用社会公德补充法律漏洞,只不过规定得相对隐蔽,非专业人士难以寻觅和运用罢了。因此根据法律固有的公开性的要求,第 6 和 7 条应当做出相应的修订。不过限于本书的论题,不宜在这里展开。

然而,能否从《民法通则》第 6 和 7 条的规定得出,《民法通则》在基本原则部分同样授权法官适用习惯规则补充法律漏洞?答案是肯定的。首先从起源上看,习惯规则是在人们长期的共同生产和生活交往的过程中形成的行为规则。因此,习惯规则是一定范围内的人类共同体共同遵循的行为规范,体现相应范围内人们的价值观念,是他们据以判断是非的规范标准。不仅如此,习惯规则依其特征具有补充法律漏洞的功能。而社会公德同样具有地域性,是人们判断是非的标准。尤其是在审理具体案件时在没有相应法律规定的情况下,法官更应当适用案件所在地区的社会公德。其次,正如本文导论所言,社会公德与习惯规则具有重叠性,也就是说有一部分社会公德同时也是习惯规则。再次,社会公德属于不确定的法律概念。立法者仅对其做出方向性的规定,其具体内容或者说其具体价值需要法官在适用时进行补充。正如徐国栋教授所言:"社会公德是涵盖力极广的公众接受的是非观念,属于模糊规定。"② 因此,法官可以依据个案的具体情况,通过社会公德这一不确定概念,引用相关的习惯规则裁判案件。

2. 外国及台湾地区的立法例

《瑞士民法典》第 1 条第 2 款规定:无法从本法得出相应规定时,法官应依习惯裁判;无习惯时,依据自己如作为立法者应提出的规则裁判。当提及此

---

① 徐国栋.民法基本原则解释——以诚实信用原则的法理分析为中心[M].北京:中国政法大学出版社,2004:169-170.
② 徐国栋.民法基本原则解释——以诚实信用原则的法理分析为中心[M].北京:中国政法大学出版社,2004:169.

条文的立法理由时,《瑞士民法典》的起草人法学家胡贝尔说:"诸国相互交融如同个人往来般重要,从而不应使内国立法如中国长城般地拒斥外国立法例之流入。"①依据《瑞士民法典》第1条和胡贝尔的说法,我们可以从中窥见《瑞士民法典》之立法思想之一斑。

大致上说,《瑞士民法典》依然坚守欧陆传统的理性主义,认为世界是可知的,人类凭借自身的理性可以认知世界。因此,对于具有法律意义的人类行为和事件,人类应该而且可以制定法典对之加以规范。这就与大不列颠的经验主义大异其趣。然而,与《拿破仑民法典》的制定者相比,与其说《瑞士民法典》的立法者没有那么自信,毋宁说瑞士的立法者更加务实。他们认识到人类理性的局限性,从而认识到法典不可能穷尽千姿百态的社会现实,于是,他们承认法律漏洞的存在,并公开把人的因素引入法典,即授权法官适用习惯或造法。就此而言,他们又与大不列颠的经验主义合辙。不仅如此,与《德国民法典》的立法者相比,瑞士的立法者已经彻底摆脱概念法学的阴影,因此,他们认为法典并非是逻辑自足的,从法律概念和术语出发依照逻辑规则并不都能推导出所有法律问题的答案。因此,法典漏洞的存在是必然的。因此,他们授权法官根据社会发展变化的需要适用习惯或自行造法。而《德国民法典》尽管大量设置不确定概念和一般法律条款,但充其量只不过是让法官"戴着脚镣跳舞"罢了。不过,我们也应当看到,《瑞士民法典》授权法官适用习惯规则或自行造法进行裁判,并非毫无限度。《瑞士民法典》第1条第3款规定:在前一款的情况下,法官应依据公认的学理和惯例。

实际上,《瑞士民法典》第1条体现了可知与不可知、变与不变的辩证关系。既要通过法典把人类所能认知的经验对象确定下来,以便作为人类行为的指南,但是又必须认识到人类认知能力的局限性,在法典中给新知识的加入留下适当的空间;既要坚持普遍正义又不能忽略个别正义,这样在法典中就必须在坚守法律规范的普遍性的同时,赋予法官适当的自由裁量权,以便他在审理案件的过程中,能根据个案的特殊情况克服制定法的僵硬性,实现个别正义。要达到这些目标,其必不可少的前提条件是,在法典中引入人的因素,即让法官在法律出现漏洞时,适用习惯规则裁判案件或续造规则进行裁判。《瑞士民法典》正是这种哲学思想的产物。正因如此,《瑞士民法典》成为20

---

① 黄建辉.法律漏洞类推适用[M].北京:法律出版社,1988:75.

世纪民法典的楷模。

在它之后,《土耳其民法典》第 1 条第 2 款规定:于无可适用之法规时,审判官应依习惯法;习惯法亦无规定时,应依己身为立法者所应设定之法则裁判之。《泰国民法典》第 13 条规定:诉讼事件,无可适用之法律时,适用习惯。第 14 条规定:诉讼事件,无可适用之法律或习惯时,依其最类似之规定类推之,或依一般法理决定之。我国台湾地区"民法典"第 1 条规定:民事,法律未规定者,依习惯;无习惯者,依法理。《日本商法典》第 1 条规定:关于商事,本法无规定者,适用商习惯法,无商习惯法者,适用民法典。另外,《意大利民法典》也有类似的规定。

二、民间规则补充法律漏洞的方法

究竟有多少种方法可用于补充法律漏洞?不同学者持有不同观点。我国台湾学者杨仁寿教授认为台湾"民法"第 1 条所规定的"民事,法律所未规定者,依习惯。无习惯者,依法理"其中所谓的习惯指的是习惯法[①],因此他认为适用习惯并不属于补充法律漏洞,并主张从法理中可以导出类推适用、目的性限缩、目的性扩张和创造性补充等四种补充法律漏洞的方法。[②] 王泽鉴教授认为类推适用方法用于补充"公开法律漏洞",而所谓公开法律漏洞是指关于某项法律问题,法律依其内在体系及规范计划,应积极设其规定,而未设规定。目的性限缩方法用于补充"隐藏法律漏洞",而所谓隐藏法律漏洞是指关于某项规定,依法律之内在目的及规范计划,应消极地设有限制,而未设此限制。[③] 黄茂荣教授认为补充法律漏洞的方法有类推适用、目的性限缩、目的性扩张和创造性补充等四种方法。

我国学者梁慧星教授认为对法律漏洞进行补充的方法有三:其一,依习惯补充;其二,依法理补充;其三,依判例补充。其中依法理补充的方法又可分为:依立法者或准立法者的消极意思补充、类推适用、目的性限缩、反对解释、目的性扩张、一般法律原则和依比较法补充等七种。[④] 王利明教授认为补充

---

① 杨仁寿.法学方法论[M].中国政法大学出版社,1999:276.本文认为"台湾民法"第 1 条与《瑞士民法典》第 1 条一样其中所规定的习惯指的是事实上的习惯规则而不是习惯法。其理由前文已经述及在此不赘。
② 杨仁寿.法学方法论[M].北京:中国政法大学出版社,1999:188-213.
③ 王泽鉴.法律思维与民法实例[M].北京:中国政法大学出版社,2001:253,265.
④ 梁慧星.民法解释学[M].北京:中国政法大学出版社,1995:269-284.

法律漏洞的方法共有类推适用、目的性扩张和目的性限缩、基于习惯法的漏洞填补、基于比较法的漏洞填补和基于法律原则的漏洞填补等五种方法。① 德国学者魏德士认为："漏洞填补的最重要的工具有：类推、反向推理、目的性限缩、'事物本质'或法律概念或者机构的'本质'、自由的（'创造性的'）法官造法。"②

以上各位学者从各自理论立场出发提出法律漏洞补充的方法，都持理有据、令人信服。不过，本书认为在法律没有规定的情况下，适用习惯规则裁决案件，其性质与当法律有明文规定时适用法律规范裁判案件是有区别的，应该属于一种补充法律漏洞的方法。尽管如此，依习惯法补充的方法与依法理补充的方法应当是不同性质的漏洞补充方法。依习惯法补充的方法可以适用习惯规则裁决待决案件。而相对于依习惯法补充的方法而言，法官在运用法理的诸方法时，并没有现成的合适的规范依据，而必须综合多种因素，包括民间习惯规则等，通过法律论证而得出合适的裁判规则，或剔除不妥帖的规范依据，然后再补充法律漏洞。因此，在民间规则可以作为其中一个参考因素意义上说，法理方法又可称之为间接适用民间规则补充法律漏洞的方法。

其次，某些学者所主张的一般原则方法实际上与类推方法大同小异③，而另一些学者所提倡的法律原则的方法却大致可以归入不确定概念和一般法律

---

① 王利明.法律解释学导论——以民法为视角[M].北京：法律出版社，2009：494-574.
② [德]伯恩·魏德士.法理学[M].丁小春，吴越，译.北京：法律出版社，2003：381.
③ 梁慧星教授认为："依一般的法律补充，与类推适用的差异如下：采类推适用，仅将法律某项规定的构成要件抽象化，如将结婚抽象为身份行为，而法律效果并不抽象化；而依一般的法律原则补充，不仅将法律构成要件抽象化，并将法律效果也抽象化。类推适用，属于从个别法命题到个别法命题，而依一般的法原则补充，乃是由个别法命题引出一般的法命题。"见梁慧星.民法解释学[M].中国政法大学出版社，1995：283. 然而，德国学者魏德士却认为："与法律类推相反，法的类推不是依据某个具体的法律规定，而是从法律规范的整体中推导出来的，换言之，法的类推是将法的基本思想相应地适用于法律没有规定的利益状态。"见[德]伯恩·魏德士.法理学[M].丁小春，吴越，译.北京：法律出版社，2003：382.

条款的价值补充。① 至于类推适用、目的性扩张方法和目的性限缩方法,杨仁寿教授认为:"所谓平等原则,系指'相类似之事件,应为相同之处理','不相类似之事件,应为不同之处理'而言。前者导出'类推适用'之补充方法;而后者则导出'目的性限缩'之补充方法。前者因案件具有'类似性',必须平等处理;后者具有'差异性',而应为不同之处理。所谓规范目的,系指为贯彻立法旨趣,将法律文义所涵盖之类型,排除于该法律之适用范围外,或对法律文义所未涵盖之类型,包括于该法律之适用范围内而言,前者仍属前述'目的性限缩',只不过从'差异性'言,从规范目的言而已,后者则为'目的性扩张'。"② 拉伦茨在谈到目的性扩张方法时也说:"于此涉及的是与已规定者完全不同的构成要件,唯基于法律目的的考量,宜将之包含于法律之中。于此,二构成要件固然不同,唯仍应对二者给以相同评价。"③

至于比较法方法,王泽鉴教授指出,依比较法补充法律漏洞有两种情形:其一,凡类推适用本国法上既有之规定或制度,以补充法律漏洞时,可采用外国立法例及所蕴含之法理,以支持法律的类推适用;其二,用来补充法律漏洞之"材料",非本国法上既有之规定或制度,而是直接采自外国立法例时,则应认为系该外国立法例作为"法理"而予适用。④ 由此可见,所谓比较法方法,前者实际上就是类推适用方法,后者可以归入直接适用法理补充法律漏洞的方法,应该属于创造性补充方法。

由此可见,上述学者所主张的法律漏洞补充方法大体上可以归纳为,类推

---

① 王利明教授认为:"填补漏洞的前提是具体规则的缺失,法官的找法活动仍然需要寻找某个具体的规则,并将这个规则与具体案件的事实相连接。运用基本原则填补法律漏洞时,虽然适用的是基本原则,但这并不是说法官就应简单地直接根据基本原则作为裁判的依据,因为从原则直接到裁判结论的做法缺乏说服力。例如,公平正义是一项基本的法律原则,如果仅仅根据该原则来填补法律漏洞,则一切案件都可以此得以裁判,那么,当法律制度不清晰或者有复数解释时,都可以直接依据基本原则裁判,而无须其他解释方法了。另外,从司法三段论的角度来看,漏洞填补就是要确定大前提,基本原则不包括构成要件和法律后果,无法作为大前提。因此,正确的做法应当是先根据基本原则推导出一个适用于特定案件的具体规则。"见王利明.法律解释学导论——以民法为视角[M].北京:法律出版社,2009:578-579. 王教授又认为:"裁判者运用一般条款的核心任务是要实现一般条款的具体化。一般条款的具体化指将一般条款所涵盖的情况类型具体化,使之可适用于特定的具体案件。一般条款作为抽象性的规则,如果不经过具体化,就无法运用于具体案件。"见同书439-440.
② 杨仁寿.法学方法论[M].北京:中国政法大学出版社,1999:192.
③ [德]卡尔·拉伦茨.法学方法论[M].陈爱娥,译.北京:商务印书馆,2003:274.
④ 梁慧星.民法解释学[M].北京:中国政法大学出版社,1995:284.

第四章 民间规则在裁判规则寻找中的适用——以漏洞补充为例

适用、目的性扩张、目的性限缩、创造性补充和习惯法填补等五种。

然而，依据本书所划分的法律漏洞类型，冲突的法律漏洞是指同一部法律至少有两条法律规范可以同时适用于同一个案件，但是所得出的裁判结果截然相反，却无法通过法条竞合的原则解决。隐藏漏洞是指法律对特定类型的案件虽然有相应的法律规则可以适用，但适用该规则于具体案件所得出的结果与法律的目的不符，或明显违背公平正义原则。由此可见，就冲突法律漏洞及隐藏漏洞而言，上述学者所主张的类推适用、目的性扩张、目的性限缩和创造性补充等方法都不能合理及彻底地加以解决。首先，显而易见，这些方法都不能合理地解决冲突漏洞。其次，至于隐藏漏洞，目的性限缩的方法虽然能够把不合法律目的的案型排除于法律规范的适用范围之外。但是，对于被排除的待决案件应当适用什么规则进行裁判却无能为力。然而，众所周知，案件的处理不在于把案件排除于拟适用的法律规范之外，而在于怎样依据合适的裁判规则做出公正的裁判。因此，在这个意义上说，目的性限缩方法并不完全适合于解决隐藏漏洞。

为此，本书认为在此种情形下，法官可以直接适用民间规则进行裁判。所以，本书把因隐藏漏洞被目的性限缩后余下的规范空缺，当有相应的民间规则加以规定时，也归入直接适用民间规则补充法律漏洞的方法的范围之内。其次，至于冲突漏洞，本书认为应当运用法益衡量的方法进行补充。值得一提的是，这种方法并非笔者故弄玄虚随意杜撰，而是拉伦茨早就提出借"法益衡量"解决原则冲突及规范冲突的问题。① 再次，对于制定法没有相应规定，民间规则也没有适当规定的法律漏洞应当运用类推适用、目的性扩张和创造性补充等方法补充之。

鉴于此，本书以是否直接适用民间规则补充法律漏洞为标准把补充法律漏洞的方法划分为直接适用民间规则补充法律漏洞的方法和间接适用民间规则补充法律漏洞的方法。其中直接方法主要包括两种情形的漏洞填补，而间接方法则包括类推适用、目的性限缩、目的性扩张、创造性补充和法益衡量等五种方法。之所以称它们为间接方法，是因为这五种方法都或多或少地把民间规则作为它们选择或构建裁判规则的考量因素。

依据上述的考量，本节以下拟从直接方法与间接方法两个方面论证民间

---

① [德]卡尔·拉伦茨.法学方法论[M].陈爱娥,译.北京:商务印书馆,2003:279-286.

规则对制定法漏洞的补充。

1. 直接适用民间规则补充法律漏洞的方法

直接适用民间规则补充法律漏洞的方法主要适用于两种情形：其一，针对待决案件制定法没有相应规定，民间规则却有妥帖的规定；其二，虽然制定法有相应规定，但是，由于适用该规定所得的裁判结果将与法律目的或人们普遍认同的价值相悖，于是排除待决案件于该规范的管辖范围之外，此后在制定法没有相应的规范加以调整时，法官可以直接适用适当的民间规则进行裁判。

第一，对制定法没有规定但民间规则却有适当规定的漏洞的补充。这种情形是指，针对待决案件，制定法没有做出相应规定，而民间规则却有适当的规定，于是，法官直接适用民间规则裁判案件。而所谓制定法对于待决案件没有相应规定，是指待决案件的事实与制定法的法律规范的构成要件所指的事实不符。那么，怎样判断待决案件的事实与构成要件所指的事实不符？解决的方法就是所谓的"眼光在规范与事实之间来回移动"。正如考夫曼所言："抽象普遍性的制定法与具体个别的个案，并不是处于同一的概念层次。制定法是应然的层次，而个案则是实然的层次，为了使二者能够互相包摄，二者尤其需要予以等同（'等同原则'）：制定法经由阐释而成为一项构成要件，而个案则经由构思而成为一个案件事实。在此，这些行为并不是互相并行，也不是在时间上有先后，而是处于彼此同时相互关联（个案是不可能包摄在制定法之下的，而是只有案例事实才能够包摄在构成要件之下）。"[①]因此，经由法官的"眼光来回移动"后，确实无法从制定法中寻找到可以适用于待决案件的裁判规则时，法官就可以从民间规则中寻找待决案件的裁判规则。

至于这种情形的司法实践，在我国台湾地区早就出现了以习惯规则补充法律漏洞的案例。杨仁寿教授在其《法学方法论》一书中所述及的1973年台上字第2996号判例和1977年台再字第42号判例[②]就是以民间习惯规则补充法律漏洞的典型案例。它们表明，当时台湾地区的民事制定法对于信托行为并没有相关法律规定，但在台湾地区，民间已经存在关于信托行为的习惯规则。于是，台湾的相关法院在信托行为习惯不违背公秩良俗和制定法的强行规定的情况下，直接适用民间信托习惯规则裁判信托案件。

我国大陆地区也出现直接适用民间习惯规则补充法律漏洞的案例。比

---

① [德]考夫曼.法律哲学[M].刘幸义，等译.北京：法律出版社，2004：216.
② 杨仁寿.法学方法论[M].北京：中国政法大学出版社，1999：210-212.

如:原告和被告是五兄弟姐妹,在其母亲去世以后,被告三人与原告两人商议在其母墓前立石碑一块,要求各人平均出资,两个原告没有同意。被告三人便共同出资立碑,并在碑上署名,但没有将两原告的名字刻上。两原告得知后,向法院起诉,要求在墓碑上刻上自己的名字。为此,原告于2001年诉至某市人民法院,要求判令被告在墓碑上刻上自己的名字,并赔偿精神损失一万元。对一块墓碑上刻上自己名字的权利,是否属于人格利益,并且在受到侵害的情况下,是否可以要求恢复原状,并获得精神损害赔偿,法律并没有做出规定。在本案中,法官认为,民间的习惯是人们在长期的生活实践中逐渐形成的。人们对逝去的亲人树碑以进行祭奠和悼念是我国的传统风俗习惯,对此应该予以尊重。按照我国传统伦理道德的一般观念,只要属于死者的近亲属,均可对死者进行祭奠活动。墓碑上篆刻死者子女等的姓名通常按照长幼顺序排列,而且不应有所遗漏。[①]

从以上所引的案例看,当制定法没有相应的规定时法官可以引用民间规则裁判待决案件,这已不是纸上谈兵,而是司法实践中的客观事实。但是,法官在直接适用民间规则补充法律漏洞时必须遵循的前提条件是,所要适用的民间规则不能违背公秩良俗和制定法的强制性规定。

这种方法基于两方面的因素,即法律授权与不得拒绝审判。前者上文的法律依据已经阐明,因此,在此主要就后者展开讨论。

我们知道,《法国民法典》第4条规定:审判员借口没有法律或法律不确定不完备而拒绝受理者,得依拒绝审判罪追诉之。此即为禁止拒绝审判原则。随着经济社会的发展,该原则自1804年确立以来,至今为止已成为文明国家的普遍法律原则。因此,在法律出现漏洞但又不能拒绝审判的情形下,法官就只能自己造法或寻找其他规则据之裁判待决案件。所以,魏德士说:"众所周知,法院在漏洞领域发挥着立法的功能,这首先是因为有'禁止拒绝裁判'的原则在先。换言之,法院有义务在对争议的事实情况没有相应的法律规定的时候,对属于其管辖范围的待决案件做出判决。"[②]因此,在这种情况下,即使法律没有做出像《瑞士民法典》第1条那样的规定,法官同样可以在不违背制定法的基本精神的前提下,直接适用相应的民间习惯规则裁判待决案件。

其次,正如前文所述,法官据以裁判待决案件的是裁判规则而不是制定法

[①] 转引自王利明.法律解释学导论——以民法为视角[M].北京:法律出版社,2009:533.
[②] [德]伯恩·魏德士.法理学[M].丁小春,吴越,译.北京:法律出版社,2003:358.

的法律条文,虽然裁判规则往往来源于制定法的相关法律条文,但是裁判规则并不等同于法律条文。裁判规则是法官在司法过程中对相关的法律渊源进行具体化诠释或突破的智力成果。正因如此,考夫曼说:"在这个诠释行为之后,制定法、个案,以及尤其使两者相对应的主体,均已不再是先前的同一者。"① 朱苏力教授认为:"司法上所说的法律往往仅出现在疑难案件中,这时法官或学者往往将这个适用的过程或法律推理过程概括为'法律解释',其中包括类比推理、'空隙立法'、裁剪事实、重新界定概念术语乃至'造法'。"② 应当说,朱苏力教授所描述的就是裁判规则的产生过程。但是,我们认为裁判规则的产生过程不仅出现在疑难案件之中。在简易案件中,法官同样也要寻找裁判规则,只不过难易程度不同罢了。

再次,制定法并不是唯一的法律渊源,除了制定法以外还有其他法律渊源包括民间习惯规则。在当今社会,法律渊源多元论已经得到普遍的认同。陈金钊教授认为:"法律渊源是法官决定什么是法律的理论或思维方式。但这一点只是法律渊源含义的一个方面。从另一方面看,法律渊源又表现为制定法、判例法、习惯法和国际条约等几种形式。"③ 黄茂荣教授认为法律渊源的表现形式为制定法、法院的裁判、习惯法、契约或协约、学说和国际法等。④ 魏德士认为,法律渊源的类型可分为:跨国与国际规则,宪法,议会法,行政法规,章程,集体上的规范合同,习惯法,法官法,法学家法和自然法等。⑤ 博登海默把法律渊源分正式渊源与非正式渊源。其中正式渊源包括立法、授权立法与自主立法、条约与其他经双方同意的协议和先例;非正式渊源包括正义之标准,理性与事物之性质,个别公平,公共政策、道德信念与社会倾向,习惯法。⑥ 由此可见,两大法系的法学家都一致认为,法律渊源是多元的。在多元法律渊源并存的情况下,法官可以根据具体案情从多种渊源中寻找裁判规则。不过,在民法法系国家和地区,制定法处于优先地位。

---

① [德]考夫曼.法律哲学[M].刘幸义,等译.北京:法律出版社,2004:216.
② 朱苏力."解释的难题:对几种法律文本解释方法的追问",载梁治平.法律解释问题[M].北京:法律出版社,1998:30-64.
③ 陈金钊.法律解释的哲理[M].济南:山东人民出版社,1999:188.
④ 黄茂荣.法学方法与现代民法[M].北京:中国政法大学出版社,2001:3-9.
⑤ [德]伯恩·魏德士.法理学[M].丁小春,吴越,译.北京:法律出版社,2003:102-118.
⑥ [美]E·博登海默.法理学——法哲学及其方法[M].邓正来,姬敬武,译.北京:华夏出版社,1987:393-461.

第四章 民间规则在裁判规则寻找中的适用——以漏洞补充为例

但是,当制定法对待决案件没有做出相应规定时,法官就无须受制定法优先原则的限制,可以从具体案情出发从其他法律渊源中寻找裁判规则,包括从民间规则。只要所欲适用的民间规则不与制定法的基本精神相悖并能够合理地裁判待决案件,法官就可以直接适用民间规则裁判案,补充法律漏洞。

综上可见,法官在制定法没有明确授权时,同样可以适用民间规则补充法律漏洞。

第二,对待决案件被赐除于法律规范的规整之外而形成的漏洞的补充。即制定法虽有规定,但适用的结果却与法律目的或公平正义原则相悖,于是把待决案件赐除于法律规范的规整范围之外,由此出现了新的法律漏洞。在这种情形下,法官可以尝试适用与案件相关的民间规则,论证其所得出的结果是否与法律目的或人们普遍认同的正义观相符。如果相符,则径直适用民间规则做出裁判。这种以法律目的或正义观为标准衡量制定法的结果和民间规则的结果,从而决定取舍的方法,在一定意义上我们也可以称之为法益衡量。当然,这种方法仅适用于待决案件被赐除后制定没有相应规定,而民间规则却有相关规定的情形。如果赐除后,民间规则也没有相关规定,那么就应运用类推适用、目的性扩张或创造性补充等方法。

这种方法运用的适例应当是德沃金所论述过的埃尔默案。1882 年埃尔默在纽约用毒药杀害他自己的祖父。他知道他的祖父在现有的遗嘱中给他留下了一大笔遗产。埃尔默怀疑这位新近再婚的老人可能会更改遗嘱而使他一无所获。埃尔默的罪行被发现后,他被定罪,判处监禁几年。从法律的角度看,埃尔默有合法权利获取其祖父在最后的遗嘱中提供给他的遗产吗?① 按照当时纽约州的遗嘱法,埃尔默祖父所立的遗嘱是合法有效的。因此,根据制定法的相关规定,埃尔默有权获得遗嘱中所注明留下给他的那份遗产。但是如果法官适用该制定法,那么所得的裁判结果显然与大多数人认同的正义观念相违背。因为大多数人认为凶手不应该获取被害人的财产,尤其是为了获取遗产而杀害被害人的,更应当如此。于是,法官寻找到一条民间规则,即任何人不得从其错误行为中获得利益。② 而如果把这一规则适用于埃尔默案

---

① [美]德沃金.法律帝国[M].李常青,译. 北京:中国大百科全书出版社,1996:18.
② 德沃金认为,这是一条法律原则。但是既然制定法中没有明确规定,判例法中也没有此一原则,而在社会中人们都认同此一规则,那么我们也可以认定其为民间规则。实际上,据考证,此规则在古罗马市民法中就已经出现。

件,所得到的判决结果将是埃尔默无权从其祖父的遗产中获得任何财产。相比之下,这种结果完全符合大多数人的正义观。因此,法官最后适用该规则裁判埃尔默的遗产继承案。

2. 间接适用民间规则补充法律漏洞的方法

所谓间接方法包括类推适用、目的性限缩、目的性扩张、创造性补充和法益衡量等五种法律漏洞补充方法。之所以把它们称为间接方法,是因为在开始运用它们之时并没有合理的规范依据存在,而是必须是借助它们通过法律论证才能最终找到裁判的大前提。当然,在司法过程中寻找大前提并不是法官的目的,法官的最终目的是通过大前提,运用三段论的逻辑法则推导出裁判结果。但是,确立正确的大前提无疑是得出公平合理的裁判结果的重要保证。因此,阿列克西把法和裁决的证立划分为内部证立和外部证立两个向度。内部证立是指法学判断可由立论之前提中逻辑地导出。而在外部证立中,这些前提的可接受性获得了支持。① 也就是说,外部证立就是使裁判的大前提获得可接受性。

在法律出现漏洞的情况下,如何寻找到具有可接受性的裁判大前提绝不是一件轻而易举的事情。因为要让裁判大前提获取可接受性,必须具备的条件之一是,该项裁判规则必须符合大多数人的是非判断标准。而法律漏洞本身就意味着就具体案件而言,可以适用的法律规则已经不存在,同时也就意味着,用以评价拟适用于该案的裁判规则可接受性的明确判断标准,在制定法中也不存在。当然在这种情形下,人们或许认为可以诉诸法律的基本原则或法律的精神。但是,我们也应当看到法律的基本原则和法律的精神都十分抽象和笼统甚至捉摸不定。因此,在一定意义上说,法律的基本原则和精神不能作为人们判断是非的标准,尤其是针对具体案而言更是如此。倘一定要诉诸它们,其结果往往是自说自话,没有可接受性可言。正因如此,在法律没有规定的情况下,不仅裁判规则要从其他社会规范,包括民间规则中寻找,而且评价裁判规则可接受性的标准也要从其他社会规范中提取,而不是依赖已经出现漏洞的制定法。

美国法官波斯纳曾经区分了客观性的三种含义,即第一,主张与外部实体相符合的本体论上的客观性;第二,强调可复现性的科学意义上的客观性;第

---

① [荷]伊夫琳·T·菲特丽丝.法律论证原理[M].张其山,焦宝乾,夏贞鹏,译.北京:商务印书馆,2005:105.

三,讲求合理性的交谈性的客观性。他认为,法律的客观性既非本体论上的客观性,常常也不是科学意义上的客观性,而是交谈的客观性。这种意义上的"客观",不过是合乎情理,"而所谓合乎情理就是不任性、不个人化和不(狭义上的)政治化,就是……有说服力的但不必然是令人信服的解释",因此,"这种客观是可以修改的"。① 显然,波斯纳所说的法律是指经由解释所得出的裁判规则(包括经(狭义)法律解释、法律漏洞补充和不确定概念和一般条款价值补充所得出的裁判规则),他的"客观性"实际上就是可接受性。而在他看来,可接受性就是法律解释的结果合乎情理。不言而喻,情理一般所包含的内容应当包括风俗习惯、伦理道德和交易习惯等。

在阿尔尼奥看来,只有当支持法律解释的论辩以理性的方式进行且最后结论为法律共同体所接受时,法律解释的证立才是正确的。② 但是怎样才能让法律共同体接受呢?阿尔尼奥认为,法律解释的证立只有可能在一种生活方式中进行。只有当听者和解释者属于相同生活方式时,解释才能理性地说服听者。而所谓的生活方式则包括社会共同体共有的整体价值和规范。属于相同生活方式的人有着相同的规范和价值,属于不同生活方式的人则有不同的规范和价值。③ 换言之,在阿尔尼奥看来,法律解释的结论只有与社会共同体普遍认同的价值与规范相符时才能获得可接受性。而社会共同体普遍认同的价值和规范显然包括社会共同体的风俗习惯伦理道德。

总而言之,在法律对待决案件没有相应规定的情形下法官所据以裁判案件的裁判规则是否具有可接受性,制定法已经不是唯一的判断标准。这时,相关的社会规范显得更加重要。正因如此,我们虽然不能说民间规则是检验经由法律漏洞补充所得出的裁判规则,是否具有可接受性的唯一标准,但是我们完全可以说民间规则是在检验其可接受性时必须考虑的重要因素之一。

而经类推适用、目的性限缩、目的性扩张、创造性补充和法益衡量等漏洞补充方法所得出的裁判规则,除非背弃法治原则,否则就必须接受可接受性检验,而检验的标准之一就是民间规则。因此,无论本书的五种法律漏洞补充方

---

① 转引自梁治平:"解释学法学与法律解释的方法论",载梁治平.法律解释问题[M].北京:法律出版社,1998:87-104.
② [荷]伊夫琳·T·菲特丽丝.法律论证原理[M].张其山,焦宝乾,夏贞鹏,译.北京:商务印书馆,2005:130.
③ [荷]伊夫琳·T·菲特丽丝.法律论证原理[M].张其山,焦宝乾,夏贞鹏,译.北京:商务印书馆,2005:135.

法各自的论证过程是否运用民间规则,它们所得出的结论最终都需要接受民间规则的检验。从这个意义上说,民间规则适用于所有法律漏洞补充方法。或许因为如此,麦考密克才强调检验裁判规则时必须考察"常识"和"个人正义观"。波斯纳认为法律解释的客观性就是合乎情理。阿尔尼奥主张法律解释证立只能在一种生活方式中进行。下面就本书所指的五种法律漏洞补充方法及其与民间规则的关系分别展开讨论:

(1)在类推适用方法里的民间规则。

拉伦茨说:"填补开放的漏洞,通常是以类推适用,或回归法律所包含的原则之方式行之。取向于'事物本质'也是一种可能的方法。类推适用系指:将法律针对某构成要件(A)或多数彼此相类的构成要件而赋予之规则,转用于法律所未规定而与前述构成要件相类的构成要件(B)。转用的基础在于:二构成要件——在与法律评价有关的重要观点上——彼此相类,因此,二者应作相同的评价。易言之,系基于正义的要求——同类事物应作相同处理。"① 杨仁寿教授认为:"类推适用,系指法律未规定之事项,比附援引与其性质相类似之规定,以为适用。类推适用系基于平等原则之理念,而普遍为法院所使用,'相类似之案件,应为相同之处理'之法理,为类推适用之基本原理。"② 综合两位学者的观点,本书认为,类推适用的关键之点在于法律规定的构成要件所指称的事实与待决案件的事实是否类似。

但是,问题在于怎样判断它们之间是否具有类似性。我们认为可以分为两步进行:其一,尽管法律规范包含有构成要件所指称的事实,但是构成要件所指称的事实是抽象的事实或者说类型化的事实,其具体所指必须根据具体案情进行具体化才能确定。其具体化的标准很有可能是案件所在行业的习惯规则或所在地区的风俗习惯。比如说,我国《合同法》第80条规定:债权人转让权利的,应当通知债务人。未经通知,该转让对债务人不发生效力。但是其中的通知究竟使用口头、书面、邮寄或电子邮件中哪一种方式才算是合理的呢?如果当事人没有约定也没有相关行政法规的规定,那么就可以依据所在行业的习惯规则或所在地区的风俗习惯加以确定。其二,在具体化法律规定的构成要件所指的事实后,接着才能判断构成要件的事实与待决案件的事实是否具有相似性。判断的标准不应该是拟适用的法律规范,因为它本身就是

---

① [德]卡尔·拉伦茨.法学方法论[M].陈爱娥,译.北京:商务印书馆,2003:258.
② 杨仁寿.法学方法论[M].北京:中国政法大学出版社,1999:193-194.

被判断的对象。这样一来,案件所在行业或所在地的习惯规则或风俗习惯又再次可能成为判断它们是否具有相似性的标准。经比较判定,如果两者之间在重要点上相似,那么就可以把拟适用的法律规范适用于待决案。否则,不能。

以上所述主要是民法法系法官所进行的类推适用。在普通法法系国家和地区,因为其主要法律渊源是判例法,所以其类推适用又有所不同。美国前司法部长列维说:"法律推理的基本类型是例推法,就是从个案到个案的推理,这一推理过程运用的是所谓'先例原则',也就是说将一项由先例提炼出来的论断视同一项法则并将之适用于后一个类似的情境之中。具体而言,这一过程分为三步,即首先要提炼出个案之间的相似之处,然后总结出先例中蕴含的相关法则,最后再将此相关法则运用于当下的个案之中。"① 由此可见,在普通法法系国家和地区,法官在类推适用的过程中一般不需将制定法的事实构成要件具体化,而是直接判断先例案件的事实与待决案件的事实是否相似。又因为先例的规则是拟适用的规则,所以不能作为判断前后两案的事实是否相似的标准。因此法官只能借助其他社会规范或法律规定。这时,参考案件所在地或行业的风俗习惯或习惯规则或许是最佳选择。

然而,问题又来了,在普通法法系国家和地区,类推适用属不属于法律漏洞补充方法呢?本书认为应当分为两种情况而论。其一,判例法是由众多的案例累积而形成的。当法官经鉴别认为先例与本案不相似,因而抛开先例创造性地做出判决时,那么法官是在造法,或者说寻找其他法律依据;当法官认为先例与本案相似,而类推适用先例时,那么法官是在适用法律,不属于填补法律漏洞。其二,毫无疑义,普通法法系国家也有大量的制定法。当法官把制定法类推适用于制定法原本没有涵摄的案件时,显然,这种情形属于类推补充法律漏洞。

综上所述,虽然我们不能够说法官每次在运用类推适用方法补充法律漏洞时,都必须适用民间规则判别法律构成要件与待决案件事实的异同,但是我们可以说法官在相当数量案件的审理过程中,极有可能借助民间规则鉴别它们之间的相似性。

---

① [美]艾德华·H·列维.法律推理引论[M].庄重,译.北京:中国政法大学出版社,2002:3.

(2) 在目的性限缩方法中的民间规则。

黄茂荣教授说:"法律文义所涵盖之案型,有时衡诸该规定之立法意旨,显然过广,以致将不同之案型,同置于一个法律规定下,造成对'不同之案型,为相同之处理'的情形,为消除该缺失,以贯彻系争规定之立法意旨,显有对原为其文义所涵盖之案型,予以类型化,然后将与该立法意旨不符的部分排除于其适用范围之外,以符'不同之案型,应为不同之处理'的平等要求。由于这里涉及将原为法律文义所涵盖之案型,排除于该法律之适用范围外,故其法律适用之性质,属于法律补充。就这种法律补充,学说上称为'目的性的限缩'。"①拉伦茨认为,填补隐藏漏洞的方式系添加——合于意义要求的——限制。借此,因字义过宽而适用范围过大的法定规则,其将被限制仅适用于——依法律规整目的或其意义脉络——宜于适用的范围,直言之,其适用范围即被"限缩",因此,吾人称之为"目的论的限缩"。②

本书认为,目的性限缩的关键之处在于判定规范目的,然后依据规范目的把与其不相符的案型排除在法律文义的涵盖范围之外。所以,杨仁寿教授说:"目的性限缩系就法条之规范意旨而为考量,亦即端视法律目的而分其类型,将不合规范意旨部分予以剔除。"③但是问题在于法律的目的是什么?众所周知,法律的目的往往是十分抽象,甚至言人人殊、莫衷一是。倘不对法律目的加以限制,那么无异于赋予法官随意曲解法律的权力。因此,法律目的本身就需要限缩。如何限缩法律目的?或许人们会诉诸公平正义。但是公平正义却比法律目的更加抽象。可见,公平正义这条路一般走不通。因此,在大多数人无法就法律目的达成共识时,法官应当求助于伦理道德、风俗习惯和行业惯例等。也就是说,在无法探知法律目的的具体意义的情况下,法官应当设定如果违反了伦理道德、风俗习惯或行业惯例,就背离了法律的目的。换言之,把拟适用法律规范运用于待决案件,如果所得出的结果与伦理道德、风俗习惯或行业惯例明显背道而驰,那么就说明拟适用的法律规范不应适用于待决案件之目的不符,或者说待决案件不在拟适用的法律规范目的的射程之内,应被排除于其适用范围之外。

王泽鉴教授曾举例说:"旧《民法》第 1074 条规定:'有配偶者,收养子女

---

① 黄茂荣.法学方法与现代民法[M].北京:中国政法大学出版社,2001:397.
② [德]卡尔·拉伦茨.法学方法论[M].陈爱娥,译.北京:商务印书馆,2003:267.
③ 杨仁寿.法学方法论[M].北京:中国政法大学出版社,1999:205.

时,应与其配偶共同为之.'设甲男与乙女结婚,甲欲收养乙之子丙为养子,依本条规定文义,乙女似应共同为之。唯此势将导致生母收养自己婚生子女的结果,违反伦理,不符合当事人利益,抵触收养制度。按第 1074 条之立法目的,在使双方配偶均能与被收养者,发生亲子关系,以促进家庭和睦,故一方配偶收养他方配偶之子女,他方配偶应无共同为之的必要。准此以言,第 1074 条未设此项限制,自有缺漏,为贯彻法律规范意旨,应作目的性限缩。"① 另外,"1970 年度台上字第 4401 号民事判决称:'被继承人一面以自己之立场,将其财产以死亡为原因,赠予被上诉人,一面又以被上诉人之法定代理人身份,代被上诉人允受赠予,此种双重行为并无对价关系,于未成年之被上诉人并无不利,依照当时有效之日本民法及适用台湾地区习惯,与'现行民法'第 77 条、第 106 条之规定,自属有效成立',即目的性限缩之适例也。"② 该案例实际上适用台湾习惯限缩台湾"民法"第 106 条。该条规定:代理人,非经本人之许诺,不得为本人与自己之法律行为,亦不得既为第三代理人,而为本人与第三人之法律行为。但其法律行为,系专履行债务者,不在此限。

由此可见,目的性限缩方法必须借助法律规范的目的把与该目的不符的案型排除于法律规范文义所涵盖的范围之外。但怎样判定规范目的却成为更加重要的问题。当法律规范目的令人捉摸不定,求诸其他寻找目的的方法又未能成功时,就必然要诉诸民间规则。假定违反民间规则,即违背法律的目的。因此,民间规则在目的性限缩的方法中依然有适用机会。

(3)在目的性扩张方法中的民间规则。

梁慧星教授说:"所谓目的性扩张,指为贯彻法律规范意旨,将本不为该法律条文的文义所涵盖的案型,包括于该法律条文的适用范围之内。衡诸法律目的或其基本思想,系争法条文义涵盖之案型种类显属过狭,而不足贯彻其规范意旨,遂依规范意旨将本应包括而未包括在内的案型,纳入系争法条之适用范围。"③ 王利明教授认为:"所谓目的性扩张,是指为了贯彻立法目的,对法律条文做出超过其文义的解释,使其包括原本没有包括的案型。目的性扩张是在存在明显漏洞的情况下,法官填补漏洞的方法,其也是基于法律的目的考

---

① 王泽鉴.法律思维与民法实例[M].北京:中国政法大学出版社,2001:266.
② 杨仁寿.法学方法论[M].北京:中国政法大学出版社,1999:205.
③ 梁慧星.民法解释学[M].北京:中国政法大学出版社,1995:279.

虑而进行的操作。"①针对目的性扩张的问题,拉伦茨说:"我们可以借用卡纳利斯的用语,将扩充过窄的字义,而非出之以类推适用的方式者称为'目的论扩张'"②,在谈到德国联邦最高法院在一起损害赔偿案件中扩张适用《德国民法典》第844条第2项时,他还说:"于此涉及的是与已规定者完全不同的构成要件,唯基于法律目的的考量,宜将之包含于法律之中。"③

综合上述所引学者的观点,本书认为,目的性扩张就是依据法律规范的目的,把应当由法律规范所涵盖的案型,包括于法律规范的范围内,尽管按照法律规范的文义该案型不应被包括在内。因此,某种案型能否包括在该法律规范的范围内完全取决于法律规范的目的。由此可见,确定法律规范的目的是目的性扩张方法的不可或缺的一个环节。然而,法律规范的目的往往令人不可捉摸。在确定法律规范目的的过程中,民间规则正如在目的性限缩方法中一样可以发挥重要的作用。详言之,法官可以以民间规则作为判断依据,如果不把待决案件包摄于拟适用的法律规范之下,其结果是否与民间规则格格不入?果真如此,法官可以据此推定待决案件应当被法律目的所涵盖。其具体运行特征与目的性限缩的相同,在此不再重复。

(4)在创造性补充方法中的民间规则。

黄茂荣教授认为:"当拟处理之案型依据法理念斟酌其蕴含之事理,认为有加以规范的必要,而却在实证法上纵使经由类推适用,或目的性的扩张,亦不能找到其规范依据时,便有根据法理念及事理,试拟规范的必要。此种做法即为这里所称之'创造性的补充'。所以称之为创制,其理由为:在这里所拟引来补充法律漏洞之规定,在实证法上不能找到已具构成要件之形式的规范,以供攀附援引。"④杨仁寿教授说:"创造性补充,系指依法理,就现存实证法毫无依据之类型,创造其规范依据而言。良以法律有时而尽,又不能从上述三种漏洞补充方法(指类推适用、目的性限缩和目的性扩张)觅其依据,如有必要加以规范时,唯有依据法理念及事理,创造规范,以济其穷。"⑤

本书认为,创造性补充是指法官从立法者的角度,根据法理念和事理创造适用于待决案件的裁判规则。然而,运用创造性补充方法的前提条件是:其

---

① 王利明.法律解释学导论——以民法为视角[M].北京:法律出版社,2009:516.
② [德]卡尔·拉伦茨.法学方法论[M].陈爱娥,译.北京:商务印书馆,2003:273.
③ [德]卡尔·拉伦茨.法学方法论[M].陈爱娥,译.北京:商务印书馆,2003:274.
④ 黄茂荣.法学方法与现代民法[M].北京:中国政法大学出版社,2001:403-404.
⑤ 杨仁寿.法学方法论[M].北京:中国政法大学出版社,1999:209.

一,依据法理以及待决案件所涉及的事理,法律有对待决案件加以规范的必要;其二,实证法对待决案件没有相应的规定,这里所谓的实证法既包括制定法也包括民间规则;其三,运用上述三种法律漏洞补充方法,均找不到裁判规则。

然而,什么是法理念,什么是事理?杨仁寿教授认为:"良以法理系自法律规定之根本精神演绎而出,经学说或判例之长期经营,无论为归纳法的研究,或历史的研究,或社会学的研究,业已发现其存在态样,如平等原则、规范目的、法理念及事理等属之,凡此均为维持整个法律秩序体系性之基本要素,所有法律规定,莫不依此而为展开,立法者疏未考虑之'个别规定',只要在整个法律秩序之体系下,法官自可居于立法者之地位,予以补充也。故法官为'创造性补充'时,仍应以维持整个法律秩序体系性之基本要素为出发点,不能凭空创造。"①在这里,杨教授只是说明法官在创造性补充法律漏洞时必须接受法理、法理念和事理的约束,但法理念具体内涵究竟是什么?他没有给出明确的答案。黄茂荣教授在其《法学方法与现代民法》一书中也没有对法理念作明确的说明。我们认为,法理念就是平等原则、法律目的、公平正义、法律体系一致性等作为当代文明社会的法律必须遵循的抽象理念。法官造法时不能与这些基本理念相违背。

至于事理,其具体内容,法官必须针对待决案件的具体案情决定。它包括与案情有关的自然界和人类社会的规定性,也包括川岛武宜所说的"活法"②(只要其与案情有关),还包括案件所在地的伦理道德风俗习惯。因为法官创制裁判规则是为了审理待决案件,所以法官必须考虑的造法因素应当包含与案情相关的伦理道德风俗习惯。而且,在一定意义上说,案件所在地的伦理道德风俗习惯反映了当地的公平正义观。

尽管法官进行创造性补充法律漏洞的前提条件之一是民间规则对待决案件不存在相应的规定,但这与法官必须考虑当地的民间规则并不矛盾。虽然

---

① 杨仁寿.法学方法论[M].北京:中国政法大学出版社,1999:210.
② 川岛武宜说:"'活法'是法律概念发展与变化的最初阶段。在该阶段,它尚处于与其他各种形式的社会规范未分离的状态下。因此,作为法律概念,它还只是我们在近代法中通常可以看到的、已经完成且独立存在的法律的初级形态。'活法'是一个非常广泛的概念。在那里,我们既可以看到已与法律的初级形态分离,即各种中级形态的法律概念,亦可以看到尚未与道德、习俗、礼仪等一般的社会规范分离的法律的初级形式。"见川岛武宜.现代化与法[M].王志安,渠涛,申政武,李旺,译.北京:中国政法大学出版社,1994:234.

不存在相应的民间规则调整待决案件,但这并不意味着法官所创制出来的裁判规则就可以与当地的民间规则相抵触。从这个角度看,民间规则依然能够在法官创造性补充法律漏洞的过程中充当重要角色。

(5)在法益衡量方法中的民间规则。

这种方法借鉴于德国学者拉伦茨。拉伦茨在其《法学方法论》一书中提出运用法益衡量的方法解决法律原则冲突和法律规范冲突问题。在拉伦茨看来,在个案中,当法律所保护的不同利益发生冲突时法官必须权衡不同利益的轻重,做出一种利益向另一种利益让步或两种利益各自让步的决定。① 然而,为什么要借用法益衡量作为法律漏洞补充的方法呢? 其主要原因是:上面所述的四种方法不能合理地填补法律的冲突漏洞。因此,法益衡量方法主要适用于这种情形。其具体指,当不同的法律规范适用于同一案件事实,但所得出的裁判结果却大相径庭,同时又不能够通过特别法优于普通法、上位阶法优于下位阶法、后法优于前法等解决法律竞合的原则解决时,法官可以权衡不同法律规范所保护的法益的重要性。当其中一种利益比另一种更值得保护时法官就应当舍弃"轻"者保护"重"者。而当两种法益都同等重要时,法官可以综合多种因素构建出能够合理顾及两种不同法益的裁判规则。

然而民间规则在法益衡量方法中所起的作用又是什么呢? 众所周知,民间规则不仅是一定范围内的人们生活生产经验的结晶,而且是他们据以判断是非的规范标准。因此,可以说,民间规则体现着一定范围内大多数人的共同价值观。进而言之,在一定地域或业域内,究竟哪一种利益更"轻"哪一种利益更"重",民间规则是不可或缺的判断依据之一。因此当不同的法益相互冲突时,法官可以民间规则为判断标准判定以哪一种利益为"重"哪一种利益为"轻"或同等重要。当两种利益同等重时,法官除了可以建构取代两者的裁判规则外,还可以选择能够合理顾及不同利益的民间规则作为裁判规则。由此可见,在法益衡量方法中民间规则一样可以发挥重要作用。就这个问题,德国法学家萨维尼早就说过:"习惯法的效力可表现于与制定法内容存在矛盾的情形之中,此时,习惯法或者确定了一个代替制定法规则的其他规则,或者仅仅废除了制定法规则。"②

综上所述,民间规则在类推适用中,可以作为判断案件事实与法律构成要

---

① [德]卡尔·拉伦茨.法学方法论[M].陈爱娥,译.北京:商务印书馆,2003:279.
② [德]萨维尼.当代罗马法体系[M].I.朱虎,译.北京:中国法制出版社,2010:123-124.

件所指的事实之间是否存在相似性的标准,在目的性限缩和目的性扩张中可以成为确定法律规范目的的依据,在创造性的补充中应当成为法官造法时必须考虑的要素之一,而在法益衡量中不仅可以作为衡量法益的标准,以便法官做出规范取舍,而且能够作为构建裁判规则的重要因素之一,甚至可以取代制定法成为法官裁判案件的规则。更为重要的是,正如前面所述,法官经由上述五种法律漏洞补充方法所寻找到的裁判规则都有必要接受包括民间规则在内的综合性标准①检验其可接受性。

行文至此,本书已经对法律漏洞补充的直接方法与间接方法分别作了论证。然而,当法律出现漏洞时,法官首先运用的是直接方法还是间接方法呢? 本书认为应当先运用直接方法。其理由大致有二:其一,正如前文所述,直接方法指的是直接适用民间规则补充法律漏洞。而《瑞士民法典》、台湾地区"民法"和《日本商法典》都规定,对于民商事案件,当法律没规定时,依习惯,当没习惯时,依法理。因此,从制定法的安排看,直接方法应该优先于间接方法。只有在民间规则对待决案件没有相应规定时,才能运用间接方法。其二,尽管民间规则也有不确定性的缺陷,但与间接方法相比,其反而具有更多的确定性。如上所述,间接方法在寻找裁判规则的过程中往往有过多的人为不确定因素介入,这就导致当事人,甚至法官对最终推导出的裁判结果是什么也无法预测,其结果是过多的人治因素进入司法程序。从这个意义上说,直接方法也应当优先于间接方法。因此,杨仁寿教授说:"本书以为依法理导出之漏洞补充方法,如类推适用、目的性限缩、目的性扩张以及创造性补充,须于习惯法适用之后,犹有漏洞,始有补充之余地。"②

三、例析民间规则对法律漏洞的补充

案例5:"婚宴"碰上"丧宴"酒楼赔钱:民间规则对法律漏洞的填补

办喜事原本是件让人高兴的事,谁知在同一家酒楼却遭遇了办丧事的。气愤的曾家林(化名)夫妇为此将酒楼所属公司告上法庭,索要精神抚慰金。广西壮族自治区河池市中级人民法院日前做出终审判决,还了曾家林夫妇一个公道。

2005年10月6日,家住广西宜州市庆远镇的曾家林、张萍(化名)到一家

---

① 这里所指的民间规则是指与现代文明社会的法治精神相符合的民间规则。
② 杨仁寿.法学方法论[M].北京:中国政法大学出版社,1999:280.

酒楼,预定11月5日在这里举行婚宴,并交纳了500元押金。婚礼当天,酒楼门前张灯结彩,鞭炮鸣响。但不一会儿,曾家林夫妇邀请的亲友就发觉气氛不对,原来在酒楼的同一个就餐大厅里竟有另外一家人同时设摆着丧事酒宴。办喜事和办丧事的酒宴同时同地举行,让曾家林夫妇非常尴尬,小两口为此还发生口角。因与酒楼交涉索赔未果,他们将酒楼所属公司告上法庭,要求对方书面赔礼道歉,并赔偿精神抚慰金9 160元。

宜州市法院经审理认为,酒楼的做法违背了风俗习惯,给原告曾家林夫妇造成了精神损害,据此判令被告酒楼所属公司赔偿曾家林夫妇精神抚慰金3 600元,驳回其他诉讼请求。

酒楼所属公司对一审判决不服,向河池市中级人民法院提出上诉。河池市中级人民法院经审理,做出酒楼所属公司赔偿曾家林夫妇精神抚慰金1 600元,驳回酒楼所属公司其他上诉请求的终审裁定。[1]

依据我国《民法通则》以及其他民事法律法规的相关规定,酒楼有权在其经营范围内向顾客提供饮食服务并收取相应的服务费用。因此,无论是婚宴还是"丧宴",只要在其经营权利和能力范围内,酒楼都有权让他们在其经营场所内进行,并向他们提供有偿的饮食服务。然而,对于婚宴和"丧宴"在同一场所同一时间举行是否侵害婚宴一方主人的权利,我国相关民事制定法和最高人民法院的司法解释都没有相应的规定。但是,依据法理念,这种由婚宴碰上"丧宴"所引发的纠纷不属于法外空间,应当由法律加以调整。由此可见,制定法在这个问题上出现了漏洞。

相反,按照我国的民间习俗,在举行婚礼的当天,尤其是在婚宴上,新人只能遇上好事,不能碰上"坏事",否则婚姻不祥。因此从民间规则的视角看,在婚宴举办时第三人由于故意或过失致使新人碰上"坏事"的,就是侵害新人的权利。侵害这种权利的行为不仅从精神上减损甚至剥夺了权利人对幸福的期待,而且还给权利人造成一定期间的精神困扰。而"丧宴"恰好是我国民间习俗所指的"坏事"之一。

与此同时,本案的证据表明,本案的婚宴之所以碰上"丧宴",正是由于酒楼的过错行为所致。因此,从民间规则角度看,酒楼的行为确实侵害了原告的"合法"权益。正因如此,本案法院直接以民间规则为依据判决被告败诉。

---

[1] 本案报道作者黄河清,原载于《检察日报》,转引自"民间法与法律方法网",网址:http://www.fhfm.com/Index.html,最后浏览日期:2010年10月25日。

由此可见，本案一、二审法院实际上是在我国制定法对本案没有相关规定的情况下，以民间规则作为裁判依据做出判决，填补我国制定法的漏洞。

案例 6："凶宅"案：民间规则对一般条款的价值填补

家在四川省自贡市的李某花 31.8 万元从成都市刘某夫妇处购买了一套 70 多平方米的二手房，装修时却从邻居处惊闻此房三年前发生过凶杀案。今天，成都市金牛区人民法院对此案公开宣判，认定被告刘某夫妇违背诚实信用原则，其行为已构成欺诈，判决撤销李某与刘某夫妇签订的房屋买卖合同，李某向刘某夫妇退房，刘某夫妇向李某退款。

法院经审理查明，因居住需要，李某看中了一套位于成都市内的二手房。2007 年 9 月，李某经成都一家中介公司向房主刘某夫妇交付了购房定金 5 000 元，签订房屋买卖合同，约定刘某夫妇将上述二手房以 31.8 万元的价格卖给原告。10 月 12 日，李某支付了全部房款。第二天，李某聘请装修公司进屋装修时，邻居一位大妈悄悄告诉他，2004 年，就在这套房子里，刘某夫妇 20 岁的儿子将一名到他家做客的 10 岁小女孩杀了，还残忍地将小女孩的尸体肢解成多块后藏在屋顶上的水箱边，好几天后尸体才被邻居发现。

听到这一消息，李某顿时毛骨悚然，立即到辖区派出所求证，不幸消息被证实。

为此，李某多次找刘某夫妇商量退房事宜，结果均遭到拒绝，无奈之下只能向法院提起诉讼，请求撤销其与刘某夫妇签订的房屋买卖合同，并要求退还购房款。①

一审法院认定本案刘某夫妇的行为构成欺诈。本书认为这种观点值得商榷。我国《合同法》第 54 条规定：下列合同，当事人一方有权请求人民法院或者仲裁机构变更或者撤销：（一）因重大误解订立的；（二）在订立合同时显失公平的。一方以欺诈、胁迫的手段或者乘人之危，使对方在违背真实意思的情况下订立的合同，受损害方有权请求人民法院或者仲裁机构变更或者撤销。当事人请求变更的，人民法院或者仲裁机构不得撤销。显而易见，一审法院所适用的正是此条文。

但是，问题是如何界定欺诈行为。在房屋买卖合同中欺诈行为所包含的具体内容应当是什么？它是否包括本案事实？为此，我们需要对欺诈进行解

---

① 本案报道作者陈太富等，原载于：http://david7009.fyfz.cn，转引自"民间法与法律方法网"，网址：http://www.fhfm.com/Index.html，最后浏览日期：2010 年 10 月 25 日。

释。众所周知,法律解释的结果必须与同一法律体系内的其他法律条文的意义相协调,并不得违背法律的基本精神。《最高人民法院关于贯彻执行〈中华人民共和国民法通则〉若干问题的意见(试行)》第68条规定:一方当事人故意告知对方虚假情况,或者故意隐瞒真实情况,诱使对方当事人做出错误意思表示的,可以认定为欺诈行为。但是,对于房屋买卖合同而言,告知对方虚假情况或故意隐瞒真实情况具体所指的又应当是哪些行为呢?

换言之,在签订合同过程中卖方哪些行为依法才能构成该司法解释第68条所指的告知对方虚假情况或故意隐瞒真实情况? 依据我国《合同法》第9章买卖合同的规定以及《物权法》和《消费者权益保护法》的相关规定,卖方必须对买方就合同标的物承担所有权担保责任和质量担保责任。所谓所有权担保责任是指卖方必须保证标的物不涉及其他债权债务关系,或者说卖方必须保证其对标的物所拥有的所有权不涉及其他争议。所谓质量担保责任是指卖方必须保证标的物具有按照标的物的物理属性应当具有的正常使用功能或者说明书所写的使用功能,并不具有不合理的安全隐患。因此,如果标的物不符合这两方面的条件,那么标的物即具有所有权瑕疵和质量瑕疵。就买卖合同而言,卖方只有隐瞒标的物的所有权瑕疵或质量瑕疵,或者虚构标的物的所有权情况或质量情况,其行为才构成欺诈。不言而喻,房屋买卖合同也不例外。

本案的刘某夫妇对李某隐瞒了其房屋曾经发生过凶杀案这一事实,显然不属于法律规定的欺诈行为。因此,一审法院适用《合同法》第54条应当属于适用法律不当。

其实,本案应当适用我国《合同法》第94条。该条规定:有下列情形之一的,当事人可以解除合同:(一)因不可抗力致使不能实现合同目的;(二)在履行期限届满之前,当事人明确表示或者以自己的行为表明不履行主要债务;(三)当事人一方迟延履行主要债务,经催告后在合理期限内仍未履行;(四)当事人一方迟延履行债务或者其他违约行为致使不能实现合同目的;(五)法律规定的其他情形。法律规定的其他情形究竟指的是什么? 法律没有具体说明,实际上,法律规定的其他情形,可能在不同的案件中有不同所指,或者说在不同的行业或地区具有不同的内涵。因此,需要法官依据个案的特殊情境进行认定。但前提条件是,其所指情形的严重程度必须是与前四款一样,即导致合同目的不能实现。

而按照我国的民间习俗,一般说来购买房屋的目的就是安居,就本案而言更是如此。而安居的必要前提条件是所买房屋必须是"干净的"。所谓干净是指在房屋内不曾发生过严重违反当地伦理道德风俗习惯的事件,最为典型的是他杀或者自杀。本案的房屋内曾经发生过十分残忍的凶杀案件。因此,按照我国民间风俗习惯,本案所涉及的争议房屋是"不干净的",因此李某的安居目的在该房屋内不可能实现。也就是合同目的不能实现。由此可见,本案应当属于《合同法》第94条第(五)款规定的,法律规定的其他情形。因此依据该条第(五)款的规定,李某有权解除其与刘某夫妇所签订的房屋买卖合同。

由此可见,本案一审法官应当按照我国民间风俗习惯对《合同法》第94条第(五)款,法律规定的其他情形,进行具体化,或者说进行价值补充,然后适用于本案,判令双方当事人解除合同。而不应生搬硬套地适用第54条,尽管裁判的结果一样,但是其显然属于适用法律不当。

结　　语

制定法是用书面语言表达的法律条文。因此,书面语言把其固有的缺陷带进法律之中。书面语言的模糊不清、词不达意,使制定法面对纷繁复杂的现实社会力不从心、捉襟见肘、不胜其烦。不仅如此,由于制定法超越具体案件的逻辑推理并宏大叙事式的规范体系,且由于现实社会的变动,实际上在19世纪末之前制定法尤其是法典法已经是千疮百孔、漏洞百出、差强人意。然而,在自由资本主义阶段,人们依然是信心满满固守古典自然法学派与古典自由经济学派的衣钵,自欺欺人地坚守成文法典、万能成文法典无漏洞的陈词滥调。可是历史事实是无情的,随着资本主义从自由竞争阶段进入垄断阶段,法典万能论已经彻底与现实世界脱节,最后只好龟缩到"概念天国"里。于是,自由法学运动猛烈一击,彻底粉碎了法典万能论的迷梦。作为20世纪法典法的开端的《瑞士民法典》在第1条便开宗明义地规定,在法律没有规定时,法官可以适用习惯规则裁判案件。从此,法官可以名正言顺地适用习惯规则补充法律漏洞,不再像从前那样遮遮掩掩、故作姿态。

民间规则是人们在民间社会里经过长期社会实践所形成的行为规范,它的合理性不在于理论论证而在于实践检验。民间规则不是来源于理论构建而是来源于实践经验。它之所以具有约束力,是因为得到人们普遍的认同,而不是因为强力威慑。正如约翰·戴维斯所言:"习惯法是这样产生并臻于完美的:当人们发现某一做法合理而有益于他们,并适合他们的秉性与风尚时,这一做法就会得到人们的遵从和重复,长年重复之后就变成习惯。这些习惯法未曾中断过,而且人们也意识不到,它们拥有与法律一样的效力。"[1]因此,如

---

[1] 陈绪纲.法律职业与法治——以英格兰为例[M].北京:清华大学出版社,2007:238.

果说制定法是建构理性的话,那么民间习惯规则就是经验理性。适用民间习惯规则解决民事纠纷,就是要在民事领域运用经验理性弥补建构理性的不足。不过,经验理性自身也存在缺陷,欠缺体系,甚至盲目发展。所以经验理性也有必要借助建构理性克服自身的不足。尤其是在快速发展的现代社会,经验理性更加离不开建构理性必要的指导。表现在法律方面,就是民间规则必须与制定法的基本精神相符合,不能与制定法的禁止性规定相违背。

以上可以说是对本书论证的总结。与此同时,笔者也清醒地认识到,在纠纷解决过程中,民间规则的运用及其在运用中与国家制定法的互动是十分宏大的理论与实践问题,其涉及的内容之丰富,并非一本 16 万字左右的书所能涵括,也不是笔者的学力所能胜任。即便就民间规则在民事纠纷解决中的运用而言,本书所选择的研究论域也是十分狭小的。因为此一论题还应当涉及谈判、调解与仲裁等。再退一步,就民事诉讼这一论域而言,本书在民事法律适用方面,仅选取法律漏洞补充,这一寻找裁判规则的路径展开论证。因此,本书的论证空间十分有限。于是,本书能够解决的问题也十分有限,充其量只是管中窥豹,仅见一斑。但是,无论如何,本书始终坚守遵循制定法超越制定法的理论路线,因为笔者坚信,这种理论路线是在现代文明社会里把制定法与民间规则有机整合起来的关键所在。

除此之外,按照本书的研究逻辑,本书的研究主题今后大致可以向三方面拓展和加深。其一,研究民间规则的解释理论。本书相当部分内容探讨了法官如何运用民间规则解释制定法(广义的法律解释)。然而,民间规则自身并非十全十美,对于民间规则自身在司法运用中出现的缺陷,我们又应当怎样补救呢?这是一个值得研究的问题。其二,在仲裁过程中民间规则对制定法解释问题。在仲裁中所运用的法律规则一般由当事人事先选定,但当法律解释的结果与当事人的初衷不一致时,这种冲突怎样克服?其三,研究民间规则在调解中的运用问题。其四,罪刑法定原则是当代法治文明的精神结晶。然而,毋庸置疑的是,刑法典同样不可能摆脱制定法固有的缺陷,怎样运用民间规则克服刑法典的局限性,应当是一个具有重要意义的课题。此外,尽管现代刑法典大都规定罪刑法定原则,然而,它又规定各种可酌情从轻减轻情节。因此,民间规则能否在刑事诉讼过程中对法官认定从轻或减轻情节有所助益呢?这些都是值得今后继续探讨的问题。

参 考 文 献

一、中文著作

（一）中文原著

[1] 梁治平. 清代习惯法：社会与国家[M]. 北京：中国政法大学出版社，1996.

[2] 田成有. 乡土社会中的民间法[M]. 北京：法律出版社，2005.

[3] 高其才. 中国习惯法论[M]. 北京：中国法制出版社，2008.

[4] 范愉. 纠纷解决的理论与实践[M]. 北京：清华大学出版社，2007.

[5] 苏力. 法治及其本土资源[M]. 北京：中国政法大学出版社，2004.

[6] 范愉. 多元化纠纷解决机制[M]. 厦门：厦门大学出版社，2005.

[7] 沈宗灵. 现代西方法理学[M]. 北京：北京大学出版社，1992.

[8] 谢晖，陈金钊. 民间法：1-6 卷[M]. 济南：山东人民出版社，2002.

[9] 高其才. 瑶族习惯法[M]. 北京：清华大学出版社，2008.

[10] 李宜琛. 日耳曼法概论[M]. 北京：中国政法大学出版社，2003.

[11] 周长龄. 法律的起源[M]. 北京：中国人民公安大学出版社，1997.

[12] 刘作翔. 法律文化理论[M]. 北京：商务印书馆，1995.

[13] 徐昕. 论私力救济[M]. 北京：中国政法大学出版社，2005.

[14] 王铭铭，王斯福. 乡土社会的秩序、公正与权威[M]. 北京：中国政法大学出版社，1997.

[15] 陈炎. 多维视野中的儒家文化[M]. 济南：山东教育出版社，2006.

[16] 强世功. 法制与治理——国家转型中的法律[M]. 北京：中国政法大学出版社，2003.

[17] 吴玉华. 人民调解案例[M]. 北京：中国检察出版社，2006.

[18] 顾培东. 社会冲突与诉讼机制[M]. 北京：法律出版社，2004.

[19] 程德钧. 国际贸易争议与仲裁[M]. 北京：对外经济贸易大学出版社，2002.

[20] 赵秀文. 国际商事仲裁案例解析[M]. 北京：中国人民大学出版社，2005.

[21] 张云. 国际贸易惯例发展研究[M]. 北京：中国社会出版社，2007.

[22] 帅建林. 国际贸易惯例案例解析[M]. 北京：对外经济贸易大学出版社，2006.

[23]陈光中.律师学[M].北京:中国法制出版社,2004.
[24]张文显.法理学[M].北京:高等教育出版社,北京大学出版社,2003.
[25]吕世伦.西方法律思潮源流论[M].北京:中国人民大学出版社,2008.
[26]前南京国民政府司法行政部.民事习惯调查报告录[M].北京:中国政法大学出版社,2005.
[27]魏振瀛.民法[M].北京:高等教育出版社,北京大学出版社,2000.
[28]于语和.民间法[M].上海:复旦大学出版社,2008.
[29]苏力.送法下乡——中国基层司法制度研究[M].北京:中国政法大学出版社,2000.
[30]梁治平.法律的文化解释[M].北京:生活·读书·新知三联书店,1994.
[31]李卫东.民初民法中的民事习惯与习惯法[M].北京:中国社会科学出版社,2005.
[32]苗鸣宇.民事习惯与民法典的互动——近代民事习惯调查研究[M].北京:中国人民公安大学出版社,2008.
[33]林端.儒家伦理与法律文化——社会学观察点的探索[M].北京:中国政法大学出版社,2002.
[34]梁治平.法辨[M].北京:中国政法大学出版社,2002.
[35]何勤华.英国法律发达史[M].北京:法律出版社,1999.
[36]何勤华.法国法律发达史[M].北京:法律出版社,2001.
[37]何勤华.德国法律发达史[M].北京:法律出版社,2000.
[38]何勤华,李秀清.意大利法律发达史[M].北京:法律出版社,2006.
[39]朱伟一.美国经典案例解析[M].上海:上海三联书店,2007.
[40]瞿同祖.中国法律与中国社会[M].北京:中华书局,2003.
[41]朱景文.法社会学[M].北京:中国人民大学出版社,2008.
[42]李瑜青,等.法律社会学导论[M].上海:上海大学出版社,2004.
[43]李瑜青,等.法律社会学经典论著评述[M].上海:上海大学出版社,2006.
[44]刘星.法律是什么[M].北京:中国政法大学出版社,1998.
[45]韩德培.国际私法[M].北京:高等教育出版社,北京大学出版社,2000.
[46]邓晓芒.古希腊罗马哲学演讲录[M].北京:世界图书出版社,2007.
[47]谢晖.价值重建与规范选择[M].济南:山东人民出版社,1998.
[48]谢晖.法律信仰的理念与基础[M].济南:山东人民出版社,1997.

[49]谢晖.法学范畴的矛盾辨思[M].济南:山东人民出版社,1999.

[50]王亚平.西欧法律演变的社会根源[M].北京:人民出版社,2009.

[51]何勤华.西方法学史[M].北京:中国政法大学出版社,1996.

[52]曾志.西方哲学导论[M].北京:中国人民大学出版社,2001.

[53]刘星.民主的一个叙事立场[M].北京:法律出版社,2001.

[54]王卫国.过错责任原则:第三次勃兴[M].北京:中国法制出版社,2000.

[55]尹田.法国现代合同法[M].北京:法律出版社,1995.

[56]王军.美国合同法[M].北京:对外经济贸易大学出版社,2004.

[57]杨桢.英美契约法论[M].北京:北京大学出版社,1997.

[58]杨兆龙.大陆法与英美法的区别[M].北京:北京大学出版社,2009.

[59]李其瑞,宋海彬,柯岚.比较法导论[M].北京:中国政法大学出版社,2008.

[60]沈宗灵.比较法研究[M].北京:北京大学出版社,1998.

[61]陈绪纲.法律职业与法治——以英格兰为例[M].北京:清华大学出版社,2007.

[62]封丽霞.法典编纂论——一个比较法的视角[M].北京:清华大学出版社,2002.

[63]李红海.普通法的历史解读——从梅特兰开始[M].北京:清华大学出版社,2003.

[64]程汉大,李培峰.英国司法制度史[M].北京:清华大学出版社,2007.

[65]梁治平.法律解释问题[M].北京:法律出版社,1998.

[66]张志铭.法律解释操作分析[M].北京:中国政法大学出版社,1998.

[67]王利明.法律解释学导论——以民法为视角[M].北京:法律出版社,2009.

[68]陈金钊,谢晖.法律方法论:1-6卷[M].济南:山东人民出版社,2002.

[69]陈金钊.法律解释的哲理[M].济南:山东人民出版社,1999.

[70]徐国栋.民法基本原则解释——以诚实信用原则的法理分析为中心[M].北京:中国政法大学出版社,2004.

[71]梁慧星.民法解释学[M].北京:中国政法大学出版社,1995.

[72]孙笑侠.法的现象与观念[M].济南:山东人民出版社,2001.

[73]王泽鉴.法律思维与民法实例[M].北京:中国政法大学出版社2001.

[74]黄茂荣.法学方法与现代民法[M].北京:中国政法大学出版社,2001.

[75] 杨仁寿.法学方法论[M].北京:中国政法大学出版社,1999.
[76] 谢晖.法律哲学[M].长沙:湖南人民出版社,2009.
[77] 北京市第一中级人民法院.新型疑难民事案例解析——让抽象法律变得鲜活[M].北京:法律出版社,2007.
[78] 北京市高级人民法院民一庭.北京民事审判疑难案例与问题解析:1~3卷[M].北京:法律出版社,2007.
[79] 张家镇,孟森,邵义,等.中国商事习惯与商事立法理由书[M].北京:中国政法大学出版社,2003.
[80] 谢晖.法理学[M].北京:北京师范大学出版社,2010.
[81] 王果纯.现代法理学——历史与理论[M].长沙:湖南出版社,1995.
[82] 王利明.合同法新问题研究[M].修订版.北京:中国社会科学出版社,2011.
[83] 贾焕银.民间规范的司法运用——基于漏洞补充与民间规范关联性的分析[M].北京:中国政法大学出版社,2010.
[84] 张文显.二十世纪西方法哲学思潮研究[M].北京:法律出版社,1996.
[85] 张文显.法哲学范畴研究[M].修订版.北京:中国政法大学出版社,2001.

(二)中文译著

[1] [法]埃米尔·涂尔干.社会分工论[M].渠东,泽.上海:生活·读书·新知三联书店,2000.
[2] [英]彼得·斯坦,约翰·香德.西方社会的法律价值[M].王献平,译.北京:中国法制出版社,2004.
[3] [法]埃米尔·涂尔干.乱伦禁忌及其起源[M].汲喆,付德根,渠东,译.上海:上海人民出版社,2006.
[4] [美]霍贝尔.原始人的法——法律的动态比较研究[M].严存生,译.北京:法律出版社,2006.
[5] [美]摩尔根.古代社会:上、下册[M].杨东莼,马雍,马巨,译.北京:商务印书馆,1997.
[6] [英]弗雷泽.金枝:上、下卷[M].徐育新,汪培基,张泽石,译.北京:新世界出版社,2006.
[7] [法]布罗代尔.地中海考古——史前史和古代史[M].蒋明炜,吕华,曹青林等译.北京:社会科学文献出版社,2005.

[8] [美]罗维. 初民社会[M]. 吕叔湘,译. 南京:江苏教育出版社,2006.

[9] [俄]克鲁泡特金. 互助论[M]. 李平沤,译. 北京:商务印书馆,1963.

[10] 恩格斯. 家庭、私有制和国家的起源[M]. 中共中央马克思、恩格斯、列宁、斯大林著作编译局,译. 北京:人民出版社,1999.

[11] [美]斯蒂芬·B·戈尔德堡,弗兰克·E·A·桑德,等. 纠纷解决——谈判、调解和其他机制[M]. 蔡彦敏,曾宇,刘晶晶,译. 北京:中国政法大学出版社,2004.

[12] [英]罗杰·科特威尔. 法律社会学导论[M]. 潘大松,刘丽君,林燕萍,刘海善,译. 北京:华夏出版社,1989.

[13] [奥]尤根·埃利希. 法律社会学基本原理:1~3卷[M]. 叶名怡,袁震,译. 北京:九州出版社,2007.

[14] [日]棚濑孝雄. 纠纷的解决与审判制度[M]. 王亚新,译. 北京:中国政法大学出版社,2004.

[15] [日]谷口安平. 程序的正义与诉讼[M]. 增补本. 王亚新,刘荣军,译. 北京:中国政法大学出版社,2002.

[16] [法]菲斯泰尔·德·古朗士. 古代城市——希腊罗马宗教、法律及制度研究[M]. 吴晓群,译. 上海:上海人民出版社,2006.

[17] [英]马林诺夫斯基. 原始社会的犯罪与习俗[M]. 原江,译. 昆明:云南人民出版社,2002.

[18] [美]劳伦斯·M·弗里德曼. 法律制度——从社会科学角度观察[M]. 李琼英,林欣,译. 北京:中国政法大学出版社,2004.

[19] [美]罗伯特·C·埃里克森. 无需法律的秩序——邻人如何解决纠纷[M]. 苏力,译. 北京:中国政法大学出版社,2003.

[20] [美]埃里克·A·波斯纳. 法律与社会规范[M]. 沈明,译. 北京:中国政法大学出版社,2004.

[21] [美]理查德·A·波斯纳. 超越法律[M]. 苏力,译. 北京:中国政法大学出版社,2001.

[22] [美]理查德·A·爱波斯坦. 简约法律的力量[M]. 刘星,译. 北京:中国政法大学出版社,2004.

[23] [德]马克斯·韦伯. 法律社会学[M]. 康乐,简惠美,译. 桂林:广西师范大学出版社,2005.

[24] [美]塞尔兹尼克,诺内特. 转变中的法律与社会:迈向回应型法[M]. 张

志铭,译.北京:中国政法大学出版社,2004.

[25] [德]弗里德里希·卡尔·冯·萨维尼.论立法与法学的当代使命[M]. 许章润,译.北京:中国法制出版社,2001.

[26] [美]博西格诺.法律之门[M].6版.邓子滨,译.北京:华夏出版社,2002.

[27] [美]卡多佐.司法过程的性质[M].苏力,译.北京:商务印书馆,1998.

[28] [英]罗素.西方哲学史:上、下卷[M].何兆武,李约瑟,马元德,译.北京: 商务印书馆,1997.

[29] [美]梯利,伍德.西方哲学史[M].葛力,译.北京:商务印书馆,1995.

[30] [古希腊]柏拉图.法律篇[M].张智仁,何勤华,译.上海:上海人民出版 社,2001.

[31] [古希腊]亚里士多德.尼各马科伦理学[M].苗力田,译.北京:中国人民 大学出版,2003.

[32] [古希腊]亚里士多德.政治学[M].吴寿彭,译.北京:商务印书馆,1997.

[33] [法]孟德斯鸠.论法的精神:上、下册[M].张雁深,译.北京:商务印书 馆,1997.

[34] [法]托克维尔.论美国民主:上、下卷[M].董果良,译.北京:商务印书 馆,1996.

[35] [英]F·A·哈耶克.致命的自负[M].冯克利,胡晋华,译.北京:中国社 会科学出版社,2000.

[36] [英]卡尔·波普尔.历史主义贫困论[M].何林,赵平,译.北京:中国社 会科学出版社,1998.

[37] [美]罗斯科·庞德.法律史解释[M].邓正来,译.北京:中国法制出版 社,2002.

[38] [法]拉巴·拉马尔,让·皮埃尔·里博.多元文化视野中的土壤与社会 [M].张璐,译.北京:商务印书馆,2005.

[39] [日]美浓部达吉.公法与私法[M].黄冯明,译.北京:中国政法大学出版 社,2003.

[40] [英]丹尼斯·劳埃德.法理学[M].许章润,译.北京:法律出版社,2007.

[41] [英]韦恩·莫理森.法理学[M].李桂林,李清伟,侯健,等译.武汉:武 汉大学出版社,2003.

[42] [美]伯尔曼.法律与宗教[M].梁治平,译.北京:中国政法大学出版 社,2003.

[43][美]伯尔曼.法律与革命——西方法律传统的形成[M].贺卫方,高鸿钧,张志铭,等译.北京:中国大百科全书出版社,1993.

[44][美]伯尔曼.法律与革命——新教改革对西方法律传统的影响[M].袁瑜铮,苗文龙,译.北京:法律出版社,2008.

[45][日]千叶正士.法律多元——从日本法律文化迈向一般理论[M].强世功,王宇洁,范愉,等译.北京:中国政法大学出版社,1997.

[46][英]罗素.西方的智慧[M].亚北,译.北京:中国妇女出版社,2004.

[47][德]文德尔班.哲学史教程:上、下卷[M].罗达仁,译.北京:商务印书馆,1993.

[48][英]哈特.法律的概念[M].张文显,郑成良,杜景文,等译.北京:中国大百科全书出版社,1996.

[49][美]德沃金.认真对待权利[M].信春鹰,吴玉章,译.上海:上海三联书店,2008.

[50][美]德沃金.法律帝国[M].李常青,译.北京:中国大百科全书出版社,1996.

[51][奥]凯尔森.法与国家的一般理论[M].沈宗灵,译.北京:中国大百科全书出版社,1996.

[52][奥]凯尔森.纯粹法理论[M].张书友,译.北京:中国法制出版社,2008.

[53][美]泰格·利维.法律与资本主义的兴起[M].纪琨,译.上海:学林出版社,1996.

[54][美]布莱克.法律的运作行为[M].唐越,苏力,译.北京:中国政法大学出版社,2004.

[55][德]马克斯·韦伯.社会科学方法论[M].韩水法,莫茜,译.北京:中央编译出版社,2002.

[56][德]马克斯·韦伯.社会科学的基本概念[M].顾中华,译.桂林:广西师范大学出版社,2005.

[57][美]詹姆士.多元的宇宙[M].吴棠,译.北京:商务印书馆,1999.

[58][英]乔治·克劳德.自由主义与价值多元论[M].应奇,张小玲,杨立峰,等译.南京:江苏人民出版社,2006.

[59][加拿大]威尔·金里卡.多元文化公民权——一种有关少数族群权利的自由主义理论[M].杨立峰,译.上海:上海世纪出版社,2009.

[60][美]威廉·A·盖尔斯敦.自由多元主义的实践[M].佟德志,庞金友,苏

宝俊,译.南京:江苏人民出版社,2010.

[61] [法]狄骥.《拿破仑法典》以来私法的普通变迁[M].徐砥平,译.北京:中国政法大学出版社,2003.

[62] [日]川岛武宜.现代化与法[M].王志安,渠涛,申政武,等译.北京:中国政法大学出版社,1994.

[63] [德]加达默尔.哲学解释学[M].夏镇平,宋建平,译.上海:上海人民出版社,2004.

[64] [美]沃勒斯坦.知识的不确定性[M].王日丙,等译.济南:山东人民出版社,2006.

[65] [意]安贝尔·艾柯.诠释与过度诠释[M].王宇根,译.上海:生活·读书·新知三联书店,2005.

[66] [德]萨维尼.当代罗马法体系:I[M].朱虎,译.北京:中国法制出版社,2010.

[67] [德]马克斯·韦伯.论经济与社会中的法律[M].张乃根,译.北京:中国大百科全书出版社,1998.

[68] [英]梅因.古代法[M].沈景一,译.北京:商务印书馆,1959.

[69] [德]萨维尼.历史法学派的基本思想(1814—1840年)[M].郑永流,译.北京:法律出版社,2009.

[70] [日]田中英夫,竹内昭夫.私人在法实现中的作用[M].李薇,译.北京:法律出版社,2006.

[71] [美]麦克尼尔.新社会契约论[M].雷喜宁,潘勤,译.北京:中国政法大学出版社,1994.

[72] [英]尼古拉斯.罗马法概论[M].黄风,译.北京:法律出版社,2000.

[73] [古罗马]查士丁尼.法学总论——法学阶梯[M].张企泰,译.北京:商务印书馆,1989.

[74] [古罗马]盖尤斯.盖尤斯法学阶梯[M].黄风,译.北京:中国政法大学出版社,2008.

[75] [美]小奥利弗·温德尔·霍姆斯.普通法[M].冉昊,姚中秋,译.北京:中国政法大学出版社,2006.

[76] [美]卡尔·N·卢埃林.普通法传统[M].陈绪纲,史大晓,仝宗锦,译.北京:中国政法大学出版社,2002.

[77] [美]杰罗姆·弗兰克.初审法院——美国司法中的神话与现实[M].赵

承寿,译.北京:中国政法大学出版社,2007.

[78] [比]R·C·范·卡内冈.英国普通法的诞生[M].2版.李红海,译.北京:中国政法大学出版社,2003.

[79] [日]大木雅夫.比较法[M].范愉,译.北京:法律出版社,2006.

[80] [德]K·茨威格特,H·克茨.比较法总论[M].潘汉典,米健,高鸿钧,等译.北京:法律出版社,2003.

[81] [美]H·W·埃尔曼.比较法律文化[M].贺卫方,高鸿钧,译.北京:清华大学出版社,2002.

[82] [法]勒内·达维.英国法与法国法:一种实质性比较[M].潘华仿,高鸿钧,贺卫方,译.北京:清华大学出版社,2002.

[83] [美]罗斯科·庞德.普通法的精神[M].唐前宏,廖湘文,高雪原,译.北京:法律出版社,2002.

[84] [美]威格摩尔.世界法系概览:上、下册[M].何勤华,李秀清,郭东光,等译.上海:上海人民出版社,2004.

[85] [英]布莱克斯通.英国法释义:一[M].游运庭,缪苗,译.上海:上海人民出版社,2006.

[86] [英]丹宁勋爵.法律的训诫[M].杨百揆,刘庸安,丁健,译.北京:法律出版社,1999.

[87] [日]望月礼二郎.英美法[M].郭建,王仲涛,译.北京:商务印书馆,2005.

[88] [英]密尔松.普通法的历史基础[M].李显冬,高翔,刘智慧,等译.北京:中国大百科全书出版社,1999.

[89] [美]沃森.民法法系的演变及形成[M].李静冰,姚新华,译.北京:中国政法大学出版社,1992.

[90] [美]梅利曼.大陆法系[M].顾培东,禄正平,译.北京:法律出版社,2004.

[91] [德]格罗斯菲尔德.比较法的力量与弱点[M].孙世彦,姚建宗,译.北京:清华大学出版社,2002.

[92] [美]艾森伯格.普通法的本质[M].张曙光,张小平,张含光,译.北京:法律出版社,2004.

[93] [英]阿蒂亚.英国法中的实用主义与理论[M].刘承韪,刘毅,译.北京:清华大学出版社,2008.

[94][英]梅特兰.普通法的诉讼形式[M].王云霞,马海峰,彭蕾,译.北京:商务印书馆,2009.

[95][美]达玛什卡.司法和国家权力的多种面孔——比较视野中的法律程序[M].郑戈,译.北京:中国政法大学出版社,2004.

[96]张卫平,陈刚.法国民事诉讼法导论[M].北京:中国政法大学出版社,1997.

[97][美]杰弗里·C·哈泽德,米歇尔·塔鲁伊.美国民事诉讼法导论[M].张茂,译.北京:中国政法大学出版社,1998.

[98][美]艾德华·H·列维.法律推理引论[M].庄重,译.北京:中国政法大学出版社,2002.

[99][德]卡尔·拉伦茨.法学方法论[M].陈爱娥,译.北京:商务印书馆,2003.

[100][德]伯恩·魏德士.法理学[M].丁小春,吴越,译.北京:法律出版社,2003.

[101][德]考夫曼.法律哲学[M].刘幸义,等译.北京:法律出版社,2004.

[102][荷]菲特丽丝.法律论证原理——司法裁决之证立理论概览[M].张其山,焦宝乾,夏贞鹏,译.北京:商务印书馆,2005.

[103][德]齐佩利乌斯.法学方法论[M].金振豹,译.北京:法律出版社,2009.

[104][德]克尼佩尔.法律与历史——论《德国民法典》的形成与变迁[M].朱岩,译.北京:法律出版社,2003.

[105][德]恩吉施.法律思维导论[M].郑永流,译.北京:法律出版社,2004.

[106][美]孙斯坦.法律推理与政治冲突[M].金朝武,胡爱平,高建勋,译.北京:法律出版社,2004.

[107][英]麦考密克.法律推理与法律理论[M].姜峰,译.北京:法律出版社,2005.

[108][比]胡克.法律的沟通之维[M].孙国东,译.北京:法律出版社,2008.

[109][英]拉兹.法律的权威[M].朱峰,译.北京:法律出版社,2005.

[110]法国民法典[M].李浩培,吴传颐,孙鸣岗,译.北京:商务印书馆,1997.

[111]法国商法典[M].金邦贵,译.北京:中国法制出版社,2000.

[112]德国民法典[M].郑冲,贾红梅,译.北京:法律出版社,1995.

[113]瑞士民法典[M].殷生根,王燕,译.北京:中国政法大学出版社,1999.

[114] 日本民法典[M]. 王书江,译. 北京:中国人民公安大学出版社,1999.
[115] 日本商法典[M]. 王书江,殷建平,译. 北京:中国法制出版社,2000.
[116] 意大利民法典[M]. 费安玲,译. 北京:中国政法大学出版社,1997.
[117] 荷兰民法典[M]. 王卫国,译. 北京:中国政法大学出版社,2006.
[118] 瑞士债法典[M]. 吴兆祥,石佳友,孙淑妍,译. 北京:法律出版社,2002.
[119] 德国商法典[M]. 杜景林,卢谌,译. 北京:中国政法大学出版社,2000.
[120] [美]E·博登海默. 法理学——法哲学及其方法[M]. 邓正来,姬敬武,译. 北京:华夏出版社,1987.
[121] [德]哈贝马斯. 在事实与规范之间——关于法律与民主法治国的商谈理论[M]. 童世骏,译. 上海:生活·读书·新知三联书店,2003.

二、中文论文

[1] 谢晖. 初论民间规范对法律方法的可能贡献[J]. 现代法学,2006,28(5):28-37.
[2] 付冬梅. 论区域习惯在多元民事纠纷处理机制中的有效运行[J]. 内蒙古大学学报(人文社会科学版),2006,38(3):27-32.
[3] 李秀群. 民间规则作为司法裁判的渊源———个司法中心的立场[J]. 山东大学学报(哲学社会科学版),2007(1):55-59.
[4] 田成有,李懿雄. 乡土社会民间法与基层法官解决纠纷的策略[J]. 现代法学,2002,24(1):120-124.
[5] 覃晚萍. 民间法与国家法视野下的出嫁女土地补偿款案[J]. 云南大学学报(法学版),2007,20(5):22-27.
[6] 王刚. 正义的妥协——从程序、效力和利益分配看民族地区基层纠纷的解决途径[J]. 青海民族研究,2005,16(4):30-36.
[7] 杨俊凯,邓慧. 遭遇冲突的国家法与民间法——一起水事官司的法社会学考察[J]. 长江师范学院学报,2007,23(6):158-162.
[8] 王珂珂. 诉讼在乡土社会所处的困境及其功能弱化——安徽乡村民事纠纷的调查报告[J]. 中国农学通报,2008,24(2):502-507.
[9] 梁开银. 现代乡村社会结构变迁与民事纠纷解决路径选择[J]. 社会主义研究,2005(6):76-78.
[10] 张弛. 习惯、司法和立法的互动与变迁——以永佃制的发展和法律实践为例[J]. 学术界,2006(5):244-252.

[11] 罗筱琦,陈界融."交易习惯"研究[J].法学家,2002,24(5):131-141.

[12] 易军.基层社会对国家法律实践的四种态度——以关系社会中的非正式制度为背景[J].广西青年干部学院学报,2008,18(1):76-79.

[13] 秦玉峰.民间法与国家法的关系及其对中国法治之路的启示[J].哈尔滨市委党校学报,2004(4):62-64.

[14] 于语和,刘志松.天意 法意 人意——乡土社会法治化的困惑与民间法的命运与选择[J].西南民族大学学报(人文社会科学版),2007(6):54-62.

[15] 黄金兰.从吉尔兹"地方性知识"理论说起——关于民族国家法制本土化理论的几点再思考[J].山东大学学报(哲学社会科学版),2006(1):41-46.

[16] 王凡.习惯、习惯法、民间法、国家法的区别与联系、冲突与融合[J].教育与教学研究,2005,19(5):22-24.

[17] 张斌.地方性知识——鄂伦春族传统民事习惯法探析[J].东北财经大学学报,2007(6):79-80.

[18] 华热·多杰.试析民间法的法理依据和社会基础——从民间法理论衍生和成长视角分析[J].青海师范大学学报(哲学社会科学版),2007(1):30-34.

[19] 朱玉苗.试论民间法的法律性质[J].嘉兴学院学报,2006,18(4):38-41.

[20] 刘鹏飞,邓兴广.民间法概念辨析[J].浙江工商大学学报,2001(6):8-12.

[21] 田成有.乡土社会中的国家法与民间法[J].开放时代,2001,27(9):28-34.

[22] 萨其荣桂.民间规则与背景性知识——关于民间法研究中的一种分析模型思考[J].西南民族大学学报:人文社科版,2007,28(6):73-77.

[23] 李文胜.论法律的多元及和谐[J].江西社会科学,2006(7):208-210.

[24] 薄振峰,魏建国.论国家法与民间法的互动与沟通[J].济南大学学报(社会科学版),2004,14(6):62-66.

[25] 张生.略论民事习惯在民初司法中的作用[J].人文杂志,2001(4):20-24.

[26] 徐晓光.歌唱与纠纷的解决——黔东南苗族口承习惯法中的诉讼与裁定[J].贵州民族研究,2006,26(2):36-43.

[27] 喻中.民间法在制定法变迁过程中的功能——以制度变迁理论为分析视

角[J].四川师范大学学报(社会科学版),2003,30(5):26-32.
[28] 于语和,戚阳阳.国家法与民间法互动之反思[J].山东大学学报(哲学社会科学版),2005(1):57-62.
[29] 杨帆.国家法与民间法双向互动之思考[J].四川理工学院学报(社会科学版),2005,20(2):44-47.
[30] 龚卫东.国家法与民族习惯法冲突与交融的审视[J].社会纵横,2007,22(6):75-77.
[31] 衣家奇.法治不适与民间自治[J].山东大学学报(哲学社会科学版),2009(3):65-71.
[32] 娜仁图雅.法治现代化中习惯法地位之刍议[J].内蒙古民族大学学报(社会科学版),2008,34(6):89-91.
[33] 贾焕银,刘海燕.规范谐合理念下的法律方法与民间规范[J].天水行政学院学报,2007(4):88-91.
[34] 许娟.国家法和民间法的博弈均衡[J].云南大学学报(法学版),2006,19(1):45-48.
[35] 刘竹雀.民间法司法化之实践:法律论证的进路[J].法制与社会,2009(12):1-2.
[36] 韦志明,张斌峰.法律推理之大小前提的建构及习俗的作用[J].山东大学学报(哲学社会科学版),2009(2)23:30.
[37] 于玉.法律漏洞的认定与补充[J].东岳论丛,2006,27(3):166-170.
[38] 袁雪.法律多元格局中的国家法与非国家法[J].黑龙江省政法管理干部学院学报,2005(1):118-121.
[39] 王志良.法律多元视野中的国家法与民间法[J].连云港职业技术学院学报,2004,17(1):5-8.
[40] 贾焕银.法律方法与民间规范研究的意义[J].上海政法学院学报,2007,22(5):70-76.
[41] 吴向红.典制中的风俗及习惯法要素[J].福建论坛(人文社会科学版),2007(9):60-67.
[42] 王亚明,杜万松.多元纠纷解决机制的法文化探析[J].安徽大学法律评论,2006,22(2):79-81.
[43] 龙大轩.和合:传统文化中的国家法与民间法[J].西南民族大学学报(人文社科版),2007,28(6):69-72.

[44] 王青林.民间法基本概念问题探析[J].上海师范大学学报(哲学社会科学版),2003,32(3):26-31.

[45] 李学兰.民间法规则结构探析[J].西南民族大学学报(人文社科版),2007,28(6):83-87.

[46] 吴午东.论习惯法在民法中的地位[J].淮北煤炭师范学院学报(哲学社会科学版),2007,28(5):65-67.

[47] 李喜蕊.论英国18世纪离婚的国家法与习惯法[J].理论界,2007(12):92-95.

[48] 杜江涌.论尊重习惯法原则在继承立法中的贯彻[J].内蒙古社会科学(汉文版),2005,26(1):18-22.

[49] 高琳,汪渊智.民法司法解释的法源性初探[J].晋阳学刊,2004(6):104-107.

[50] 林锦平.论我国合同法中的交易习惯[J].福州大学学报(哲学社会科学版),2003,17(1):44-49.

[51] 李可.论习惯法的法源地位[J].山东大学学报(哲学社会科学版),2005(6):23-30.

[52] 罗家云.论习惯法的价值[J].玉溪师范学院学报,2007,23(7):36-39.

[53] 王斐.论民间法作用的局限性[J].湖南警察学院学报,2007,19(1):16-20.

[54] 丁德春.论民事纠纷解决机制之重构[J].哈尔滨学院学报,2007,28(3):57-60.

[55] 陈伯礼,许秀姿.论民事习惯在我国民法典中的角色定位[J].学术论坛,2005(4):106-110.

[56] 谢晖.论民间规范司法适用的前提和场域[J].法学论坛,2011,26(3):51-58.

[57] 陈文华.初民社会解纷机制及其启示——以涂尔干的社会分理论为分析框架[J].山东大学学报:哲学社会科学版,2010(5):90-95.

[58] 陈文华.论民间规则的效力[J].甘肃政法学院学报,2010(1):72-78.

[59] 陈文华,孙日华.规范法学视野下的民间法[J].广西社会科学,2010(7):22-29.

[60] 陈文华.论民间规则与事实认定[J].广西政法管理干部学院学报,2010,25(4):20-25.

［61］陈文华.国际民商事仲裁中的民间法适用［J］.合肥工业大学学报(社会科学版),2011,25(1):126-130.

［62］陈文华.法律解释中的交易习惯以我国合同法为视角［J］.西部法学评论,2011(2):31-36.

［63］陈文华.法的创制与渊源辨析——以民间规则为例［J］.东方法学,2010(6):144-150.

三、英文文献

［1］GLENDON M A, C P, Picker C. Comparative legal traditions: Text, MAterials and cases on Western Law［M］. ST. Paul:West Group, 1999.

［2］HARRISON J L. Law and economics［M］. ST. Paul:West Group, 2000.

［3］REYNOLDS W L. Judicial process［M］. ST. Paul:West Group, 2002.

［4］SINHA S P. Jurisprudence: Legal philosophy［M］. ST. Paul:West Pulishing Co. , 1993.

［5］FRIEDMAN L M. A history of American Law［M］. New York: Touchstone,1978.

［6］HOLDSWORTH W S. A history of English Law: Vol. IV［J］. London : Sweet & Maxwell,1982.

［7］THEODORE M B. Law as rule and principle: Problems of legal philosophy ［M］. California: Standford University Press,1978.

［8］DWORKIN R. A matter of Principle［M］. Cambridge: Harvard University Press,1985.

［9］JEROME F. Law and mind［M］. Garden City:Double&Co. ,1963.

［10］GRAY J C. The Nature and source of the law［M］. New York:The Macmillan Company,1921.

［11］KARL L. The Bramble Bush［M］. New York: Oceana Publication,1981.

［12］MAC CORMICK N. Legal reasoning and legal theory［M］. Oxford: Oxford University Press, 1981.

［13］PELLER G. The metaphysics of American Law［J］. California Law Review, 1985, 73(4):1151-1290.

［14］RAZ J. Legal principles and the limits of law［J］. Yale Law Journal, 1972, 81(5):823-854.

[15] RAZ J. The authority of law[M]. Oxford: Clarendon Press, 1979.

[16] UNGER R. Knowledge and politics[M]. New York: Free Press, 1975.

[17] POSPISIL L. Anthropology of law: A comparative theory[M]. New York: Harper &Row Publishers, 1971.

[18] REDFIELD R. The social organization of tradition [M]. Boston: Peasan Society, 1967.

[19] ABEL R L. A comparative theory of dispute institution in society[J]. Law and Society Review, 1973,8(2): 217-347.

[20] RENE D. Major legal system in the world today[M]. 3rd Edition. London: Stevens&Sons,1985.

[21] FRIEDMAN L M. Legal culture and social development[J]. Law and Society Review, 1969,4(1): 29-44.